Carlo Fruttero & Franco Lucentini
Ein Hoch auf die Dummheit

Carlo Fruttero & Franco Lucentini

Ein Hoch auf die Dummheit

Porträts, Pamphlete, Parodien

Ausgewählt von Ute Stempel

Aus dem Italienischen von Pieke Biermann

Piper
München Zürich

Der Textauswahl liegen die beiden bei Mondadori in Mailand
erschienenen Essaysammlungen »La prevalenza del cretino« (1985)
und »La manutenzione del sorriso« (1988) zugrunde.

ISBN 3-492-03454-3
2. Auflage, 11.–20. Tausend 1992
© Arnoldo Mondadori Editore, Mailand 1985, 1988
Deutsche Ausgabe:
© R. Piper GmbH & Co. KG, München 1992
Gesetzt aus der Bembo-Antiqua
Gesamtherstellung: Kösel, Kempten
Printed in Germany

Vorwort zur deutschen Ausgabe

Jede italienische Zeitung bringt täglich und zu den verschiedensten Themen einen feuilletonistischen Beitrag, der sich (nach den sogenannten Elzevieren der berühmten holländischen Druckerfamilie) *elzeviro* oder, einfacher, »Artikel auf der dritten« nennt, denn er steht im allgemeinen in den ersten zwei, drei Spalten der Seite 3. Um diese Hundertschaft Kolumnen pro Jahr vollzukriegen, geht jede Zeitung bei praktisch jedermann hausieren und bittet um praktisch jede Art von Text.

So geschah es vor vielen Jahren, daß die Turiner Tageszeitung »La Stampa« einen Vertrag mit uns über die Lieferung zweier Beiträge pro Monat bei absoluter Freiheit unsererseits hinsichtlich der Themen schloß. Und so geschah es ferner, daß wir fünfzehn Jahre später mit exakt 360 Artikeln auf insgesamt etwa 1500 Seiten dasaßen. Was macht man damit?

Eine Zeitlang haben wir mit dem Gedanken gespielt, sie zu einem Roman zu verarbeiten, irgendeinem Historien- oder Sittenschinken, jedenfalls mehrbändig. Unser italienischer Verleger Mondadori war da vernünftiger und ermutigte uns, eine Auswahl zusammenzustellen und in seiner Essay-Reihe zu veröffentlichen. Er fand, so ein Buch könnte sich gut verkaufen, zumal mit einem etwas aufreizenden Titel.

Wir machten uns also an die Arbeit, allerdings mit, je mehr wir wiederlasen, zunehmender Verblüffung. Wieviel Zeug für den Papierkorb, wie viele unrettbar verjährte Texte, sogar unter denen, die uns seinerzeit am gelungensten vorgekommen waren!

Ab und zu jedoch fanden wir ein paar Zeitungsausschnitte, die uns, so vergilbt sie auch sein mochten, doch nicht nur der Tagesaktualität verpflichtet schienen. Diejenigen etwa (insgesamt ein Dutzend, das im vorletzten Kapitel dieser Ausgabe versammelt ist), zu denen wir im Laufe jener Jahre von Leuten inspiriert worden waren, die Borges die »verstreute Gemeinschaft der Gerechten« genannt hat. Ebenso ein paar der mehr oder weniger ernsthaften »philosophischen Essays«, die wir an den Schluß gestellt haben.

Schließlich solche Artikel, die wir hin und wieder aussortierten mit dem Vermerk »ziemlich aktuell«, »aktuell« oder sogar »brandaktuell«, die aber, zumindest auf den ersten Blick, allzu verschiedene Dinge behandelten, als daß sie auf Anhieb hätten zugeordnet werden können.

Am Ende saßen wir vor einer Riesenmenge heterogener Texte, bei denen uns ein zweiter Lesedurchgang bestätigte, daß sie nicht zu sehr an Aktualität eingebüßt hatten. Manche hatten im Lauf der Zeit an Aktualität sogar gewonnen. Derselbe Lesedurchgang zeigte uns überdies, daß sie so heterogen gar nicht waren. Sie schienen im Gegenteil hinter ihrer vermeintlichen Unterschiedlichkeit eine grundsätzliche und wesentliche Gemeinsamkeit aufzuweisen. So entdeckten wir, daß sie alle mit einem einzigen, allerdings immensen Problem im Zusammenhang standen: dem der Dummheit. Und mit einer Person, die viele Gesichter hat: dem Einfaltspinsel.

Der Titel, den wir diesem Buch gaben, spiegelt deshalb zuallererst das Übergewicht des fraglichen *Phänomens* im Buch selbst wider. Meint er aber auch die reale, objektive Vorherrschaft der Dummen in der gegenwärtigen Welt?

Ja. Denn wir halten die Aussage nicht für übertrieben, daß wir heutzutage im Reich der *bêtise* leben, und zwar eben jener, deren großen Sprung nach vorn im letzten Jahrhundert Baudelaire und Flaubert als erste besessen und unübertrefflich exakt beschrieben haben. Anderen Leuten erscheinen unsere Zeiten vielleicht beherrscht von gewissermaßen nobleren Schatten: Egoismus, Fanatismus, Habsucht, Religionsverlust, Unmoral, Ehrgeiz, Hedonismus, Greueltaten. Aber all das sind Laster klassischen, biblischen Zuschnitts, und uns scheinen sie kaum auf eine Epoche zu passen, die ein Dichter als »von niederer Romantik« definiert hat.

Es sind in sich nicht besonders interessante Verkettungen, Ursachen und Wirkungen therapeutischer, diätetischer, sozialer, politischer und technologischer Art, durch welche sich die exponentielle Verbreitung der *bêtise* erklärt. Als Tochter des Fortschritts beziehungsweise der Fortschritts*idee* konnte sie gar nicht anders, als sich nach allen Richtungen auszubreiten, alle Klassen zu verseuchen und in allen Bereichen menschlicher Tätigkeit die Oberhand zu gewinnen.

Nur dank des Fortschritts ist der *stultus,* der noch kontrollierbare Tor des Altertums, mutiert zum gegenwärtig vorherrschenden Einfaltspinsel, zu einer Person mit minimalen Sterblichkeitsraten, deren Stärke folglich zuallererst auf ihrem rohen massenhaften Vorhandensein beruht. Eine Gesellschaft, die ein solcher Dummbeutel selbst als »sehr komplex« zu bezeichnen pflegt, hat ihm darüber hinaus horizontal wie vertikal, nach rechts und nach links unendlich viele Schlupflöcher, Lücken und Spalten aufgetan, ihn mit zahllosen Sesseln, Stühlen, Hockern sowie Telefonen versehen und ihm sensationsträchtige Podien, unerhörte Anhängerscharen und sehr viel Geld verschafft. Kurz, sie hat auf wundersame Weise die Anlässe vervielfacht, dank derer er handeln, sich einmischen, reden, sich ausdrücken oder, mit einem (ihm lieben) Wort, »sich verwirklichen« kann.

Ihn zu besiegen ist offensichtlich unmöglich. Ihn zu hassen bringt nichts. Spott, Sarkasmus, Ironie machen nicht einmal Kratzer auf seinen Panzer aus Ahnungslosigkeit, auf seine unerschrockenen Selbst-Absolutionen (für ihn sind die Einfaltspinsel immer »die anderen«); deshalb gilt ihm Lachen a priori als suspekt, als unpassend, als »minderwertig«, sogar wenn er selbst sich ihm hingibt – ein übrigens grauenhaftes Phänomen.

Ein Buch wie dieses kann folglich gar nichts anderes sein als ein bescheidener, zeitweiliger Trost für die Minderheit der dummgebeutelten Opfer. Es ist weder Anklage noch Revanche, noch Rache, sondern ein Zeugnis von stoischer Heiterkeit, ein beinah resignierter Seufzer, eine Art Überreaktion, wenn der Mut schon schwinden möchte.

Übrigens hat in Italien, obwohl das Buch viele Auflagen erleben durfte, weder der Einfaltspinsel bisher Zeichen von Reue erkennen lassen, noch haben wir aufgehört zu schreiben. Infolgedessen konnte die deutsche Ausgabe verbessert und erweitert und auf den neuesten Stand des letzten Schwachsinns gebracht werden.

F & L

Kapitel 1

Reisen bildet

Klassenfahrt

Abgesehen vielleicht von den Tieren in La Fontaines Fabeln, war niemand je so bravourös wie die Italiener in der Kunst, edle Vorwände zu erfinden, mit denen sich die jeweiligen Pflichten umgehen und Dinge tun lassen, die einem jeweils passen. Die Klassenfahrt ist in dieser Hinsicht ein kleines Meisterwerk.

Eltern, Lehrer, Statistiker, Minister, Großmütterchen und -väterchen, die den alten Zeiten nachhängen, sie alle predigen unentwegt und von öffentlichen wie privaten Kanzeln herab, in Italien werde wenig und wenig ernsthaft gelernt; sie belegen anhand von Zahlen, im Ausland dagegen – und so weiter und so weiter; sie erflehen beziehungsweise versprechen für das neue Schuljahr knallharte Lehrpläne, gekürzte Ferien, einen vorgezogenen Schuljahrsbeginn, Prüfungen von preußischer Strenge. Aber kaum sind die Vokalisen verklungen, ertönen die Dementis: Da stellt sich plötzlich heraus, daß das Klima in Süditalien anders ist als in Norditalien; nachgerade frevlerische Diskrepanzen in der Feiertagsregelung werden beklagt – Eltern haben frei, Kinder nicht; die Fahne der patriotischen Notwendigkeit wird gehißt, Schulen sollen geschlossen werden, weil Öl gespart werden muß. Dann gibt es noch »Brücken« und »verlängerte Wochenenden«, die zwar verboten sind, aber toleriert werden müssen (sonst gehen Pensions- und Hotelbesitzer pleite), »Schwerpunktstreiks« (verfassungsmäßig verbrieft), »weiße Wochen« (denn die Bergwelt härtet die Jugend ab) und

Wahlen (das Fundament demokratischer Ordnung), die natürlich unbedingt in Schulen abgehalten werden müssen. Und dann, sobald das Schuljahr sich dem Ende zuneigt und die Zeit ohnehin drängt wegen all des Stoffs, der wiederholt, rekapituliert, zu Hause nachgeholt und abgefragt werden soll, muß unbedingt, wie ein *must* von Cartier, auch noch die Klassenfahrt her. Gerechtfertigt wird sie mit zwei Gattungen von Begründungen, die sich wechselseitig aufheben und einmal mehr die Fröhlichkeit belegen, mit der unser Volk es versteht, »die eigenen Widersprüche auszuleben«.

Der ganze Mechanismus, der auch bei anderen, analog gelagerten Widersprüchen funktioniert, gründet sich auf die Tatsache, daß die Klassenfahrt in die heilige Kategorie der »soziokulturellen Förderung« gehört. Diese so wundersam geschmeidige Vokabel bezeichnet etwas, vor dem man den Hut zu ziehen hat wie angesichts eines Begräbniszuges oder eines Defilees vor Franz Joseph (dessen Zeitgenossin die Klassenfahrt übrigens ist); man spricht sie aus und schreibt sie hin mit einer Art wehmütig-feierlicher Gravität bei unmerklichem Kopfschütteln, und sie besitzt die Macht, augenblicklich sechsunddreißig semantische Fernsehprogramme gleichzeitig einzuschalten, alle in Farbe.

Zuvörderst ruft sie Bilder hervor, die das kälteste Herz erweichen: Im Hintergrund dräut das London von Booth und Jack London, Orwells Bergwerke, der italienische Süden von Giustino Fortunato; zum Vorschein kommen nicht sehr zugeknöpfte, mit Gin abgefüllte Frauen, Schatten von Bergarbeitern, Tagelöhnern und malariazerfressenen Reisbauern, gespenstergleiche Proletarier vor düsteren, verrammelten Fabriktoren. Zerlumpte, verwilderte kleine Jungen und Mädchen in Großaufnahme, riesige Augen in abgezehrten Gesichtchen, Münder, die nach Brot rufen, nun ja, aber vor allem doch nach kulturellen Perspektiven.

Sie sind ja doch nicht bloß Analphabeten, sie haben auch

nie einen Sonnenuntergang am Meer sehen dürfen, eine Kathedrale, ein Gemälde, nie sind sie herausgekommen aus ihrer Gasse, ihrem (müllverstopften) Hinterhof. Was kann, nein, was muß man unbedingt tun für solche Verlassenen, in denen doch wer weiß wie viele Berensons, wer weiß wie viele Montales und Modiglianis und Marinis stecken könnten? Oft genügt bekanntlich der Anblick eines zweibogigen Fensters um elf Uhr morgens, und eine Berufung wird entfesselt, ein Talent erfährt seine Initialzündung. Also schaffen wir gefälligst jedes Gör vor sein zweibogiges Fenster, worauf warten wir denn?

Diese Reihe eindringlicher Beschwörungen (die sämtliche Abfederungen, die ein Jahrhundert an unserem *life style* bereits bewirkt hat, ungeschehen machen, die Gewerkschaften und gleitende Lohnskala verleugnen, Kino, Fernsehen, Massenauflagen und die ganze Konsumgesellschaft vom Tisch fegen, die sogar die allgemeine Schulpflicht und den Schulbus vergessen und so tun, als wäre das alte Marxsche Märchen von der fortschreitenden Verelendung des Proletariats Wirklichkeit geworden) ist also ihrem Wesen nach sentimental-suggestiv und hat die Funktion, die Klassenfahrt auf der einen Seite einzubetten in das gleichermaßen heimelige wie allegorische Klima des ausgehenden neunzehnten Jahrhunderts, zwischen altjüngferliche Lehrerinnen, Frostbeulen und Vittorio-Emanuele-Denkmäler.

Auf der anderen Seite jedoch bedeutet eine Klassenfahrt die diametral entgegengesetzte Art von »Sozialität«, nämlich ein auf Leistung und Geschwindigkeit ausgerichtetes, anmaßendes modernes Sozialverhalten, das auf der Höhe der Zeit der Computer und Raumschiffe ist. Und plötzlich gilt es als »sozial«, in den Gier erregenden Angeboten zu schwelgen, die der Fortschritt samt seinen Autobahnen, Raststätten, Gruppenermäßigungen und internationalen Hotelketten anzubieten hat; es gilt als »sozial«, dreißig, vierzig, zweihundert wohlgenährte Mini-Berensons in ihren »sozialen« Jeans und Plastikanoraks zusammenzukratzen, in einen »sozialen« gelben oder himmelblauen Bus zu stopfen und in schwindelerregender Fahrt von einem zweibogigen Fenster zum nächsten zu karren. Einmal Kalabrien mit Übernachtung in Recanati, die Zivilisation der Etrusker mit Zwischenstopp in Venedig, Ost-Berlin in drei Tagen, die Provence mit Abstecher nach Barcelona, der Montblanc und die Burgen des Rheins inklusive Domodossola.

Die Horizonte dehnen sich von Jahr zu Jahr, die Busse vermehren sich, sie verstopfen Fahrspuren, Plätze, Plätzchen, Gegenspuren, die jugendlichen Schwelger strömen atemlos und in Feiertagslaune zwischen Kreuzgängen, Fassaden, Denkmälern und Museen herum.

Aber man braucht sie nur ein paar Minuten lang genau anzusehen und stellt fest, daß ihr Überschwang etwas Irreales hat und ihre Aufnahmefähigkeit beschränkt ist. Sie bewegen sich wie in ein mobiles Aquarium gesperrte Fischschwärme: Eine gläserne Wand trennt sie ab von der Außenwelt, die sie nur verformt und matt vor ihren Augen vorbeirauschen sehen; falls sie sie überhaupt sehen.

Denn man hat eigentlich den Eindruck, daß sie gar nichts sehen, daß es ihnen, wenn es da draußen statt Palästen, Kirchenschiffen, Kreuzigungsszenen nur absolute Wüste gäbe, vollkommen wurscht wäre. Nur was im Innern des Schwarms geschieht, interessiert sie wirklich. Eis. Colas. Snacks. Imbiß. Der neueste Hit. Daß Luca Francesca eine geknallt hat. Und die etwas erwachseneren, daß diese Francesca eine Zicke ist und den Trottel von Luca echt bei lebendigem Leibe vernascht, und natürlich Eis, Limonadensorten, Motorradmarken, Zigaretten, Transistorradios und so weiter.

Falls sich irgendein Bengel unter ihnen befinden sollte, und rein statistisch muß einer dabei sein, dem die Götter

Berensons Augen und Montales Empfindsamkeit mitgegeben haben, dann führt diese Art und Weise, mit den Meisterwerken von Genie und Natur in Berührung zu kommen, unweigerlich dazu, ihm jede einzelne künstlerische oder kulturelle Flause schon während ihres Entstehens auszutreiben. Der Unglückswurm wird morgens um Punkt elf Uhr vor das zweibogige Fenster geschleift und nichts weiter empfinden als Hunger, Durst, Hitze, Müdigkeit und nichts hören als das Gebrüll seiner Klassenkameraden und den Krach von Motoren und nach nichts mehr verlangen als danach, in den Schatten der nächsten Pizzeria zu kommen und wieder ins geräuschvolle Bus-Aquarium steigen zu dürfen.

Wieder daheim, wird er von der ganzen Klassenfahrt eine chaotische und entmutigende Erinnerung übrigbehalten, in der alle zweibogigen Fenster zwischen Reggio Calabria und Amsterdam, zwischen Triest und Coimbra gleich aussehen und austauschbar sind. Es wird sein, als ob er zu Hause geblieben wäre und vor dem Fernseher gelegen hätte, um sich einen RAI-Werbefilm nach dem anderen anzusehen. Und falls per Zufall vor dem Fenster seines Zimmers ein antiker Kirchturm steht, dann wird unser kleiner Berenson ihm von Stund an höchstwahrscheinlich keinen einzigen Blick mehr widmen, egal, wie viele Bogen die Fenster haben.

Touristenherz |

Mit dem Frühling sind sie wieder da, die großen touristischen Völkerwanderungen, und in ihrem Schlepptau kommen Mitleid und Wut, beißende Trauer, Abscheu und die kommerziellen und metaphysischen Ängste, die mit allen Massenphänomenen einhergehen.

Es ist etwa elf Uhr morgens auf einer berühmten Piazza, und da steht ein Billigrestaurant in Erwartung von Kundschaft. Mit rotem Filzstift beschriebene Plakate bieten Menüs zum Fixpreis sowie trostlose Spezialitäten feil, in einem aus den grammatischen Fugen geratenen Deutsch. Mickrige Pflänzchen frieden Tischreihen ein, zwischen denen müde Kellner herumschwirren wie Zugvögel. Ein Blick genügt, und man weiß, sie werden die Bestellungen durcheinanderbringen, die Sauce verschütten, die Extraportion Brot oder das Salz vergessen und sich mit dem Espresso eine Dreiviertelstunde Zeit lassen.

Und da sammelt sich auch schon eine Reisegruppe, zögert, schwatzt durcheinander, stellt Berechnungen an und entschließt sich, endlich einzutreten.

Halt, stop, das ist eine Falle, möchte man ihnen zurufen, paßt auf, kehrt um!

Aber sofort danach kippen solche Gefühle um in ihr Gegenteil. Diese dem kulinarischen Schlachthaus geweihte ahnungslose Hammelherde tritt auf wie eine Horde Invasoren, die für fünfzehn-, sechzehntausend Lire vor einer der schönsten Fassaden der Welt Platz nehmen und ein Bankett erwarten. Die sollen »echte« Tagliatelle mit »echter« Sauce serviert kriegen, womöglich noch mit weißen Handschuhen? Soll das ein Witz sein? Die können froh sein, wenn sie kein Rattengift bekommen, diese widerlichen Besatzer.

Bei genauerem Hinsehen fällt auf, daß der Wortschatz, mit dem über modernen Tourismus geredet wird, zum großen Teil dem Militär entstammt – Vorhut, Kolonnen, Armeen, nachfolgende Sturmwellen, Ballungen, Erstürmungen und so weiter. Auch der einzelne Tourist, der, halbtot vor Anstrengung, mit verlorenem Blick und gleichgültig für alles und jedes zusammengekauert auf einer Treppe im Schatten hockt, paßt zum Bild des feindlichen Soldaten, der, geschlagen und auf dem Rückzug, nur noch tiefes Mitleid erregt.

Kommen Touristen in Scharen, haben sie, genau wie der Feind, kaum noch etwas Menschliches an sich. Von Reiseveranstaltern durchnumeriert und uniformiert mit Leinen- und Strohhüten, T-Shirts und Büstenhaltern von verhängnisvoller Transparenz, die dunkle Brille auf der Stirn, die Kamera über der Schulter, das jeweilige serielle Souvenir fest umklammert, sind sie für den, der sie vorbeimarschieren sieht, als Individuen nicht zu erkennen. Ihre massierte Allgegenwart erregt, wo nicht mörderische Raserei, zumindest Ekel und Unduldsamkeit; die Hand möchte sie zerquetschen wie Fliegen, Augen und Hirn geben sich alle Mühe, ihren Anblick zu löschen und statt dessen das Domportal, das Fresko in der zweiten Kapelle, die vortreffliche Freitreppe zu betrachten, als wären diese verschwitzten Leiber gar nicht da und versperrten nicht die Sicht, verstellten keine Details, verdeckten keine Statuen.

Selbst wenn man die Blechdosen und Plastiktüten, die sie überall hinterlassen, und die unauslöschlichen Graffiti, mit denen sie Apsiden und Säulengänge verunstalten, nicht mitrechnet, selbst wenn man die Millionen höchst zivilisierter Damen und Herren ins Feld führt, die nicht Transistorradios hören, die leise sprechen und sich auf Zehenspitzen bewegen – ihr ästhetisches Zerstörungspotential bleibt enorm.

Tausend Touristen in einem Kreuzgang bedeuten praktisch die Vernichtung des Kreuzgangs. Hundert Touristen vor einem Caravaggio sind dasselbe wie die Liquidierung des Caravaggio. Die Konzentration ist hin, ebenso die allmähliche kontemplative Annäherung, das Drumherumgehen, Kopfneigen, aktive Herausfiltern aller möglicher Details, das passive Absorbieren des Ganzen, kurz jener Zustand des Geschehenlassens, in dem das Gedächtnis dieses eine Meisterwerk nach und nach zu anderen Meisterwerken sortiert, zu früheren, zeitgenössischen oder späteren.

Nackte Ellbogen bohren sich einem rücksichtslos in die Flanken, von allen Seiten drücken Schultern und Bäuche, Dauerwellenköpfe schieben sich vor die Köpfe von Holofernes und Johannes dem Täufer. Wer gibt ihnen das Recht?

Ein Härtetest für jeden, der sich für tolerant und demokratisch hält. Ein Trüppchen ungepflegter graumäusiger Ausländerinnen bestaunt prustend die Auslagen eines Feinkostladens. Es ist zwei Uhr nachmittags, die Sonne brennt gnadenlos auf die Altstadtgasse, und hinter der heruntergelassenen Markise schwitzen mayonnaiseverzierte Platten den schieren Schrecken des Daseins aus. Mit welchem Recht demolieren diese Frauen mit ihrem Gehampel und Gegacker gleich eine Kuppel, deretwegen ich neunzig Kilometer Umweg gefahren bin? Auf ihren Netzhäuten kleben ohnehin nur Visionen von eingelegten Sardellen und *insalata capricciosa;* Bramante und Brunelleschi bedeuten ihnen nichts, gar nichts in Wirklichkeit; also warum gehen sie nicht auf den Wegen ihrer wahren Interessen, in wessen Namen trampeln sie auf meinen Wegen herum?

Im Namen, antworten manche, des Geldes und seiner Macht; im Namen der hohen Löhne, des Kauf-Jetzt-Zahl-Später, der betriebs- und gewerkschaftsbedingten Vergünstigungen, im Namen von Charter, Rabatt und Konsum. So funktioniert die Wirtschaft eben heutzutage, überhaupt die Welt, da kann man nichts machen, man paßt sich besser an.

Aber wenn ich mich anpassen soll an eine solche rein kommerzielle Sichtweise, dann verlange ich auch, daß sie wenigstens logische Konsequenzen hat. Wenn die Welt voll widerwärtiger Gammler auf der Suche nach oberflächlicher Erholung, nach Miniaturgefühl, Miniaturüberraschung, Miniaturerinnerung und läppischen Vergnügungen ist, warum soll ich ihnen Piero della Francesca und Donatello eigentlich schenken (und mich ihrer berauben)? Sie können ja ruhig kommen, die friedlichen Barbaren, und die heiligen Mosaike und Treppen zertrampeln, aber bitte für fünfzigtausend Lire pro Besuch des Turms von Pisa. An den Toren von Florenz und Rom muß ein Trupp Zöllner postiert werden, der die Stadt »verkauft«, und zwar zu Marktpreisen. Eine Börse der Weltwunder muß her: Die Sixtinische Kapelle zieht dieses Jahr an, San Gimignano unverändert, Giotto fällt, Venedig schießt in den Himmel, ein Sonnenuntergang auf der Giudecca erreicht den Preis eines Staubsaugers, pro Person. Machen die das etwa anders, meine invasionsfreudigen Gäste, wenn sie mir ihre Butter, ihr Erdöl, ihr Holz, ihre Schweine verkaufen?

Der Moralist wird erwidern, die Werke des Geistes müssen allen zur Verfügung stehen, und zwar gratis oder doch fast. Ist er ein dummer Moralist, wird er hinzufügen, »alle Menschen« seien fähig, aus ihnen exquisite ästhetische Befriedigung, intellektuelle Bereicherung und eine dauerhafte Veredelung von Seele, Benehmen und allgemeiner Kultur zu gewinnen. Ist er nicht dumm, wird er einräumen, daß der Genuß eines Kunstwerks lange Vorbereitungsarbeiten und echte Leidenschaft erfordert und daß es nichts nützt, eine Masse Menschen, die mit Reklamebildern, Fernsehen, Comics und Fotoromanen aufgewachsen sind und keinerlei

Anhaltspunkt, keine Neugier und keine Aufnahmebereitschaft haben und den Mund nicht halten können, ein paar Minuten lang vor einen Botticelli zu stellen.

Das Herz des Touristen – wird er weiter argumentieren –, und selbst des abgestumpftesten und simpelsten, ist aber doch letztlich ein Mysterium. Es besteht doch, wenn auch noch so entfernt, die Möglichkeit, daß durch diese zusammengequetschten zwei Minuten vor dem »Frühling« etwas geweckt wird, ein blasser Schimmer, ein zarter Hauch, eine feine Zuckung, die in andere Dimensionen führen kann, nicht vulgäre, nicht rohe, nicht kleinliche Dimensionen, ein noch so winziger und unverstandener Durst nach Erlösung und Vollkommenheit. Ein ästhetisches Gefühl darf, wie die Möglichkeit, durch göttliche Gnade gerettet zu werden, bei den Katholiken, niemandem a priori abgesprochen werden. In einer großen Menge ist immer jemand, den der Zufall begnadet.

Wenn dem so ist, dann bleibt dem einzeln auftretenden Kunstliebhaber nichts übrig, als beiseitezutreten und das Feld den Mengen zu überlassen, die gerettet gehören. Er könnte noch darauf verweisen, daß er sich seine persönliche Sicherheit und seine Sensibilität für gewisse Genüsse verdient hat mit dem Verzicht auf grobschlächtigere Vergnügungen, einträglichere Besuche, Vorteile und Bequemlichkeiten aller Art. Er könnte auf das Prinzip der ausgleichenden Gerechtigkeit pochen, das heißt auf sein Recht, genau die Reisegruppe zu einem (Dia-)Vortrag über Borromini zu verdonnern, die ihn kurz vorher von der Piazza Navona vertrieben hat und jetzt damit beschäftigt ist, die Pizza zu verdauen und Pseudofrascati in sich hineinzuschütten oder ihrer Tanzlust oder Fernsehsucht im Hotel zu frönen.

Aber das wäre kleinlich und eines kontemplativen Geistes unwürdig. Wenn Kunst wirklich die Wunder in ihm vollbracht hat, von denen die Sage geht, dann wird der Kunstliebhaber in sich selbst schließlich eine Ebene umfassender Nachsicht und universeller, warmherziger Sympathie finden. Er wird die Haltung einer der vielen Christusfiguren, die er in Kirchen und Museen kennengelernt hat, annehmen, allen Touristen dieser Welt vergeben (denn sie wissen nicht, was sie tun) und es geschehen lassen, daß ihm ein gedankenloser Gruppenleiter den Ellbogen ins Herz rammt.

Der Anti-Neckermann

Eliteferien? Ja, für welche Elite denn, gnädige Frau? Das Wort selbst ist ja schon unheilbar plebejisch, es hat im Lauf seiner Verbreitung sogar das sonst bei Fremdwörtern obligatorische Kursive eingebüßt. Die ganze Sippe – Wörter wie *de luxe*, vom Feinsten, das Besondere – tummelt sich in Werbung aller Art, im hinterletzten Parteiortsverein, in den Fluren der Rundfunk- und Fernsehanstalten, in Leitartikeln der »Unità« und dem, was Verkehrsdezernenten so einfällt. O ja, sogar in Wochenblättern, die darüber berichten.

Man muß der Wahrheit fest ins Auge sehen, gnädige Frau: Wahre Eliteferien sind das Unaussprechliche, das Unerkennbare, das Unbeschreibliche – wie Zen (oder Gott). Vor allem aber sind sie das Unplanbare. Wie ein metaphysischer Aal entgleiten sie beständig dem Zugriff derer, die außen vor bleiben: Halten Sie gerade Ausschau nach einem Landsitz im Veneto, finden die Eliteferien längst auf einer Ranch in Afrika statt; jagen Sie bis in die Anden hinter ihnen her, sind sie schon wieder zurück in den Apenninen. Geheimnisvolle Mechanismen, Triebkräfte, von denen Verhaltensforscher keine Ahnung haben, bewirken jähe Umschwünge: »Alle« fahren dieses Jahr plötzlich zur Kneipp-Kur, zur Opernsaison nach Verona, nach Finnland; »alle« meiden Schottland, Nordamerika, die Yachtpartie.

Wer sind diese »alle«? Gibt es die überhaupt noch, haben sie immer noch die Macht, aus einer *caprice* ein *comme il faut*, aus einer Extravaganz eine Pflichtübung zu machen?

Sehen Sie sich ruhig um, gnädige Frau. Vilfredo Paretos Grab ist wohlfahrtsstaatlichen Flechten und Brennesseln anheimgefallen, seine berühmte soziale Pyramide liegt verschüttet unter dem siegreichen Sand von Massenkonsum und Antibiotika. Selektion, Zirkulation, Austausch finden nicht mehr statt. Alle im Okzident werden viele, viele Jahre alt und haben viel, viel Zeit, viel, viel Geld und viele, viele Gelegenheiten, es auszugeben. Das war so nicht vorgesehen. Und erst recht nicht vorgesehen war, daß der behaarte Neandertaler, sobald er seine primären Bedürfnisse befriedigt hatte, vor dem existentiellen Problem stehen würde, wie er seine Ferien verbringen soll.

Sehen Sie ihn sich einmal genau an, gnädige Frau, den ruhelosen Höhlenbewohner in seiner Behausung. Stolz wacht er über seine mit vom Gesundheitsministerium beschafften makrobiotischen Vorräten und Kräutern vollgestopften Stollen, über die Fächer, in denen er seine Arbeitsgeräte aufgereiht hat – die Knüppel und Pfeile und Messer aus Kieselstein, die regelmäßig bei der Polizei angezeigt werden; bewundern Sie die signierten Graffiti an den Wänden, die Bärenfelle aus Pariser Haute Couture, die Art-deco-Lampenschädel mit dem sanft glimmenden Licht, das lodernde Kaminfeuer, über dem er irischen Lachs räuchert. O ja, es läuft gut für ihn, er kann sich endlich eine Ruhepause gestatten, sich ein paar Wochen Erholung gönnen.

Aber schon schrumpft seine ohnehin ein wenig flach geratene Stirn vor lauter Ratlosigkeit noch mehr zusammen: Was soll er denn tun, wohin soll er bloß fahren?

Eine Reise im Rudel kommt nicht in Frage, auf gar keinen Fall. Herdenmenschen grunzen unerträglich, schlingen ekelhaft gierig, hinterlassen überall den letzten Dreck, reißen Bäume aus, massakrieren Vögel und Kleingetier und essen sie dann nicht einmal, außerdem schnarchen sie nächtelang, und tagsüber diese Daueremissionen aus spitzem Gekreisch,

23

Begeisterungsschreien, Liebesächzen und spieltriebgesteuerten Trompetenlauten.

Er braucht also einen der Horde unzugänglichen Ort, das steinige Inselchen da, den schroffen kahlen Berg dort. Und dann?

Das ist die Wegscheide, gnädige Frau, hier wird das Schicksal einer Gattung entschieden. Zum allerersten Mal schleicht sich in das Gemüt des primitiven Menschen ein sehr komplexes und sehr widersprüchliches Gefühl ein, das ihn verwirrt und peinigt.

Sein gesunder Urmenschen-Verstand sagt ihm, er solle sich lieber mitten in der Nacht und ohne irgend jemandem etwas zu erzählen auf den Weg zu seinem einsamen Ziel machen. Aber etwas, irgendeine seltsame Marotte, hält ihn davon ab, die Lichtung am hellichten Tag zu verlassen, wenn alle da sind und Wildschweine häuten oder Steine wetzen. Wo willst du denn hin? Fährst du nicht mit uns in Urlaub, da unten zu den Pfahlbauten? Nee, Jungs, ich hab' da oben im Norden eine Grotte entdeckt, die ist einfach umwerfend. Beeren, das glaubt ihr nicht, ein Bach, da fließt echt San Pellegrino drin. Macht's gut. Und dann läßt er sie stehen, mit offenen Mündern.

Noch besser wäre es, einfach zu verschwinden und einen Monat später mit einem feinen Lächeln wieder aufzutauchen. Während ihr Hünen euch mal wieder auf euerm Allerweltskap im Sand gewälzt habt, hab' ich mir die ganze Schlucht hinterm Vulkan angeguckt. Nein – im Ernst? Du warst hinter dem Vulkan? Erzähl mal, erzähl doch mal!

An dieser Stelle packt ihn ein Schreck, den er nicht einmal bei seinen Begegnungen mit Säbelzahnsauriern und Urtigern verspürt hat: Was macht er denn, wenn jetzt irgendein herablassendes kleines Grunzen ertönt und ihm erwidert, och, da war ich schon vor zwei Jahren, ist nichts Besonderes?

So geht das, gnädige Frau: Der Höhlensnob ist geboren,

der Neandertaler zum Aussterben verdammt. Wer wahre Eliteferien machen möchte, muß den ganz anderen Weg einschlagen, muß sich ins Innerste vorwagen, und zwar mit Cro-Magnon-Schritten.

Was für ein Innerstes, fragen Sie. Irgendeins, jedes. Hauptsache, man meidet Küste, Strand und Meer, kämpft den eitlen Drang nach Sonnenbräune nieder und läßt gar nicht erst die tödlichen Versuchungen aufkommen, die man aus dem Fernsehen kennt, etwa selig den Strand entlangzuschlendern, in Dünen Drinks zu schlürfen oder die Haare im Südwestwind wehen zu lassen.

Schwer? Aber gewiß. Nur, ohne Opfer kein Luxusleben.

Ein Kompromiß (ein erster kleiner Schritt) wäre ein Haus auf dem Land, mit fünf, sechs Freunden in ähnlichen Landhäusern, nicht weiter als dreißig Kilometer entfernt. Einer darf den Swimmingpool haben. Ein anderer den Tennisplatz. Aber ansonsten: Puzzles mit dreitausend Teilen, Stickereien, lange Briefe an in Chicago verheiratete Schulfreundinnen und gemeinsame Vorleseabende – Tagebücher, Memoiren, Briefwechsel, vorzugsweise aus Familienbesitz und aus irgendeiner antiken Truhe hervorgekramt. Kino im nächsten Dorf, wenn überhaupt.

Wie langweilig, sagen Sie? Aber niemand gehört zur Elite, der es nicht versteht, sich unter allen Umständen selbst genug zu sein und dem Blei des Lebens das Gold des eigenen Stils entgegenzusetzen. Graf Talleyrand war nach Augenzeugenberichten nie so bezaubernd und geistreich wie während seines Lebens als notleidender Exilant in England. Valéry Larbaud, der den großen Weltreisenden kreiert hat und ständig auf Achse zwischen *sleepings* und Luxushotels war, hat sich einmal eine Seite der Champs-Élysées als Urlaubsort gewählt und herbe Zeiten mit wenigen Freunden dort verbracht, ohne je den Bürgersteig gegenüber zu betreten.

So etwas ist nicht mehr machbar? Die Champs-Élysées

(und alle anderen ähnlichen Straßen in den Metropolen der Welt) sind nur noch wie das Bett eines trüben Flusses aus Motoren, Touristen und Terroristen? Nun, es gibt andere Städte, stille und sehr feine. Zwei Wochen Nevers, Auxerre, Basel, York, Lübeck, Salamanca. Nur die lokale Presse lesen. Sich vorstellen, man sei ein einheimischer Notar, eine ortsansässige Mathematiklehrerin und lehne weite Reisen ab, um die pflegebedürftige Mutter nicht im Stich zu lassen. In die Rolle solcher Menschen schlüpfen (die ihrerseits gerade auf den Malediven sind), ihre Gesten über-, ihre schweigsamen Spaziergänge am Fluß unternehmen und aus dem Fenster den spärlichen Passanten der Nebenstraßen nachsehen.

Grauenvoll? Tödlich? Nun ja, gnädige Frau, der Weg zur Elite ist mit solchen Prüfungen gepflastert, das läßt sich nicht vermeiden. Mehr noch – der Cro-Magnon verzichtet bewußt auf die Annehmlichkeiten des fremden Landes und die bescheidene Exotik der europäischen Provinz. Ihn ertappen Sie eines Nachmittags gegen vier Uhr auf einer Bank an der Stadtmauer von Grosseto, in einer gottverlassenen Eisdiele in Vercelli, im Stadtpark von Voghera. Grandiose oder pittoreske Naturschauspiele haben ihn nicht hierhergezogen, auch nicht berühmte Denkmäler, reich bestückte Museen und ausgefallene Konzerte zwischen romanischen Pfeilern; weder der derzeit berühmteste Koch noch erlesene Weinkeller. Der behaarte Asket führt nichts Verborgenes im Schilde, er muß sich selbst und anderen nichts beweisen. Er steht einfach da im Schatten des Bogengangs und betrachtet die Reiterstatue von Carlo Alberto im altrömischen Gewand auf der Piazza von Casale Monferrato.

Wenn er nach Hause kommt, wird er nicht behaupten, sie sei viel besser als die von Colleoni in Venedig (was nicht stimmt), noch wird er verkünden, Casale Monferrato sei eine überraschender- und erstaunlicherweise hinreißende Stadt (was sehr wohl stimmt). Er wird einfach in hochmütiger

Gelassenheit abwarten, bis sich die Sonne von den vergessenen Schlössern und den verriegelten Kirchen zurückzieht,
und mit gemächlichen Schritten in der Hitze, die sich zwischen den Hauswänden staut, zurückkehren in sein dunkles
Hotel. Er wird mit niemandem je über seine Ferien reden.

Das liegt Ihnen nicht, gnädige Frau? Und doch fängt es so
an, mit einem Höhlenbewohner, der in den Straßen von
Casale Monferrato umgeht, zufrieden, eines Abends im August. Er ist die Elite, ganz für sich allein.

Retrovirus in den Uffizien? |

Schwindelgefühle, Verwirrungszustand mit Verlust des Identitäts- und des raum-zeitlichen Orientierungssinns, Verfolgungswahn, depressives Verlassenheitsgefühl: Wegen solcher Symptome – so berichten Zeitungen – sind zwischen 1978 und 1986 einhundertsieben Touristen in die psychiatrische Abteilung des Krankenhauses Santa Maria Nuova in Florenz eingeliefert worden. Der Fachausdruck für diese Art Dekompensation heißt Stendhalsches Syndrom, nach dem großen Kunstliebhaber und unermüdlichen Betrachter von Meisterwerken, der die mörderischen Folgen seiner Leidenschaft während eines Besuches in Santa Croce zum erstenmal am eigenen Leibe verspürt und in seinem Tagebuch festgehalten hat.

Sofort eilen mitfühlende Gedanken zu den Menschenmengen, die man in der Stadt Dantes landen und dann im Höllenkreis verschluckt werden sieht: Pizza – Botticelli – Chianti – Donatello – Cappuccino – Masaccio – Rigatoni – Angelico – Coca-Cola – Brunelleschi...

Kein Wunder – überlegt man –, daß die Schwächsten dieser unerbittlich von Ölbild zu Fresko, von Gotik zu Renaissance gezerrten und geschubsten Heerscharen mittendrin zusammenbrechen, genau so (schade, daß man die Ähnlichkeit nicht in Terzinen darzustellen vermag) wie einst die Verdammten der Fremdenlegion auf ihrem Marsch zum nächsten Wüstenfort. Das ist doch wohl nicht etwa insgeheim – fragt man sich – eine Art AIDS, ein Retrovirus, der aktiviert wird durch exzessive Promiskuität, durch wahllosen Kontakt zum Beispiel mit Giotto um 9 Uhr 30, Paolo Uccello 10 Uhr 15, Raffael 11 Uhr 20, Luca della Robbia 12 Uhr 05? Gibt es womöglich eine Schwelle, jenseits derer eine Art ästhetisches Immunsystem in die Krise gerät, zum Erliegen kommt und endlich zusammenbricht?

Nun berichten aber die Florentiner Psychiater, daß keines der einhundertsieben Opfer einer Reisegruppe angehörte. Es handelte sich um Männer und Frauen aus verschiedenen europäischen Ländern (aus Italien war niemand dabei), die sämtlich *allein* in Kirchen und Museen unterwegs gewesen waren!

Das ändert natürlich alles. Es zwingt uns, unsere schwärzesten Vorurteile, unsere pessimistischsten Ansichten über Bord zu werfen. Es bedeutet nämlich, daß die Kunst, die Große Kunst, trotz aller Nivellierung und Degradierung, der unsere Gesellschaft sie unterworfen hat, ihre beeindruckende und geheimnisvolle Macht unversehrt bewahrt hat. Wie vor hundert oder zweihundert oder zweitausend Jahren, so kann sich auch heute keine wahrhaft empfindsame und aufnahmebereite Seele einem *tête-à-tête* mit den Werken eines Genies aussetzen, ohne davon zutiefst verstört und erschüttert und wie vom Blitz getroffen zu werden.

Dann also doch lieber Busse, Karawanen, Reise- und Schulgruppen, Touren, bei denen die Führung dafür sorgt, daß kein Besucher den tödlichen Strahlen eines Giotto oder Masaccio oder Fra Angelico länger als sechzig Sekunden ausgesetzt ist. Denn es sind Hochrisiko-Trips, wie bereits Plato vorausgesehen hatte, der heimliche Inspirator dessen, was man von jetzt an – nicht mitleidig, sondern mit hygienischer Hochachtung – die vorbeugende Reisegruppe nennen muß.

Odysseus bleibt zu Hause |

»Papp- und Müllberge in 8000 Metern Höhe« verkündete dramatisch ein Titel vor einiger Zeit in der »Stampa«. Der Artikel selbst meldete, daß der Gipfel des Mount Everest, Ziel unzähliger Bergsteigergruppen, inzwischen übersät ist von Müll und Schrott aller Art, von Zelten, Dosen, diversen kleinen Maschinen und Gerätschaften, Tellern, Tassen, Besteck, leeren Gasflaschen, die Plastik»tütchen«, allgegenwärtiges Symbol unserer Zivilisation, noch gar nicht mitgerechnet.

Aber der ganzen gigantischen Gebirgskette geht es – wie eine in diesen Tagen in München veranstaltete Konferenz erbrachte – nicht besser. Dasselbe gilt, stellen wir uns vor, für die Anden. Und es wird dem Mond und dem Mars passieren, sobald es sich via Reisebüro dort hinkommen läßt.

Auch wer kein leidenschaftlicher Alpinist ist und die Raumfahrt gleichgültig betrachtet, muß einen eisigen Stich ins Herz spüren. Es reicht nicht, daraus ein Erziehungsproblem zu machen, die Einführung alpinistischer Benimmkurse herbeizuwünschen oder ein ganzes System von Verboten, Kontrollen, gepfefferten Strafen und Schadenersatzforderungen auf die Beine zu stellen. Selbst in Reih und Glied und wie gegängelte Klosterschüler marschierende Bergsteiger, nach Art preußischer Kasernen geführte Basislager, das pingelige Aufklauben der Abfälle aus dem Schnee mit Müll-Hubschraubern, all das ändert leider nichts an dem Entsetzen, das dieser Angelegenheit innewohnt. Gewiß, der Schaden ließe sich dadurch eingrenzen; aber der essentielle Schaden, der irreparable metaphysische Schaden besteht darin, daß auf diesen märchenhaften Gipfeln ein Schild ragt und droht: »Zuwiderhandelnde werden bestraft nach § 261.«

Paul Valéry, gefragt, was die Moderne von allen anderen Epochen unterscheide, hat schon vor über einem halben Jahrhundert geantwortet: Das Verschwinden unentdeckter Gegenden. Und Apollinaire hat vor ihm die Ankunft eines Kolumbus' ersehnt, der Amerika »ent-entdeckt« und damit diesem Planeten wieder ein bißchen Raum verschafft, der inzwischen total erforscht, kartografiert, erobert und dementsprechend elendiglich eingelaufen ist wie ein Wollhandschuh im Kochwaschgang.

Profitiert hat vor allem der Stubenhocker von jenen unendlichen, geheimnisvollen Territorien, jungfräulichen Gipfeln, unzugänglichen Polen; der Schüchterne vor allem hat profitiert von all den Abenteuern, in denen ein kleiner Mensch die damals noch titanischen Kräfte herausgefordert hat, Wind und Eis, Wasserfälle und Wälder, Sandmeere und Ozeane.

Aber was für einen Jubel, was für eine freudige Erregung sollen wir denn, von unseren Sesseln aus, mit einem unbelehrbaren Knallkopf teilen, der heutzutage den Atlantik auf dem Floß überquert? Oder mit anderen Trotteln, die es gar nicht wirklich darauf anlegen, ihr Leben (wenigstens in Maßen) in der Sahara, im Kongo oder auf dem Himalaya aufs Spiel zu setzen? Es sind touristische Mütchen, beliebige Tollkühnheiten, eitle Imitationen, seichtes publicityträchtiges Nachgeäffe, die dazu beitragen, um den ganzen Globus herum die beunruhigendste aller Atmosphären zu erzeugen, nämlich die Atmosphäre des Unechten.

Der Verdacht taucht auf, daß heute ein echter Mann, hart im Nehmen und würdiger Erbe von Odysseus, jemand ist, der Unternehmungen aus zweiter und dritter Hand verschmäht, Rucksack-Abenteuer und Pauschalreise-Sirenen widersteht und deshalb bei sich zu Hause bleibt, in wütender und heldenhafter Unbeweglichkeit.

Problemzone Bus:
Die unauffindbaren Fahrausweise

Vergebens versuchen wir, unser Land mit den Augen unseres alten englischen Freundes Dennis zu betrachten, der Italien kaum kennt, sondern sich jahrelang vorsätzlich ferngehalten hat, da er sich nicht imstande sah, sich soviel überbordender Schönheit auszusetzen, so wie man die Begegnung mit einer sagenhaften Zauberin scheuen mag, weil man Angst hat, sich hinterher Vorwürfe machen zu müssen, daß man ihr nicht sein Leben geweiht hat.

Auf unsern Rat hin hatte sich Dennis schließlich dazu durchgerungen, mit den minderkarätigen Juwelen anzufangen – Bergamo und Mantua, Verona und Pavia in der touristisch gesehen toten Zeit – und Venedig außen vor zu lassen; in diesem Jahr nun hat er sich, unter Umgehung von Florenz, von Bekannten nach Lucca und Siena fahren lassen, hat in den Mauern von Monteriggioni Halt gemacht, einen Kaffee getrunken und sich dann mitsamt seinem Seesack und seinem zweifellos verdienstvollen Kahlkopf, der aussieht wie ein von Zitronenscheiben eingerahmter Hummer, dort absetzen lassen.

Er ist ein Reisender nach Art Ceronettis*, er benutzt Züge, Busse, gelegentlich die Füße oder ein Taxi, aber er liegt nie im Krieg mit seiner Zeit. Er hält es für völlig natürlich, daß alle Welt ein Auto hat, meidet seinerseits aber lieber all die mit diesem Verkehrsmittel verbundenen Scherereien. Diese phlegmatische Grundhaltung, dazu die Voreingenommen-

* Zu Guido Ceronetti siehe »Diogenes in Italien« auf S. 217 (A. d. Ü).

33

heit des gebildeten Menschen für Italien machen ihn nachsichtig; er schafft es immer wieder, eine gute Seite zu entdekken, die unsereinem aufgrund von Gewöhnung und Verbitterung leider verborgen bleibt.

Begierig darauf, uns von seiner unverbrauchten Haltung anstecken zu lassen, fragen wir ihn, was ihn im Land der Zitronen am meisten beeindruckt habe. Ohne Zögern nennt er: das Zufällige, Unvorhersehbare. Museen, bei denen man nie weiß, sind sie geschlossen oder geöffnet oder halbgeschlossen oder halbgeöffnet, und die mal wie ein Schiff der britischen Marine, mal wie eine Hongkonger Dschunke geführt werden; Züge, die manchmal auf die Minute pünktlich und manch anderes Mal mit irrwitziger Verspätung ankommen und die nagelneue, aber zu Mülleimern degradierte und dann wieder alte, klapprige, aber blitzsaubere Waggons haben; die unbegreiflichen preislichen Variationen zwischen identischen Trattorien und zwillingsgleichen Eisdielen; die vielen kleinen Verbote, denen man hie mürrisch Achtung verschafft, die man da ungestraft ignoriert. Und so weiter.

Mit einer gewissen Erregung geben wir ihm zu verstehen, daß all das nur ein Bruchteil von dem ist, was wir das ganze Jahr über aushalten müssen; wenn er erst die Post sähe, die Gesundheitsversorgung kennenlernte, sich das Steuersystem, den Wohnungsbau, die Rechtsprechung, das Rentensystem ausmalen könnte...

Wir lassen Dampf ab, und Dennis hört es sich an, ohne aus der Fassung zu geraten. Er räumt ein, daß sein Standpunkt privilegiert und höchst begrenzt sei, daß Unordnung anderswo immer einen exotischen Aspekt habe, den der neugierige Fremde mit Interesse und Vergnügen betrachten kann; er nehme eben zum Beispiel eine Sperrung des Fährverkehrs in Genua hin als außergewöhnliche Erfahrung, würde aber angesichts des gleichen Vorgangs in Dover vor Wut schäumen, und umgekehrt. Aber wenn man einmal absehe von diesem Anteil an Folklore, dann erscheine ihm das italienische Chaos doch immer noch wie eine instinktive Form von Widerstand gegen die Orwellschen Tendenzen der modernen Welt.

»Ihr solltet es, statt zu lamentieren, als Garantie dafür nehmen, daß ein wirklicher totalitärer Staat bei euch nicht funktionieren könnte. Der Faschismus war ein Versuch, der, wenn ich nicht irre, erbärmlich gescheitert ist.«

Aber – erwidern wir – er hat zwanzig Jahre gebraucht für sein Scheitern. Und damals fuhren die Züge tatsächlich pünktlich, zur größten Zufriedenheit des italienischen Volkes: Vielleicht war es die Tatsache an sich, vielleicht aber vor allem der Symbolwert, wodurch den Bürgern die Illusion vermittelt wurde, ihre Regierung handele effektiv und seriös. Anarchie wird bei uns zwar praktiziert und ausgenutzt, aber nicht geliebt.

Dennis überzeugt das nicht. Er findet, wir haben ein geniales System der »Theaterdemokratie«, in der jedermann im wesentlichen Komplize der Unordnung sei, indem er abwechselnd die Rolle des Diebs und des Bestohlenen, des Ausgeschlossenen und des Privilegierten, des Gewalttäters und des Opfers, des Ausgekochten und des Naiven übernimmt. Jedermann ziehe seine Kreise und seinen Dreck am jeweiligen längeren oder kürzeren Stecken hinter sich her, und zusammen ergebe das ein Spektakel aus Fröhlichkeit, Vitalität, Phantasie und nicht klein zu kriegendem libertären Schwung.

Irritiert antworten wir, daß das ein altes Klischee ist, das sich auf die heutige Situation des alle Bereiche erfassenden, galoppierenden Verfalls nicht mehr anwenden läßt.

Seelenruhig entgegnet er, das sei ihm sehr wohl bekannt, er verstehe unsere Gereiztheit, er könne aber nichts dafür, wenn auch die heutigen Italiener – bei allen Abstrichen – so sind wie die von den reisenden Ausländern im achtzehnten und neunzehnten Jahrhundert beschriebenen. Mit dem freundlichsten Gesicht unterstellt er uns, wir seien aus lauter *intellectual snobbery* nicht willens zu akzeptieren, was uns als Banalität erscheint; aber vielleicht seien wir auch nur zu dicht dran, vielleicht fehle uns die nötige Distanz, um die klassischen Konstanten des italienischen Nationalcharakters zu erkennen.

Wir werden sauer und beschimpfen ihn als Literaten, als Ästheten, der sich eine bestimmte Vorstellung von Italien angelesen hat und sie nun einer Wirklichkeit überstülpt, von der er keine Ahnung hat.

Er findet uns italienisch aufbrausend.

Morgen soll er abreisen, zu einem Rendezvous mit einer geheimnisumwobenen Dame in Padua, und wir bringen ihn zum Fahrkartenhäuschen der SITA, jenes öffentlichen Busverkehrsbetriebs, der für die Strecke Castiglione della Pescaia – Siena – Florenz zuständig ist. Ideal für ihn wäre der Bus um 9 Uhr 30.

Das Fahrkartenhäuschen hat keine Fahrausweise mehr, aber man kann sie auch in bestimmten Bars und Tabakläden nebenan kaufen. Wir klappern sie alle ab: Nichts zu machen, sie haben alle schon lange keine Fahrkarten mehr und auch keinen Schimmer, wann sie wieder welche geliefert bekommen, in ein paar Tagen, ein paar Wochen, wer weiß. Wir gehen zurück zum Fahrkartenhäuschen. Ob man eventuell und ganz ausnahmsweise mal im Bus nachlösen könne? Nichts zu machen, so was ist bei der SITA nicht vorgesehen. Schaffner sind abgeschafft, und Fahrer dürfen aus gewerkschaftlichen Gründen nicht auch noch Schaffner sein; die Gewerkschaften wollten die Fahrer außerdem auch von der Verantwortung für das Fahrgeldkassieren befreien, wegen der möglichen Irrtümer, Diebstähle, Verluste, Schiebereien, Hinterhalte, Raubüberfälle und so weiter.

Ja, aber wie soll Dennis denn fahren? Ein Fahrer mischt

36

sich ein. Die einzige Lösung sei – erläutert er –, Dennis steige ohne Fahrausweis ein, stehenlassen werde *er* ihn schon nicht; aber er fahre dann natürlich auf eigenes Risiko und auf eigene Gefahr. Was für ein Risiko? Was für eine Gefahr? Ein Kontrolleur, achtzigtausend Lire Bußgeld; allerdings, wenn er Glück habe, kriege er die Fahrt umsonst. Aber das ist doch eine Schande, das ist skandalös, das ist vollkommen hirnrissig! Klar sei das hirnrissig, aber so sei eben die SITA, so sei Italien. Auf dieser übrigens weitgehend eingestellten Strecke herrsche chronischer Fahrkartenmangel; letztes Jahr habe er, was verboten war, immer bei einem bestimmten Lädchen an der Strecke gehalten, das aus nie geklärten Gründen immer einen reichlichen Vorrat hatte; die Fahrgäste seien ausgestiegen, hätten Fahrkarten ab diesem einsamen Vorort gelöst, seien wieder eingestiegen, und er sei weitergefahren; man sei dann allerdings fast immer mit Verspätung in Siena angekommen, bei der SITA habe man sich Sorgen gemacht, und das war das Ende davon.

Mit einem triumphierenden Lächeln wenden wir uns Dennis zu. Aber er lächelt selbst triumphierend; möge ihm dieses Lächeln erhalten bleiben bis morgen früh, wenn er in den Bus steigt, wie er es wollte, aber ohne Fahrkarte. Und wie soll das enden? Wird ihn erst der Kontrolleur eines Besseren belehren, oder kommt Dennis davon und sieht wieder einmal nur die gute Seite der SITA? Vorausgesetzt natürlich, es kommt ihm auf der Fahrt nicht jene andere romantische Konstante Italiens in die Quere, die Herren der Büchse. Die führen nämlich heutzutage ein veritables MG mit sich, aber ein Ästhet wie Dennis wird auch dem etwas abgewinnen, der Glückliche.

Der vermaledeite Mast

Der vorstehende Beitrag löste ein heftiges Dementi seitens der SITA sowie eine Rechtfertigung unsererseits aus. Beides folgt hier. Was übrigens den zur Debatte stehenden Mast angeht, wir wissen auch nicht, ob er immer noch da steht.

In der »Stampa« vom 19. August stand ein Artikel aus dem »Tagebuch F & L« über die SITA auf der dritten Seite. Der Inhalt dieses Beitrags hat mit unserem Unternehmen nicht das geringste zu tun und schadet unserem Ruf als solides, leistungsstarkes Unternehmen, immerhin das größte nationale Privatunternehmen in diesem Bereich. Wir sehen uns daher gezwungen, auf das schärfste dagegen zu protestieren, daß wir zum Anschauungsobjekt für nationale Leistungsunfähigkeit gemacht werden.

Nach dieser Vorbemerkung halten wir fest:

1. Unser Unternehmen ist kein Unternehmen der öffentlichen Hand.

2. Die Fahrer unserer Strecken haben sämtlich Fahrausweise vorrätig, um eventuelle Fahrgäste, sollten sie damit nicht versehen sein, und auf Anfrage entsprechend versorgen zu können.

3. Ein eventueller chronischer Mangel an Fahrausweisen auf der Strecke Castiglione – Siena – Florenz betrifft unser Unternehmen nicht, da die diesbezügliche Strecke mit Wirkung vom 1. Juli 1982 in öffentliche Hand übertragen wurde.

Dino D'Amico · Der Direktor · SITA Florenz

Wir sind sehr erleichtert zu erfahren, daß die SITA weit davon entfernt ist, öffentliche Gelder zu verschwenden, sondern von Rücksichtnahme gegenüber ihren Fahrgästen und ihren Eigentümern geleitet wird; wir sind zutiefst beschämt darüber, die SITA eventuell verleumdet und verspottet zu haben. Wir möchten uns für dieses schreckliche Mißverständnis entschuldigen; wir streuen Asche auf unser Haupt. Allerdings nicht mit vollen Händen.

Wir können tatsächlich einen mildernden Umstand ins Feld führen; er ist gelb und etwa drei Meter hoch. Denn als wir uns niedergeschlagen an die Prüfung der Frage machten, woher unser Irrtum wohl rührte, begaben wir uns auch zum Sportplatz von Castiglione della Pescaia, wo die Busse der Linie Siena – Florenz abfahren. Und dort steht unverwechsel- wie auch fotografierbar ein Mast mit einem durchaus einleuchtenden Schild: »Haltestelle SITA 1«. Darunter, zugegeben, klebt ein verblichener Zettel mit dem Namen des wahren Schuldigen, der *Azienda Consorziale Trasporti,* dem, wie wir vermuten, die SITA die heikle Strecke überlassen hat. Er ist allerdings schwer zu lesen, und es ist unmöglich, seine Wichtigkeit zu erkennen, insbesondere dann, wenn man nicht eine Untersuchung über das Busverkehrssystem der Toskana durchführt, sondern lediglich einen abreisenden Freund zum Bus bringt. Es wäre im Interesse der Imagepflege vielleicht nicht unpassend, wenn die SITA mit der ihr eigenen und mittlerweile unbestrittenen Leistungsfähigkeit irgend jemanden schickte, der den irreführenden Mast mit Stumpf und Stiel flachlegt und zersägt.

F & L

Problemzone Bahn:
Der Zug der sieben Sünden

Der folgende Beitrag erschien am 26. März 1982 auf der Titelseite der »Stampa«. Bereits am nächsten Tag hatte der Minister für das Transportwesen, Balzamo, seine Antwort geschickt. Die ganze Angelegenheit entpuppte sich jedoch als Mißverständnis, wie die Autoren mittels eines Briefes vom 30. März aus Uala-ubanghi sofort klarstellen konnten.

Seit einer Viertelstunde steht der Zug mitten in der Landschaft. An der Abteiltür erscheint ein Schaffner in halbuniformiertem Zustand (Dienstmütze samt -jacke über Jeans und Karohemd) und überreicht uns schüchtern einen Zettel: »Sehr verehrte Fahrgäste! Wir setzen Sie hiermit in Kenntnis von einer Verzögerung der Weiterfahrt des Zuges. Die jeweils zutreffende Ursache ist umseitig erläutert. Wir bitten für die unbeabsichtigte Störung um Entschuldigung.« Tatsächlich steht auf der Rückseite eine Liste mit sieben möglichen »Ursachen«, jede mit einem Kästchen versehen. Angekreuzt ist das erste: »Besetzung von Bahneinrichtungen und -anlagen durch hierzu unbefugte Fremde.«

Das mit uns reisende französische Paar bittet, den Zettel auch mal sehen zu dürfen, und versteht nicht recht. Wer denn diese »Fremden« seien, diese *étrangers*? Deutsche, Marokkaner? Eine Herde Ziegen? Wir erläutern ihnen, daß es sich in der Regel um Arbeiter irgendeiner Fabrik handelt, die noch gestern für weniger Arbeit demonstriert haben, heute aber für mehr sind. Und warum halten sie Züge an? Was haben wir damit zu tun? Nichts, es soll uns einfach einweihen in den Geist der ganzen Sache, deshalb demonstrieren sie; um uns zu sensibilisieren und uns zu Solidarität und Sympathie zu bewegen.

Das Paar sieht uns ungläubig an und erkundigt sich, so zum Zeitvertreib, nach den aufgelisteten übrigen »Ursachen«. Nr. 2 – »Besetzung der Bahneinrichtungen und -anlagen durch Fahrgäste.« Das erscheint den beiden noch rätselhafter. Warum solle ausgerechnet ein Fahrgast Züge anhalten? Weil er eine Stinkwut auf die Bahn hat und erbost ist über die sechs anderen Verspätungsarten. Was erreiche er denn aber damit? Nichts. Bestenfalls die siebte. Aber es tut gut, sich von Zeit zu Zeit Luft zu machen.

Kopfschüttelnd wenden sich die beiden Franzosen dem dritten Kästchen zu: »Störungen aufgrund wetterbedingter Ursachen.« *C'est à dire?* Ein Taifun? Überschwemmungen? Lawinen? Erdbeben? Aber nicht doch, nein. Ein kleiner Regenguß, ein Hagelschauer mitten im Sommer, der eine oder andere Blitz sind vollauf genug für einen stundenlangen kompletten Stillstand. Aber – wenden die beiden verblüfft ein – in Frankreich regne es auch häufig, überhaupt in ganz Europa, aber da fahren die Züge trotzdem, die würden doch schließlich nicht mehr von Pferden gezogen, das könne doch kein Grund sein! In Italien schon, bei uns erfragt man vor dem Besteigen eines Zugs die Wettervorhersage, studiert gründlich den Himmel und bleibt, falls man eine nicht ganz helle Wolke entdeckt, am besten zu Hause.

Und was seien dann die »technischen Ursachen« neben dem Kästchen Nr. 4? Sei das nicht ein bißchen vage und allgemein formuliert? Was für ein Geheimnis verberge sich denn dahinter? Gar keins. Diese Floskel ist keineswegs der Diskretion oder dem Schamgefühl entsprungen. Nur, wenn die Bahn sämtliche technischen Pannen auflisten wollte, die im Geltungsbereich des italienischen Streckennetzes vorkommen könnten und tatsächlich auch vorkommen, dann reichte ein Zettel nicht; das würde ein Wälzer. Ausgefallene Triebwagen, zusammengebrochene Stromleitungen, Kurzschlüsse in der Signalanlage, Brände in Waggons, blockierte Weichen – das wäre endlos. Dann lieber ein einziges Stichwort, das all die unzähligen Auswirkungen von Materialverschleiß oder -überalterung umfaßt, oder?

Unsere Reisegefährten fragen uns mit besorgtem Schauder, ob denn bei der Bahn in Italien das Material nicht erneuert werde? Das ist nicht drin, das Geld reicht gerade mal für Löhne und Gehälter, vollständige Uniformen für Schaffner sind schon nicht mehr abgedeckt. Warum man denn dann nicht die Preise erhöhe? In Frankreich sei Bahnfahren doppelt so teuer. Das ist auch nicht drin, denn die sehr verehrten Fahrgäste würden sofort gemäß Listen-Nr. 2 sämtliche Bahneinrichtungen und -anlagen von den Alpen bis nach Sizilien hinunter besetzen.

»Ursache« Nr. 5: »Stau«. Unsere Freunde reißen die Augen auf. Der Zugverkehr sei doch wohl für das ganze Schienensystem programmiert und programmierbar. Oder sei das in Italien anders, beschließe da der Führer eines Zuges aus Genua oder Ancona oder Triest oder Neapel einfach mal eben eine Spritztour nach dem Essen und komme so dem regulären Verkehr in die Quere? So ungefähr – bestätigen wir –, aber das hänge wiederum an den Ursachen Nr. 1 bis 4, welche sich hinwiederum zu Nr. 5 summieren, nämlich zum totalen Chaos.

Und Nr. 6: »Besondere Überprüfungsmaßnahmen bezüglich der Streckensicherheit«? Oh, pures bürokratisches Feingefühl ist das, ein milder Euphemismus, damit die Leute nicht erschrecken. Was hätte man sonst schreiben sollen, hätte man etwa an die diversen Terroranschläge erinnern sollen, an die Blutbäder im *Italicus* und in Bologna? Durchblicken lassen, daß auf irgendeinem Gleis mutmaßlich oder wahrhaftig TNT oder Plastiksprengstoff klemmt? Allein solche Wörter hinterlassen im gedruckten Zustand einen verheerenden Eindruck im Fahrgast, sie würden ihm die ganze Reise verderben.

Was die letzte »Ursache«, die Nr. 7, angeht, bei ihr handelt es sich ebenfalls um einen Euphemismus: »Nichtanwesenheit des Personals«. Kurz: Streik. Ein roher, unangenehmer Begriff, der unweigerlich Erinnerungen an nervenaufreibende Zwangsaufenthalte auf zugigen Bahnsteigen und danteskes Tohuwabohu in Wartesälen heraufbeschwört, an verpaßte Anschlüsse, entgangene Küsse, ferne Söhne, vergeblich auf sie wartende Muttis, geplatzte Geschäfte, in den Wind geschriebene Gelder.

Das klinge ja wie eine Liste der sieben Todsünden, bemerkt sarkastisch der Mann und gibt uns den Zettel zurück, eine Liste allerdings, die vom unverbesserlichen Sünder in Umlauf gebracht wurde. *Madame* widerspricht lebhaft: Nun ja, stimmt, es sei gewiß eine Erklärung der eigenen Impotenz, aber wie geistreich, wie anmutig, wie liebenswürdig, wie außerordentlich charmant höre sie sich an! Einen solchen Bürokratenschrieb, der eine ganze Serie skandalöser, peinlicher und gefährlicher Ungeheuerlichkeiten kurzerhand als Selbstverständlichkeiten deklariert und mit einer Verbeugung und ausgestreckten Armen um Verzeihung bittet, den finde man nur in Italien. Stendhal wäre *ravi* gewesen. Übrigens könne man in seinen *Chroniques Italiennes* nachlesen, was in diesem Zettel alles mitschwinge: wilde Leidenschaft, Anmaßung, Übergriffe, Elend, Geheimnisse, Banditen, Blut, Unsicherheit, Improvisationskunst, das Unvorhersehbare. Im Grunde genommen sei es doch immer noch dasselbe Italien: voller Überraschungen und Widersprüche, romantisch, einfach herrlich. Stendhal würde diese sieben »Ursachen« zum Anlaß für sieben tolle Erzählungen nehmen.

Selbst wenn. Wir sind nicht Stendhal, leider. Wir sind womöglich nicht einmal *ravis*.

Der Minister stellt klar

Fruttero und Lucentini sind sympathische Leute, selbst wenn sie übertreiben. Und, ich sage es offen, Übertreibungen darf man ihrem Artikel auf der Titelseite der »Stampa« vom 26. März, Titel: »Der Zug der sieben Sünden«, unterstellen. Nun will ich hier kein Gegenplädoyer von Amts wegen halten, aber darf man der Bahn, und das heißt ja doch auch dem staatlichen Unternehmen Bahn in seiner Gesamtheit, Sünden nachsagen, die sie gar nicht begangen hat?

Der von den beiden sympathischen Schriftstellern erwähnte Zettel, der den Fahrgästen überreicht wird, um sie über Ursachen für eventuell auftretende Verzögerungen in Kenntnis zu setzen, ist Ergebnis eines gerade von Fahrgästen immer wieder zum Ausdruck gebrachten Wunsches hinsichtlich der verschiedenen Bedingungen, aufgrund deren es zu Verspätungen auf der Zugstrecke kommen kann.

Mir scheint dies ein legitimes Anliegen, und die Bahn hat gut daran getan, ihm zu entsprechen. Die Bahn versucht, mit den Benutzern ihrer Einrichtungen in immer klarere und direktere Beziehungen zu treten.

Bezüglich der Ursachen für Verspätungen darf allerdings der komplexe Gesamtzusammenhang nicht unter den Tisch fallen; es sind dies tagtäglich 8000 Bahnbewegungen (eine alle drei Minuten), verteilt über ein Gesamtstreckennetz von mehr als 16000 Kilometern in allen Himmelsrichtungen und in einem Gebiet, das sowohl orographisch wie auch geologisch gesehen nicht eben zu den problemlosesten gehört.

So gesehen sind Verspätungsgründe, die unmittelbar betriebsinterne Ursachen aufweisen, verglichen mit anderen (externe Ursachen) prozentual gesehen eher als geringfügig einzustufen. Zusätzlich wird auch dieser geringfügige Prozentsatz im Laufe der kommenden Monate und Jahre im Rahmen der geplanten Strukturreform bei der Bahn gezielt weiter abgebaut werden; sie sieht Ausgaben von mehr als 20 000 Milliarden Lire für die Sanierung weiter Bereiche sowohl des rollenden Materials als auch der feststehenden Gebäude sowie die Vervierfachung bzw. Verdoppelung der wichtigsten Anschlußstrecken vor.

Schon heute muß unsere Bahn den Vergleich mit anderen Ländern kaum scheuen. Nach Abschluß aller integrativen Maßnahmen werden wir in Leistung und Angebot anderen, im Schienentransportbereich fortgeschritteneren Nationen in nichts nachstehen.

Bleiben die externen Verspätungsursachen. Ich stimme durchaus überein mit Fruttero und Lucentini, wo sie die Angewohnheit von Demonstranten, beispielsweise Gleise – wenn auch aus berechtigten Gründen – zu besetzen, tadeln. Auf der anderen Seite, was würden Fruttero und Lucentini wohl tun, wenn sie in einer derartigen Notsituation Zugführer wären: Über diese Demonstranten hinwegrollen oder den Zug anhalten?

Und was würden Fruttero und Lucentini bei einem anonymen Anruf, der vor einem Sprengkörper auf der Bahnstrecke warnt, tun, wenn sie selbst Stationsvorsteher wären: Würden sie die körperliche Unversehrtheit Hunderter von Fahrgästen aufs Spiel setzen oder die Abfahrt des Zuges im Interesse abzuwartender Überprüfungsresultate hinauszögern?

Es ist doch wohl so, daß an der Schaffung einer sozial verträglichen Ordnung, in der derartige Unbequemlichkeiten vermieden werden können und der einzelne oder eine vereinzelte Interessengruppe sich den Interessen des gemeinsamen Ganzen unterordnen, gearbeitet werden muß, und zwar von allen.

Schließlich möchte ich, nicht ohne darauf hinzuweisen, daß unsere Bahn auch bei einer »nicht ganz hellen Wolke am Horizont« fährt (es sei denn, es handelt sich um einen Wolkenbruch, bei einem solchen stehen allerdings auch in allen anderen Ländern der Welt die Züge still), Fruttero und Lucentini zu bedenken geben, daß anläßlich des jüngsten Tarifabkommens der Eisenbahn sowohl mit dem Gewerkschaftsbund als auch mit den selbständigen Gewerkschaften die Einzelheiten der neuen Streikregelung paraphiert wurden, wodurch sichergestellt ist, daß während der Stoßzeiten wie dem Urlaubsreiseverkehr und dem Jahreswechsel sowie insgesamt die »wilden« Aktionen abgeschafft sind, die eben, weil sie unvorhergesehen erfolgen, für so viele Störungen der Fahrgäste verantwortlich zu machen sind.

Zusammenfassend weiß ich nicht, ob Stendhal aus jenen sieben Sünden, die von Fruttero und Lucentini, wie ich hoffe, deutlich aufgezeigt zu haben, in recht willkürlicher Art und Weise der Bahn angelastet werden, tatsächlich sieben Erzählungen machen würde. Ich persönlich glaube vielmehr, Stendhal würde antworten mit den Worten, die er sagte, wenn ihn jemand fragte, wie es denn in Italien so laufe: Nicht besser und nicht schlechter als bei uns oder irgendwo sonst.

Was uns selbstverständlich nicht von der Verantwortung entbindet, alles zu tun, damit es immer besser läuft. Die Möglichkeiten dazu sind immer vorhanden.

Vincenzo Balzamo
Minister für das Transportwesen

Als Stationsvorsteher
in Afrika

Uala-ubanghi, den 30. März. Ein *wotongo*-Krieger, der uns hin und wieder mit Nachrichten aus Europa versorgt, bringt uns einen Ausriß aus der »Stampa« von vorgestern. Der italienische Transportminister nimmt seine Bahn vor »übertriebener Kritik« unsererseits in Schutz. Zuerst fallen wir aus allen Wolken, aber schließlich wird uns die Wahrheit klar: Die »Stampa« hatte – aufgrund eines gewiß nicht der tadellosen Post unseres Heimatlandes anzulastenden Versehens – einige Tage zuvor einen Brief von uns zur Lage der Bahn hier in Katranga so abgedruckt, daß er erschien wie auf Italien bezogen.

Mehr als gerechtfertigt ist deshalb die freundliche, wenngleich energische Antwort des Herrn Ministers, der uns seinerseits ein polemisches »Euch möchte ich mal als Stationsvorsteher sehen« serviert.

Ironie des Zufalls! Dem Herrn Minister ist wie vielen anderen unserer Leser offenbar entgangen, daß wir – um unser Leben hier unten, wo eine Schüssel *kikku* mit Artischocken 3000 *teewee* kostet, fristen zu können – gezwungen sind, die Einkünfte aus unseren Federn aufzustocken vermittels einer Anstellung eben als Stationsvorsteher des bedeutenden Eisenbahnknotenpunkts Uala-ubanghi. Daher stammen unsere Erfahrungen mit den Gegebenheiten einer noch in der Entwicklung befindlichen Bahn; so entstand jener farbige Bericht, den wir an die Turiner Tageszeitung schickten.

Nachdem wir nun dieses Mißverständnis ausgeräumt haben, legen wir jedoch Wert darauf, den Herrn Minister sowie die Leser darüber aufzuklären, daß unser kleiner Bericht nicht nur weit von jeder Übertreibung entfernt ist, sondern im Gegenteil noch weit unterhalb der schmerzlichen Wirklichkeit liegt. Völlig unerwähnt gelassen haben wir die Schlangen vor den Fahrkartenschaltern, schier unfaßbar überfüllte Züge, verrottete Waggons, die über kaputte Gleise holpern, Toiletten ohne Wasser, die allerdings ohnehin unerreichbar bleiben, da die Gänge mit Gepäckteilen und Fahrgästen verstopft sind und nicht einmal den Minibars mit der Notration Limonade und Bananen ein Durchkommen gestatten. Unerwähnt gelassen haben wir des weiteren die gefürchteten *n'gholo* oder *nimba-nimba,* Wegelagerer, die in Abteile eindringen, den dicken Mann markieren und ermattete und oft kurz vor dem Koma stehende Fahrgäste um deren wenige Habseligkeiten erleichtern. Unerwähnt gelassen haben wir Gestank und Dreck, verkrustete und blockierte Fenster (dank deren die Temperatur während der Fahrt durch die Savannen gelegentlich auf über 300 Grad Fahrenheit ansteigt) sowie chronisch defekte Heizungsanlagen (aufgrund deren es in den vulkanischen Gebirgsketten des Hohen Ubongo häufig zu Fällen von Erfrierung kommt).

Was Verspätungen anlangt – von denen kann sich ein italienischer Fahrgast, der gewohnt ist, sie nach Minuten zu messen, überhaupt keine Vorstellung machen. Hier in Katranga erreichen die Minuten – die wir persönlich beständig anzusagen haben, über Lautsprecher und mit belegter Stimme – mühelos Zahlen von dreißig, sechzig, hundertzwanzig, zweihundertvierundvierzig und mehr.

Nicht, daß nicht auch hier durchaus gewisse Modernisierungsanstrengungen unternommen würden. Derzeit wird eine »Superschnellstrecke« von acht Kilometern Länge erweitert, deren Bau 1962 begann und auf der einmal Super-Loks vom Typ »Bagongo« (eine Art Schnell-*ugambo*) rasen können sollen; das Projekt ist bereits in der Phase der praktischen Planung, 7000 Milliarden *teewee* wurden bereitgestellt. Es handelt sich dabei allerdings um sehr langfristig angelegte Planungen, die der katrangesische Fahrgast mit Skepsis betrachtet und die an seiner gegenwärtigen Wut und Misere ohnehin nichts ändern können.

Trotz alledem aber hat uns der Herr Minister, wenn auch in Unkenntnis unserer Nebentätigkeit, mit seinem Vorwurf an einer wunden Stelle getroffen. Was tun wir als Stationsvorsteher eigentlich, um derlei leidvollen Umständen abzuhelfen? Nun ja – vorerst teilen wir DIN-A4-Blätter aus, auf deren Rückseite sage und schreibe 64 »Ursachen« für Betriebsstörungen aufgelistet sind; mit dem Ankreuzen der jeweiligen Kästchen und dem Verteilen ans Publikum geht schon ein guter Teil des Tages drauf.

Des weiteren und zur Schaffung einer noch vertrauensvolleren Beziehung lesen wir den wegen Verspätung Wartenden in Härtefällen (ab hundertvierzig Minuten aufwärts) längere Abschnitte aus dem *kimbo-mamba* vor, einer Art Broschüre über den Strukturreformplan der katrangesischen Bahn, der noch auf Livingstone zurückgehen soll und den *wotongo* als heiliger Text gilt. Und schließlich und insbesondere widmen wir uns, gemeinsam mit tüchtigen Missionaren, dem christlichen Beistand für diejenigen Fahrgäste, die das letzte Stadium psychophysischer Toleranz erreicht haben.

Mehr kann der einfache Stationsvorsteher nicht tun. Nur wenn der katrangesische Transportminister, Herr Balzambo, sich wieder einmal damit herausreden will, daß es in anderen Ländern »nicht besser und nicht schlechter« laufe als bei uns, dann zögern wir nicht, unsere Signalkellen hochzureißen und ihm ein höfliches Halt entgegenzurufen: »Wir wollen doch bitte nicht übertreiben, Herr Minister Balzambo.«

Tolstoi in Italien:
Der mißglückte Selbstmord der Anna Karenina

»Ja, der Tod«, sagte Anna zum wiederholten Male, während sie auf Bahnsteig 16 des Bahnhofs Porta Principe in Genua entlangschlenderte und der Lautsprecher vermeldete, der D-Zug aus Moskau (über La Spezia), planmäßige Ankunft 17 Uhr 38, werde voraussichtlich mit 190 Minuten Verspätung eintreffen. Der Tod war die einzige Lösung. Sie mußte es tun, sie würde es tun.

Die Entscheidung ließ sie ruhiger werden und machte ihr einen Augenblick lang sogar die Szenen erträglich, die sie nun schon seit dem frühen Morgen vor Augen hatte, als sie mit dem TEE aus Petersburg (über Tortona), planmäßige Ankunft 9 Uhr 15, in Genua angekommen war, 140 Minuten später als vorgesehen. Sogar Rührung empfand sie beim Anblick des untersetzten, verschwitzten Bahnsteigaufsehers mit der aufgeknöpften Jacke, der von einer dräuenden Gruppe von Fahrgästen eingekreist war. »Ja, und? Sollen wir etwa bis morgen hier herumstehen?« schrien sie ihn an. Der Aufseher rang die Ärmchen. »Das ist eine Schande, widerlich!« brüllte eine Frau mit zerzausten Haaren und halb offenen Kleidern.

Ganz unrecht hat sie nicht, dachte Anna, auch sie steht seit mindestens vier, fünf Stunden hier.

Kurz darauf aber stolperte sie über einen Haufen Säcke, war drauf und dran, zu Boden zu stürzen, und wurde, kaum hatte sie das Gleichgewicht wiedererlangt, wieder ergriffen von diesem Gefühl des Abscheus und des Entsetzens, das ihr bereits vom Augenblick der Abfahrt an die Kehle zugeschnürt hatte. Die vier unter riesigen Rucksäcken gebeugten Mädchen in Shorts, die sich ihr entgegenschleppten, kamen ihr vor wie Ungeheuer. Ein verschmutzter Jüngling schleuderte, nachdem er wer weiß welche geschmacklose, lauwarme Flüssigkeit aus ihm herausgesaugt hatte, einen Pappbehälter aus dem Fenster eines stehenden Zuges. Und überhaupt fügten sich alle diejenigen, die im Geviert der Fenster auftauchten, zusammen zu einer Porträtgalerie von lauter häßlichen und halb bekleideten Menschen. Alte, Junge, Frauen, Männer, finstere Gier nach bevorstehenden Ferien deutlich lesbar auf den verstörten Gesichtern, Gefühllosigkeit gegenüber den anderen Mitreisenden, die Arroganz dessen, der einen Sitzplatz ergattert hat, die ermattete Mißgunst des anderen, der von Smolensk an zwangsweise gestanden hatte. Eine mürrische dicke Frau fächelte sich mit einer Illustrierten voll boshafter Klatschgeschichten Wind zu. Jeder haßte jeden, und alle zusammen haßten die staatliche Eisenbahngesellschaft.

Wieder ertönte die gewohnte kratzige Stimme: »Der Eilzug aus Odessa (über Lecce), planmäßige Ankunft 18 Uhr 53, wird voraussichtlich mit 240 Minuten Verspätung eintreffen.«

Anna erschauerte und ließ ihren Blick über die Gleise schweifen, die öden und die anderen, auf denen seit Stunden übervolle lange Züge in der Sonne stillstanden, genauso wie ihrer. Bummel- und D-Züge, IC- und Eilzüge standen ehern und reglos im schwülen Dunst. Sie ging zu der Tafel mit den Ankunfts- und Abfahrtszeiten, dann schritt sie entschlossen die Treppe zur Unterführung hinab und kam auf Bahnsteig 22 wieder hoch. Hier war die Menschenmenge noch dichter und noch erregter, und die Gepäckstücke ließen keinen Zollbreit Boden frei. Mühsam bahnte sie sich einen Pfad zwischen Kisten und Bündeln, Dreirädern und Schlauchbooten hindurch, vor jeder Wagentür mußte sie Trauben von Menschen beiseiteschieben, die einzusteigen versuchten, Arme, Beine, Füße und Rücken krampfartig ineinander verheddert, verzweifelt hier eine Flasche, da eine Gitarre, da einen Strohhut schwenkende Hände inmitten eines Chores aus Verwünschungen, Rufen, erstickten Schreien und Todesröcheln.

Es hatte keinen Sinn. Gar nichts hatte irgendeinen Sinn, mit Ausnahme des Todes.

Als sie endlich die Höhe der Lokomotive erreichte, starrte sie erleichtert auf die beiden klaren, festen Stränge aus Stahl, die unter einer Schicht Kippen und Abfall hervorlugten. Ja, das war die Lösung. Beim Ton der Signalpfeife, bei der allerersten Drehung der Räder würde sie zum Sprung ansetzen...

»Die Abfahrt des Eilzugs nach Sestri Levante und Nowgorod«, krächzte jetzt der Lautsprecher, »wird sich um unbestimmte Zeit verzögern.«

Anna war wie vor den Kopf geschlagen. »Aber warum? Was ist passiert?« fragte sie den Lokomotivführer, der, einen Transistor ans Ohr gepreßt, herausgeklettert kam. Er würdigte sie kaum eines Blickes, sondern zuckte die Schultern. »Vielleicht fragen Sie mal bei der Fahrplanaufsicht nach.«

Anna lief zurück zur Unterführung, suchte nach dem entsprechenden Hinweisschild und öffnete schließlich eine Glastür. Ein Dutzend mitleidloser Augen musterte sie.

»Technische Ursachen«, versetzte grob ein schmächtiges Männlein.

»Gibt es denn gar keinen Zug, der abfährt oder ankommt?«

»Wo wollen Sie hin?«

Unter den nächstbesten Zug, dachte Anna. In gewissen Situationen aber war alles unendlich schwer, sogar ein Selbstmord. Warum ihre Lippen zitterten, als sie das Amtszimmer verließ, konnte sie sich nicht recht erklären. Unter einem

verblichenen Plakat, das junge Männer zum Eintritt in die
Militärakademie ermunterte, blieb sie stehen, und jetzt fiel es
ihr wieder ein. Damals als sie mit Wronski in Italien gewesen
war, hatten die Züge besser funktioniert.

Mit dem Zug durch die Toskana

»*Mit dem Zug durch die Toskana / das ist Alltagspoesie / auf dem Weg zu seinem Ziel / schluckt er Ebenen / bohrt er sich durch Berge / setzt er über Hügel / säumt er das Meer / du kannst ihm alles abverlangen / denn . . . er liebt dich. / Der Zug liebt dich.*«

Dem Leser mögen bitte nicht die Arme sinken noch Milchtröpfchen aus den Knien kleckern. Der obige Text gehört in die erlesene Kategorie *Botschaften* (wir alle sind ja inzwischen in erster Linie »Zielgruppe für Botschaften«), und wir wollen uns Mühe geben, ihn als solchen zu analysieren, wenngleich es immer schwieriger wird, sich zurechtzufinden zwischen beabsichtigter und unfreiwilliger Komik, zwischen Ernst und seiner eigenen Parodie, zwischen genuinem Schwachsinn und seiner ironischen Erscheinung. Wir sind zwar keine Philologen vom Kaliber eines Contini oder Isella, aber wir wollen doch unser Bestes tun, wenn wir hier in aller Schlicht- und Unvoreingenommenheit einige Bemerkungen zu jener interessanten Komposition aus dem Hause Eisenbahn machen, die uns unter die Augen kam; dank welcher zufälligen Umstände, wollen wir ebenfalls aufklären.

Die Komposition entstammt zugegebenermaßen toskanischen Gefilden, und schon im einleitenden Septenar schwingt nicht nur ein Echo jener leichtfüßigen Rhythmen mit, die Brunetto Latini für seinen *Tesoretto* verwandt hat, sondern auch die stolze Egozentrik einer Landschaft, welche, das wollen wir nie vergessen, die Geburtsstätte der italienischen Sprache war. So manifestiert sich also die Legitimität eines beanspruchten Primats: In Piemont, in Apulien, in der Lombardei oder den Marken mag sich ein Zug damit bescheiden, seine Funktion als Transportmittel in Form von spröder Prosa, häufig genug einfach hingehauen und bar jeder korrekten Grammatik, gerecht zu werden. In Ligurien oder dem Latium, in Kalabrien oder Umbrien sitzt der Fahrgast dumpf in seiner Ecke über einem Kreuzworträtsel und bemüht sich, die Gespräche seiner einfallslosen Mitfahrer über Krankenhäuser oder Sport zu überhören.

Kaum ist er aber in Sarzana, Acquapendente, Montalto di Castro angelangt, atmet er augenblicklich andere Luft. Der monotone Klang der Räder wird melodiöser Schmelz, die Sitze werden weich, die letzte halbe Birne aus der Minibar nahezu genießbar, die mürrische Schaffnerin trällert ein Volkslied aus dem dreizehnten Jahrhundert, die Gänge scheinen nicht mehr voll von Milch- und anderen Tüten, sondern übersät von Rosenblüten. Die Fahrgäste lächeln und sehen sich an mit heillos verblüfften Blicken. Was ist passiert? Ei Potzblitz, hier beginnt die Toskana, wo Zugfahren Alltagspoesie ist!

Hoffentlich vergißt der Zug vor lauter Lyrik nicht seinen letztlichen Zweck, das »Ankommen«. Jedenfalls wollen wir darauf aufmerksam machen, daß der Text mit einer ganz eigenen Bildkraft angereichert ist und die Module exquisiter Naivität aufweist, aber auch eine ganz eigene erzählerische Glückseligkeit, mit denen so viele Meister des vierzehnten Jahrhunderts glänzten.

Er »schluckt Ebenen«: Man sieht sie förmlich vor sich, die Ebene (vielleicht die Maremma?), durch die ein Zug mit über den Daumen gepeilt 140 Stundenkilometern rast.

Er »bohrt sich durch Berge«: Und schwupp! sieht man einen Berg wie von Giotto, aus dem dank eines praktischerweise eingebauten Tunnels triumphal eine Eisenbahn schießt.

Er »setzt über Hügel«: Schon sieht man sie (vielleicht die Hügel bei Siena?), wie sie getreten und gedemütigt werden von einem Zug, der von Guidoriccio da Fogliano sein könnte.

Er »säumt das Meer«: Man sieht die Küste (zwischen Viareggio und Forte dei Marmi?), und sie wird kühn gestreift von einem Zug, der weder Südwest noch Schirokko scheut.

Der nun folgende Satz in seiner aufreizenden Unentschiedenheit läßt gleich alle Türen offen, womöglich sogar eine ganze mythische Spirale.

»Du kannst ihm alles abverlangen.«

Was denn? Eine göttliche Prüfung? Die Probe auf die Pünktlichkeit? Schnelligkeit? Bequemlichkeit? Das klingt doch sehr kleinlich in einem Umfeld, das den Blick nach viel weiter oben lenkt, hin zu dem Polyptychon (in den Uffizien), auf dem Pietro Lorenzetti die Wandlungen der *Beata Umiltà* dargestellt hat: Könnte der Zug nicht, wie die heilige Frau trotz angeborenen Analphabetismus, plötzlich zu lesen anfangen? Oder den Fuß des Fahrgasts mit einem Amen heilen und ihn vor der Amputation bewahren? Oder mitten im August lauwarmes Bier und kochende Limonaden in wundersam eisgekühlte Getränke verwandeln? Doch, vielleicht kann man dem Zug durch die Toskana Wunder abverlangen, denn ... er liebt uns.

Diese letzte Offenbarung gehört zu der Sorte, die einem den Atem verschlägt. Eine klammheimliche Liebe und gewißlich eine unerwiderte und schon gar keine nach dem Motto »ch'a nullo amato amar perdona«. Niemals hätten wir bei unseren häufig wechselnden Beziehungen zu Zügen soviel Gefühl in ihnen vermutet. Wir hatten im Gegenteil immer den Eindruck, der verdammte Zug kann uns nicht riechen und scheut keine Mühe, uns Leid zuzufügen, uns zum Fluchen und sogar zu Tätlichkeiten zu verführen. Wir sahen in seinem üblichen Benehmen nichts als Gleichgültigkeit,

Lustlosigkeit, Desinteresse, kaum verhohlene Verachtung. Und in Wirklichkeit...

Woher, möchte der Leser wissen, kommt eine solche Komposition? Wen soll sie ansprechen? Wer hat sie verfaßt und wann?

Wir würden ihm gern antworten, sie stamme noch aus den Zeiten der allerersten Schienenwege des Großherzogtums Toskana, als das stählerne Ungeheuer den Ackersmann in Schock und Frauen und Kinder in Angst und Schrecken versetzte; oder sie sei in Carlo Collodis leider unauffindbarer humoristischen *Romanze unter Dampf* (1856) von uns entdeckt worden; oder sie gehöre in die vergnüglichen Jugenderinnerungen von Ferdinando Martini aus dem Florenz des letzten Jahrhunderts. Gern würden wir sie Palazzeschi und seiner burlesken futuristischen Periode zuordnen oder der Feder von Federigo Tozzi, der seine Erfahrungen als Eisenbahnangestellter mit bitterem Sarkasmus in seinem Roman *Erinnerungen eines Angestellten* niedergeschrieben hat.

Aber leider ist die zitierte Litanei von weniger edler Herkunft, und sie zu datieren ist geradezu alarmierend einfach. Sie stammt von einer soliden, stattlichen Tafel (nicht etwa irgendeinem abreißgefährdeten Reklamezettel oder einem leicht verderblichen Poster) an der Wand des Wartesaals im Bahnhof von Grosseto, wo wir vor ein paar Tagen saßen und auf einen Zug mit (liebgemeinten) vierzig Minuten Verspätung warteten.

Sofort wußten wir instinktiv, was dahintersteckt: Ein Unternehmen auf dem Weg in die Selbständigkeit, das vor allem darum besorgt ist, mit der freien Wirtschaft in einem primären Bereich Schritt zu halten. *»Zeigen wir, daß auch wir etwas für die Imagepflege tun!«* Gesagt, getan, und schon sitzen sie zu viert, acht, sechzehn um einen Tisch. Tiefschürfende Diskussionen, Brainstorming, Ideen im freien Flug von »Kreativen«. Eine *Botschaft* muß her! Und endlich, hurra!, das

Meisterwerk ist angenommen, hergestellt, verteilt und hängt in jedem Bahnhof des Entscheidungsbereichs, mitsamt dem schönen Signet FS darunter.

Was diese *tour de force* bürokratischen Geistreichtums wohl gekostet hat? Um wieviel sie das riesige Defizit der Bahn wohl erhöht? Das ist die Frage, die sich die Kunden nicht nur aus der Toskana stellen, sobald sie sich von der ersten fassungslosen Betäubung erholt haben.

Sicher, es ist nur ein Tropfen im Ozean nationaler Verschwenderei; ein kleinwinziges Sternchen am Firmament öffentlichen Schwachsinns. Aber es bleibt *sein* Geld (denkt der Steuerzahler, dem heftig die Hand juckt), das in der Kreation dieser lächerlichen Tafel steckt, dieser peinlichen Kinderverse aus der Volksschulfibel, dieses Sammelsuriums aus einfältigen und mißlungenen Kritzeleien und abstoßenden Slogans, ausgedacht von einem Team aus lauter Schwachköpfen für eine Öffentlichkeit aus lauter Schwachköpfen.

Soll das der neue Trend sein, wie man ein Dienstleistungsunternehmen leitet, die neue Professionalität? Sollen wir von Leuten mit solchem Format Modernisierung und Leistung, Strukturwandel und Aufmerksamkeit erwarten?

Streikende Eisenbahner haben uns zu ihren glühenden Fans nie zählen können; aber fest steht auch, daß, verglichen mit solchen gewerkschaftlich abgesicherten Neostilisten der reinen Alltagspoesie und des verliebten Zuges, die prosaischen Arbeiter – die Maschinisten, die da oben in ihren engen Führerhäuschen ihren Zug im materiellen Sinn über Berge, Ebenen und Hügel bringen und mehr oder weniger zuverlässig am Bahnhof ankommen – unserer Meinung nach den einen oder anderen Pfennig Zulage verdient haben, ehrlich.

Und sie bewegt uns doch . . .

Gehen wir ruhig einmal aus von einem immer wieder wunderschönen Bild der Eisenbahn: Diese wirren Knäuel und Fächer aus Gleisen, die zu den großen Bahnhöfen führen, ihr Ineinanderlaufen zu Triangeln, Rhomben, Trapezen und Halbkreisen, ihr Auseinanderstreben zu rätselhaften Tangenten, ihr Verschwinden zwischen vergilbtem Gestrüpp, Hütten, wackeligen Bretterzäunen. Vielleicht hängen die Wolken an dem Tag gerade tief und schwer, und der Regen akzentuiert die tadellos exakten Muster des Stahls auf dem schwärzlichen Untergrund aus Schotter und Schwellen, während sich in der Ferne Kapuzenmännchen in dem glänzenden Labyrinth bewegen, als wären sie hier zu Hause.

Es ist eine Landkarte aus Überschneidungen und Verbindungen, streng festgelegt, aber vom Klacken einer Weiche immer wieder auf völlig andere Horizonte, Ziele hin ausgerichtet; es ist eine Allegorie über das Zufällige und das Notwendige; es ist der Plot für einen Roman. Hier kann jede Geschichte losgehen, jede Abschweifung.

Zum Beispiel die folgende: Vielleicht ließe sich mit den heutigen Computerprogrammen berechnen, wie viele Bilder, Szenen, Verse, Zeilen Schriftsteller der Eisenbahn verdanken. Und sofort macht die Weiche klack und bringt uns zu der Feststellung, daß eine Untersuchung über die besondere Rolle der Fortbewegung in der Literatur fehlt. Es gibt reihenweise Bände über die Liebe, den Krieg, Gold, Gott, das Land, die Stadt, politisches Engagement, Snobismus, das

Spiel und so weiter. Aber wir können weit und breit keinen Gelehrten und keine Gelehrtenschüler entdecken, die sich mehr als beiläufig mit dem Thema befaßt hätten, wie Dichter und Erzähler in ihren Werken mit Transportmitteln umgegangen sind, vom fliegenden Teppich bis zum geflügelten Drachen, von mystischen Wölkchen bis zum Rücken des Delphins und zu Pinocchios Taube.

Jahrtausende phantastischer, übernatürlicher Fortbewegung bleiben ohne Fahrplan. Biblische Wale und Hexenbesen, Himmelfahrten von Engelshand und Atemstöße des Teufels ... Ausgelöschte, beliebige Territorien, wo unsere Linie sich in einer Anthologie des unbegrenzt Möglichen verliert.

Kehren wir lieber zurück zu unserem Ausgangsbahnhof und der Beobachtung, daß am Anfang nur zwei Mittel der Fortbewegung brauchbar waren: das Pferd und das Segel; in allen Variationen natürlich – Kutsche, Karren, Schlitten, Maultier, Elefant, Kamel und so weiter, und Kanu, Floß, Piroge, Ruderbarke und so weiter. Homer, der begabteste Erfinder von Prototypen, hat sie auf einem Podest angeordnet; und nach ihm kam niemand mehr um das Bewußtsein ihrer ursprünglichen Aura herum. Hehre Ziele, Heldentum, Gefahr und Abenteuer haben die umherziehenden Figuren der Literatur stets begleitet wie Reisegepäck, von Äneas bis Tristan, vom Rasenden Roland bis Don Quichotte, auch wenn die beiden letzteren bereits zum Lächeln einladen (und wir, auf einem vergessenen stillgelegten Gleis, die galanten Sänften des achtzehnten Jahrhunderts und bescheidene Drahtesel entdecken).

Selbst die Postkutschen, obwohl schon ziemlich bürgerlich geworden, bewahrten noch die antike Tradition, einerseits im technischen Sinn (es handelte sich schließlich immer noch um Räder und Pferde), andererseits im Sinn des Wagnisses, der Unvorhersehbarkeit (auch sie waren immer noch dem Hochwasser, dem Erdrutsch, dem Morast und allen möglichen Hinterhalten ausgeliefert). An zwei bewunderungswürdige Vorfahrinnen des Eisenbahnabteils wollen wir hier erinnern: an die Postkutsche, die Maupassants Boule de Suif und ihre hassenswerten Kumpane befördert, und an die aus einer Erzählung von Bret Harte, der John Ford in *Stagecoach* zur Berühmtheit verholfen hat.

Gegen diese sehr lange Überlieferung und eine in Jahrhunderten verfestigte Ikonographie hat die Eisenbahn antreten müssen. Kaum war das Erstaunen über die raffinierte Erfindung verflogen und die mythischen Gleichnisse, die das feuerschnaubende schwarze Ungetüm hervorgerufen hatte, erschöpft, da schien schon klar: Der Stationsvorsteher mit seiner Dienstmütze war keine ästhetische Konkurrenz zum Postillion in seinem Cape mit der Peitsche in der Faust und dem Posthorn über der Schulter. Das neue Fortbewegungsmittel schien beschränkt, beschränkend und prosaisch, genau wie die Dampfturbine auf den Weltmeeren eine Ära öder Regelmäßigkeit einzuläuten schien, weil sie es den Schiffen erlaubte, sich von der grandiosen Ungewißheit von Wind und Wetter unabhängig zu machen.

Aber die Literatur ist ein gnadenloser Imperialist. Sie entwickelt sich durch aufeinanderfolgende Grenzüberschreitungen, nimmt nach und nach die dürrsten Gebiete und am wenigsten versprechenden Landstriche in Besitz, macht sie urbar und fruchtbar, bewässert sie und annektiert sie dann endgültig und so vollkommen, daß man sie später nur noch kolonisiert kennt und sich vorstellen kann.

Selbst der aufgebrachteste Reisende, der über die zwei Stunden Verspätung, das unerklärliche Ausbleiben der Minibar, Papptüten auf den Gängen und trockene Wasserhähne flucht, sogar er ist nie imstande, die Eisenbahn einfach nur als schlichte öffentliche Dienstleistung zu betrachten, als ein Unternehmen wie jedes andere, das mehr oder weniger gut funktioniert.

Wieso zum Teufel steht der Eilzug jetzt seit zehn Minuten mitten in der Landschaft? Mühsam zerren wir das irgendwie verklemmte Fenster herunter: Draußen ist Nacht, zu erkennen ist nur das rote Auge eines Signals in hundert Metern Entfernung und die Reihe gelber Vierecke, die die erleuchteten Zugfenster auf die Gleisbettung zeichnen. Etwas weiter hinten ist eine Barriere aus Brombeerbüschen zu erkennen und dann ein Schotterweg, weiß in der Dunkelheit. Allmählich tauchen Felder auf, dichte Flächen aus Mais oder Raps; dann ein Baum vor dem Himmel, der jetzt etwas weniger schwarz ist; in sehr weiter Ferne der Umriß einer Hügelkette; reglose Glühwürmchen verweisen auf einen abgelegenen Weiler, und der blasse Würfel links ist einfach ein verlassenes Bahnwärterhäuschen.

Diese Art der Weltbetrachtung hat stets einen spionagehaften Unterboden; man spürt latente Spannung. Immer lockt so eine in flagranti ertappte Landschaft Romanreminiszenzen hervor – Zugüberfälle, eine Bisonherde auf den Gleisen, ein verzweifelter Sturz unter die Räder, die Flucht eines Mörders aus Wagen 5 über die Felder, ein Emissär im geheimen Auftrag, von dem das Schicksal Amerikas, Rußlands abhängt, steigt um ...

Auto und Flugzeug vermögen offenbar trotz Zehntausender Romane und Hunderttausender Kino- und Fernsehfilme nicht diese Fülle von Assoziationen hervorzurufen. Im wörtlichen (wir möchten fast sagen: semantischen) Sinn haben sie sogar eher weniger zu bieten. Zwar hat das Auto auch seine Höhepunkte gehabt, es ist sogar fälschlich für eine moderne Reinkarnation des Pferds gehalten worden. Und im Gegensatz zum erzwungenen und rigorosen Kollektivismus der Eisenbahn hat das Auto die Fortbewegung in die Hände des Individuums gelegt: Ich bin so frei, das Steuer nach rechts oder links einzuschlagen, ich fahre, wo(hin) es mir paßt, ich halte an nach Lust und Laune, es lebe das Unvorhergesehene, Unbekannte, das Abenteuer.

Aber das waren Illusionen, lyrische Fälschungen. In der Literatur hat das Auto inzwischen hauptsächlich nur noch die Funktion, Eltern, Ehefrauen, Schwestern, Freunde sowie andere, die Handlung unerfreulicherweise blockierende Personen auf die bequemste und plausibelste Art aus dem Weg zu räumen. »Er/sie hatte Vater und Mutter durch einen Verkehrsunfall verloren«, und schon ist alles gesagt. Auch aus dem in seiner serienmäßig produzierten Büchse eingekeilten, einsamen Fahrer läßt sich kaum anderes herausholen: Monologe, Dialoge oder Streitereien mit der Ehefrau, bestenfalls eine Verführungsszene, die allerdings auch nicht ernsthaft konkurrieren kann mit den in der Eisenbahn stattfindenden erotischen Handlungen. Der Prunk schließlich, der mit gewissen Luxuskarossen verbunden war, livrierter Chauffeur inbegriffen, ist durch die Werbung in katastrophalen Ausmaßen in seiner Bedeutung geschmälert worden.

Bleibt das Motorrad, aber auch dessen herausfordernde libertäre Fama schrumpft in der Wirklichkeit zusammen zur Möglichkeit, glatter durch den Verkehr zu kommen; der Rest ist rhetorisches, aufgeblasenes Zeug, nicht echte poetische Substanz, denn kein noch so starker Zylinder, keine nietenbeschlagene Lederjacke wird je den grotesken Ur-Widerspruch aus der Welt schaffen: Über die technische Zivilisation kann man sich nur dank eines von eben dieser Zivilisation gelieferten Instruments erheben.

Unter einem analogen Widerspruch leidet das Flugzeug, das unnatürlichste und märchenhafteste aller Fortbewegungsmittel, das paradoxerweise zum selbstverständlichsten, banalsten und langweiligsten geworden ist. Die Passivität des Reisenden ist hier absolut, sein Sichtfeld reduziert auf eine Handbreit von einem Bullauge, sein Status identisch mit dem eines Pakets, numeriert, gestempelt und hin- und herge-schoben von einer Stewardeß, dieser einzigartigen Kreuzung aus Postbeamtin und Vorschullehrerin. Gurt anschnallen, Gurt abschnallen, Montblanc bestaunen, Blick auf Sizilien genießen. Und an den beiden äußersten Punkten dieser annullierten Zeit, dieser leeren Parenthese, die bürokratische Abstraktion namens Flughafen. Nagelneu, superfunktionell, ausgestattet vom Feinsten und strahlend, wie Flughäfen sind, reicht ein kaputter Sitz, ein Fleck an der Wand, und sie stürzen hinab in schiere Trostlosigkeit. Leer riechen sie bedrohlich nach Krankenhaus. Vollgestopft mit hundert verschiedenen Rassen beschwören sie unheilvolle Probleme der Dritten Welt herauf, das Gespenst der Bevölkerungsexplosion, die morgen den Planeten umkippen lassen wird.

Nur auf einem Flughafen bekommt man das Gefühl für das Ausmaß, in dem die Welt geschrumpft ist, und für ihre unvorstellbare Verarmung in solcher Deutlichkeit. Verzauberte Namen, magische Großstädte, geheimnisumwobene Inseln und Küsten erscheinen – schwarz auf weiß – abwechselnd auf der Plastiktafel. Macao 9.00 Uhr, Tahiti 11.00 Uhr, und da, Bagdad, Schalter 7, Nepal und Patagonien, Schalter 12. Die Maschine nach Singapur gestrichen? Aber hier wird doch sowieso alles gestrichen, die alten Segelschiffe, Karawanen, Minarette, Wadis, mit Ringen behängte Tänzerinnen, sie werden alle eiskalt gelöscht von der Lautsprecherstimme, in drei oder vier Sprachen.

Die Eisenbahn löscht nicht und streicht nicht. Ein poetischer Rest, ein Quantum Sehnsucht, Ferne, Traum haftet noch immer an den viereckigen Schildern, die – zwischen Schleimspuren, die aussehen wie von Tränen gezogen – auf dem schmutzig-weißen Untergrund der Waggons Namen von noch immer wunderbar entlegenen Städten kundtun, Hamburg, Basel, Salamanca, Kopenhagen, Fuentes de Oñoro.

Nichts von seinem Zauber eingebüßt hat das gemächliche Dahinrattern eines Güterzugs an einem Bahnübergang, der Rhythmus eines D-Zugs, wenn er aufholen will, der klagende Pfiff, der sich über die neblige Oberfläche eines Sees legt. Und noch immer ist kein Ort erfunden worden, der für Begegnungen, Umarmungen und Abschiede so wertvoll ist wie ein kleiner oder großer Bahnhof.

Die Bank, die Rabatte, die letzte Zigarette, der Bummelzug, wie er leise anruckt auf seiner Fahrt zu winzigen Stationen, die die *invitation au voyage* in schönere Schwingungen versetzen als der exotischste Prospekt, Roccamurata, Stimigliano, Tarcento, Aleberese, Acquanegra...

Unter einem der noch immer von gußeisernen Säulen getragenen Bahnhofsvordächer wollen wir unsere Reise gern beenden. Wir wissen weder welcher Name darauf geschrieben, noch wo es selbst stehen mag, ob in Irland oder England oder Frankreich; denn wieder heraufbeschworen hat es eine Figur von Samuel Beckett, einer dieser Beckettschen Helden des jammervollsten Daseins, die rastlos in einer maßlosen, beißenden Vergangenheit wühlen: »*Was bleibt von all diesem Elend? Ein Mädchen in einem schäbigen grünen Mantel, auf einem Bahnsteig...*«

Wer von uns hat so ein Bild nicht irgendwo in sich, wer von uns hat so ein Mädchen nicht schon gegrüßt, im grünen, roten, karierten, braunen Mantel?

Do-It-Yourself-Krimi
für die Ferien

Das Folgende versteht sich nicht als Erzählung, sondern als eine Serie von »Modellsituationen«, die der Leser den einzelnen Ereignissen seiner Sommerferien selbst anpassen kann. Bei der Abreise im Zug beobachtet er vielleicht die anderen, die mit ihm im Abteil sitzen; dann stellt er sich vor, daß sie alle am selben Bahnhof aussteigen wie er; daß sie denselben Strand und denselben Nachtclub frequentieren oder dasselbe Dorf in den Bergen, wo ein Gewitter sie im selben Gasthaus zusammenführt. Wie wir alle in der Schule den gleichen dicken Klassenkameraden oder die in den Geschichtslehrer verknallte Klassenkameradin gehabt haben, so machen wir auch alle Ferien gemeinsam mit Familien samt Kleinkindern und Kindermädchen, etwas zweifelhaften Damen, aufdringlichen oder etwas unansehnlichen jungen Mädchen, Herren mit einem geheimnisumwitterten Flair, jungen Männern, die sich mit Tarzan verwechseln, und so weiter. Es ist nicht schwer, die Karten solcher Leute (oder anderer, fast identischer) neu zu mischen, ihre Schicksale miteinander zu verquicken, ihnen eine Vergangenheit zu erfinden. Ihnen verbrecherische Absichten anzudichten, ist auch nicht schwer. Man muß einfach aus allem Verdachtsmomente konstruieren und alles unter dem Blickwinkel polizeilicher Rätselhaftigkeit betrachten, und dafür kann man sich all die »kleinen Indizien« zunutze machen, die Leute und Orte uns zu schenken und die wir zu übersehen pflegen.

Nicht zu sagen, ob der massige Herr die Augen hinter seiner Sonnenbrille – zwei chromgefaßte, vollkommen runde, vollkommen schwarze Scheiben – offen oder geschlossen hält. Er war wenige Minuten vor Abfahrt des Zuges gekommen, als die anderen schon hofften, sein (reservierter) Platz würde frei bleiben; ein Dienstmann hatte ihm den Koffer (schwarz, weder groß noch klein) auf der Ablage verstaut und war davongestürzt, nicht ohne einen Dank fürs Trinkgeld (eine einzelne Münze, 50 oder 100 Lire vermutlich) zu murmeln.

Der Mann trägt einen Sommeranzug aus blauer Wolle, der an ihm jedoch, auch dank der glühenden Luft im Abteil, sehr unpassend winterlich, nach qualvollen Abreibungen mit Schmirgelpapier, aussieht: Der Mann muß hitzeunempfindlich sein, er hat nicht einmal das Sakko aufgeknöpft, keinen Seufzer oder Schnaufer von sich gegeben, kein einziges Mal die Stirn getupft, die übrigens auch nicht vor Schweiß trieft wie die der anderen. Seit über zwei Stunden sitzt er jetzt schweigsam und bewegungslos in seiner Ecke hinter dieser Brille, einem altmodischen Modell (oder sollte so etwas diesen Sommer wieder Mode sein?).

»Warum hält der denn, Mama?« greint Claudina. »Warum fährt der nicht weiter?«

»Wird das Licht sein«, sagt Claudinas Mama, ohne die Augen von dem Patty-Pravo-Interview zu lösen, das sie gerade liest.

»Was für ein Licht denn?«

»Das rote Licht.«

»Wie bei der Ampel, Papa?«

»Ja«, sagt Claudinas Vater und kaut weiter auf dem Kugelschreiber herum, »so ungefähr.«

»Und dann wird es grün?«

»Ja«, sagt Claudinas Vater.

»Und wann wird das grün?«

Das weiß Claudinas Vater auch nicht, ebensowenig wie er 15 senkrecht weiß, in dem Kreuzworträtsel, das er gerade löst; es heißt: »Wird von Federvieh ausgebrütet«. Sechs Buchstaben.

Er sieht aus dem Fenster: Der Zug steht am Rand einer mittelgroßen Stadt vor einer Reihe hoher gelber Mietskasernen, die in der Sonne verzweifelt vor sich hinbröckeln. In einer Küchenhöhle reißt eine schwangere Frau einen Kühlschrank auf. Unter ihr stehen zwei kleine Kinder am Fenster und kauen sich einen Weg durch zwei gigantische Scheiben Wassermelone. Von einem Balkon weiter rechts starrt eine alte Frau im schwarzen Unterrock in den farblosen Himmel.

»Stellen Sie sich mal vor, Sie müßten hier leben«, sagt schaudernd die Dame mit den vielen bunten Ketten und Ringen. Älter als fünfzig kann sie nicht sein, aber ihr Gesicht ist in reiche Falten gelegt wie ein sehr kostbarer, von einem asiatischen Bergvolk handgewebter Stoff. Sie hat eine große Adlernase und bewegt sich herrisch und brüsk, so daß die sieben, acht Kettenschnüre auf ihrer fast durchsichtigen Bluse metallisch klirren. Gesprochen hat sie zu einem jungen Mädchen in abgewetzten Jeans (aber die Tasche ist von Gucci), und letztere scheint nur ein einziges Eigenschaftswort zu beherrschen: »Waaaahnsinn«, mit vier a.

»Waaaahnsinn«, sagt sie also wahrhaftig und mustert dabei ein gleichaltriges anderes Mädchen, das gerade ein Fahrrad an die Hauswand lehnt und in eins der gelben Hochhäuser geht. Noch einen Augenblick lang zeigt sich vor dem Abteilfenster die Tatsache in ihrer ganzen erschreckenden Potenz: Jedem der Reisenden hätte es passieren können, hier geboren zu werden und zu leben, an diesem Stadtrand, in diesen vor sich hinbröckelnden Zimmern, Tag und Nacht durchgerüttelt vom Rattern unzähliger Züge. Jeder verspürt das Gefühl, einer Gefahr entronnen zu sein, und hat einen Augenblick lang die tröstliche Illusion, in ein beängstigendes, allumfassendes Komplott einbezogen und dann doch vergessen, glücklicherweise übergangen worden zu sein.

Erst als der Zug sich nach einem schüchternen Pfiff mit kleinen Rucken wieder in Bewegung setzt, begreifen die

Reisenden, daß sie keineswegs davongekommen sind, daß auch sie ihren Platz in einem unsichtbaren Ränkespiel haben und das Mysterium nicht draußen vor der Abteiltür geblieben ist. Zum ersten Mal mustern sie sich mit Argwohn.

Die kettenbehangene Dame fährt bestimmt in ihre Villa hoch über dem Meer und als erstes den Aufzug direkt nach unten zu einem Motorboot, das in einer zwielichtig reflektierenden Grotte vor sich hin schaukelt; und bestimmt hat sie sich auf langen Reisen in exotische Länder unaussprechliche, zerstörerische Laster zugelegt. Das junge Mädchen in Jeans steht womöglich (aus der Gucci-Tasche ragt ein linksradikales Flugblatt) in einer gewissen Nähe zum Fall Feltrinelli, vielleicht ist sie die ganze Nacht lang im Wohnzimmer ihrer Luxusmaisonettewohnung herumgelaufen, während der Mörder von Kommissar Calabresi nebenan unter der Alpakadecke geschlafen hat wie ein Stein.

Claudinas Eltern halten mit dem letzten Rest Nerven einen Haß im Zaum, der seit Jahren unaufhaltsam auf seinen gewalttätigen Ausbruch zusteuert, und in den Augen von Claudina selbst, die eben greinend nach der dritten Coca Cola verlangt, blitzt von Zeit zu Zeit ein sehr erwachsenes finsteres Leuchten auf. Der massige Mann hat die Augen hinter den schwarzen Glaspupillen vielleicht geschlossen; vielleicht betrachtet er aber auch den ungehaltenen Busen des jungen Mädchens in Jeans; oder er rechnet, auf wie viele echte Juwelen (in der Schmuckschatulle verschlossen? Oder im villaeigenen Safe?) wohl die falschen Klunker der Dame schließen lassen; oder wieviel Geld er von Claudinas Eltern erpressen könnte; oder in wie viele Tütchen sich die Heroinkilos aufteilen lassen, die er im Koffer hat. Als er plötzlich aufsteht und das Abteil verläßt, starren alle bestürzt hinter ihm her. Der kommt bestimmt nicht wieder: Jemand findet ihn später auf der Toilette mit einem Messer im Rücken oder einer Nylonschlinge um den Hals. Und wer hat dann den Mut, seinen weder großen, noch kleinen schwarzen Koffer aufzubrechen?

Jetzt, am Strand, muß manches präzisiert und geradegerückt werden. Claudina ist kein Einzelkind, sie wurde abgeholt von zwei Brüdern und den Großeltern sowie einem holländischen »Fräulein«. Das »Fräulein« (keine richtige Kinderfrau, sondern eine Aupair-Studentin) ist bildschön, sehr blond, verträumt und vollkommen unfähig. Sie kann nur brüllen, und zwar aus Lungen, die sie für den Goldenen Gebirgsschrei qualifizieren würden: Claudinaaa! Claudinaaa! Ohne sich auch nur einen Zentimeter von ihrem orangefarbenen Schaumgummi-Viereck zu bewegen. Sie hat eine Unmenge knappster Badeanzüge mit nach Italien gebracht, und sie haben alle etwas Unerklärliches gemeinsam: Sie lassen jeder ein anderes Stück Haut frei, das noch nicht braun ist.

Die adlerhafte Dame hat bereits nach drei Tagen vom großen Zeh bis zum Haaransatz bronzene Farbe angenommen, und ihre Falten erinnern inzwischen an Risse im Lehm. Wohnen tut sie doch nicht in der abgelegenen Villa, die hoch über dem Meer thront, sondern in der zweitklassigen Pension Luisa zwischen Wänden, die von Generationen zermatschter Mücken gezeichnet sind. Am fünften Tag gesellt sich ein junger Mann mit schmaler Taille und breitem Brustkorb zu ihr; er könnte ihr Sohn, ihr Enkel oder der für eine Saison gedungene Liebhaber sein. Sie hakt sich oft bei ihm ein und wurde auch schon dabei beobachtet, wie sie ihm durch die Haare fuhr. Er sieht gelangweilt aus oder einfach faul. Morgens liegt er am Strand herum, gegen Mittag stürzt er ohne jede Vorwarnung in Richtung Wasser und wirft sich nach wenigen Sätzen gewaltsam hinein, wobei er für spektakuläres Gespritze sorgt.

Er schwimmt sehr gut, und Claudinas Vater sieht ohne Sympathie hinter ihm her, wenn er den Kopf mal vom Kreuzworträtsel hebt. 9 waagerecht: »Liebevolle Anrede ... mit Tee«. Sechs Buchstaben.

Das Mädchen in Jeans bewohnt mit einer tristen und unansehnlichen Freundin ein Zelt auf dem Campingplatz unter den Olivenbäumen. Doch nur zwei Stenotypistinnen? Zwei *Standa*-Verkäuferinnen? Morgens kraxeln sie den Pfad zu den Klippen hinunter und machen sich – mal, so gut es geht, auf einem Fuß balancierend, mal wie ungeschickte Vierbeiner kriechend – auf die Suche nach einem gemütlichen Platz zum Sonnenbaden. Der Strand mit seinen Kabinen, Sonnenschirmen, Getränkebuden und dem Trampolin ist ihnen viel zu voll, ein danteskes Waaaahnsinnschaos. Als ihre Arme und Beine der Länge nach zerkratzt sind und der dritte Seeigel seinen Stachel in ihre Füße gerammt hat, geben sie sich endlich doch zufrieden (ob das das wahre Motiv ist?) mit den Banalitäten der Anlage Neptun. Und schon am selben Abend verabreden sie sich zum Tanzen mit dem Sohn (?) der Dame aus Lehm, welcher mitsamt einem Freund namens Furio am Steuer eines Fiat 128 aufkreuzt.

Furio ist körperlich nicht der Rede wert: klein, pausbäckig, der Kopf kahlgeschoren, der Gang hopsend. Aber alle sind erstaunt, als sie die bildschöne Holländerin sich in seine Arme werfen sehen, einmal, zweimal, dreimal und endlos, als ob sie sich gar nicht von ihm losreißen könnte. Unter den drei Personen, die jetzt noch an dem kleinen Tisch sitzen, herrscht eisiges Schweigen. Der Whisky wird ganz *adagio* lauwarm in den Gläsern. Und ganz *adagio* steigt die Spannung.

Der Jungathlet, dem das junge Mädchen in Jeans bis vor einer Stunde mehr als attraktiv vorgekommen war, findet sie jetzt zu breit in den Hüften, muskulös und nichts Besonderes.

»Waaaahnsinn«, sagt sie, zündet sich eine Zigarette an und hält den Blick auf das tanzende Paar fixiert.

Ihre diese Art von Nackenschlägen geübter hinnehmende Freundin lächelt matt aus ihrem alten Fuchsbau aus Schlappen und gezogenen Kürzeren heraus, in den sie sich gekauert hat. Niemand beachtet den Mond, der hinter den raffinierten Lichtspielen der Freiluft-Diskothek Acapulco überflüssig wirkt, wie ein mickriger Einfall von irgendeinem Kommunalbeamten. Und niemand beachtet den regungslosen massigen Umriß und die zwei vollkommen runden schwarzen Linsen zwischen zwei dichten Oleanderbüschen. Der linke Fuß begleitet unter dem kleinen Tisch das Orchester mit einem Tappen, insgeheim, im Verborgenen. Sollte heute nacht ein Verbrechen begangen werden, dann wird dieser Mann es mit Sicherheit sehen, er wird der einzige Zeuge sein. Aber mit ebensolcher Sicherheit wird er nicht reden. Schon gar nicht gegenüber der Polizei.

Die Krise bricht jedoch nicht hier aus, sondern in den Bergen, in 1500 Metern Höhe, dort, wo viele Mißverständnisse geklärt, allerdings auch augenblicklich ersetzt werden durch andere, noch rätselhaftere Ungereimtheiten. Die Holländerin ist nicht in Furio verliebt: In einem geseufzten Gestammel aus Deutsch und Französisch hat sie ihm gestanden, daß es schon einen Mann in ihrem Leben gibt, einen wunderbaren Mann, verheiratet, treu oder womöglich uninteressiert. Claudinas Vater? Seine Frau hat wirklich einen etwas kalten, vielleicht sogar leicht verächtlichen Tonfall ihm gegenüber; aber die typischen schiefen, spitzen Blicke der eifersüchtigen Frau wirft sie dem »Fräulein« nicht zu. Statt dessen breitet sie vor der faltigen Dame (die hier wahrhaftig in einer Riesenvilla aus Stein und Holz lebt, mit zwei Domestiken, einem schweigsamen Dalmatiner sowie einem ganz in Leder gekleideten unaufmerksamen Gatten) den bewegtesten Teil ihrer Vergangenheit aus: Sie hat, als sie noch jung und unverheiratet war, Architektur studiert und ist bei Malern und Cineasten ein und aus gegangen. Mann und Kinder haben ihr die Luft abgedreht, jetzt lebt sie in einem vernagelten Verschlag, aus dem sie erst wieder herauskommen wird, wenn sie alt und träge ist. Was ist denn geblieben, fragt sie händeringend, was ist geblieben von jenen Jahren, in denen das ganze Universum offenstand? Neun Monate Großstadt, drei Monate Meer und Berge, Kinderkrankheiten und Illustrierte: Interview mit Mina, Interview mit Alain Delon. Ihr Gesicht ist verzerrt von Ekel und Groll. Die faltige Dame schmiegt sich in ihren nutzlosen leichten Pelz, beugt sich zu ihr hinüber und flüstert ihr etwas zu.

Vielleicht rät sie ihr zu erotischen oder psychedelischen, radikalen Befreiungsaktionen. Zu einer Orgie womöglich, an der auch der athletische junge Mann vom Strand beteiligt ist, der hier in einem chaletartigen kleinen Hotel wohnt, mit Tapeten aus Plastik, die Rohtanne simulieren. Oder handelt es sich lediglich um einen touristischen Tip? Gut zwanzig Kilometer von hier, in 1500 Metern Höhe, stehen die Ruinen einer mittelalterlichen Abtei. Da könnte man doch mal mit den Kindern hinfahren. So ein Ausflug ist interessant, auch für Genießer! Für Leute, die umständliches Picknicken nicht mögen, gibt es nicht weit von den Trümmern ein für die Gegend typisches Gasthaus, eine umgebaute alte Sennhütte.

Das junge Mädchen in Jeans (sie werden immer verklebter und verschwitzter, als ob sie darin auch übernachte) trifft im Ferrari am Fuß der Abtei ein. Aber fahren tut ihn ihre unansehnliche Freundin; die hat ihn von ihrem unaufmerksamen Vater geliehen. Die beiden steigen aus und sehen hoch: Es gibt einen Pfad für Ziegen und in den Fels gehauene rohe Stufen.

»Waaaahnsinn«, sagt das junge Mädchen in Jeans.

Entschlossen klettert sie los, und rasch breiten sich zwei Schweißkreise in Höhe der Achseln auf ihrem verschossenen Hemdchen aus. Als die Freundin keuchend oben anlangt, ist sie allein. Graue Brocken aus Mauerwerk auf einem weitläufigen windzerfurchten Umriß, gelbliches Gras zwischen Granitblöcken und verwitterten Ziegel- und Mörtelhaufen: Die Kante da könnte ein Wachturm gewesen sein, das baufällige Trapez das Refektorium; an der Schießscharte haben vielleicht Mönche gestanden und voller Angst einen Trupp Ritter (Freunde oder Feinde?) ausgespäht, der sich geschmeidig durch die Talsohle bewegte.

Aber dann gellt ein Ruf, dem der Wind etwas Furchtsames verleiht, durch die Ruinen: »Claudinaaa! Claudinaaa!«

Claudina und ihre Brüder laufen an einer durch die Jahrhunderte zum größten Teil zerbröckelten Brüstung entlang; die offenen Stellen sind notdürftig mit nachgiebigem Stacheldraht verschlossen, und die blonde Holländerin, die unter Höhenangst leidet, läuft mit veritablem Nervenkitzel hinter den Kindern her. Und dann sind alle drei schlagartig im Nichts verschwunden.

Im Dunkeln einer Krypta stürzen sich drei kleine humanoide Gestalten auf das junge Mädchen in Jeans, Gnome oder Zwerge, jedenfalls übernatürliche Wesen. Sie stößt erschrokken ein »Oh!« aus. Sie hatte, als sie durch die Überreste der Abtei stöberte, eine unordentliche Öffnung ganz unten in einer Ecke der efeubewachsenen Mauer entdeckt und sich von ein paar Stufen in einen moosigen Halbschatten locken lassen; so hatte sie herausgefunden, daß unter den Rudimenten der Abtei Tonnen- und Kreuzgewölbe, Säle und Zellen, Verstecke, Lager, Krypten, Kapellen und ein abschüssig in den Fels gegrabener Ameisenhaufen im Kampf mit der Zeit liegen. Durch Risse, Schießscharten, verrutschte Platten und weitere Treppen fallen hier und da helle Lichtkegel.

Die drei Gnome werden inzwischen verfolgt von einer blonden Fee und flüchten an einer Galerie entlang. Die Freundin des jungen Mädchens in Jeans sieht sie vorbeihuschen wie Fabelwesen, lächelt, geht durch eine kreisrunde

Kammer, in der Wasser gluckst, klettert wieder schlüpfrige Stufen hinunter und stößt in einer Nische, in der vielleicht vor Zeiten mahnend das Gerippe eines Mönchs gesessen hat, auf ein kosendes Paar. Sie ist die adlerhafte, faltige Dame; er ... wer ist er? An seiner Hüfte hängt ein Fotoapparat, der im Dunkeln schimmert; sonst ist nichts von ihm zu erkennen. Aber ein paar Meter entfernt, in einer anderen Nische, erkennt das junge Mädchen das rote Ende einer brennenden Zigarette. Sie macht auf dem Absatz kehrt, ganz *adagio*, steigt wieder nach oben und trifft dort auf Furio und den Jungathleten. Beide haben Fotoapparate über der Schulter. Und auch der Ehemann der Dame hat einen. Und Claudinas Vater. Er sitzt auf einem eingestürzten Brunnenrand und grübelt, was 3 waagerecht sein könnte: »Seine Hand läßt sich nicht drücken«. Fünf Buchstaben.

In dem typischen Gasthaus, es heißt La Smoja, mußten auf jedem Tisch Kerzen angezündet werden. Der Himmel war in Minutenschnelle schwarz geworden. Düstere Wolken drükken jetzt auf die Berge. Vor den Fenstern der Sennhütte biegen sich Pinien, Lärchen und Tannen im Wind. Die Bedienung läßt zu wünschen übrig, seit vierzig Minuten warten alle auf Essen und erörtern derweil, was das Wort »smoja« wohl bedeutet. Ein paar behaupten, das sei vor langer Zeit das Wort für Sennhütte gewesen; laut anderen handelt es sich dagegen um das Dialektwort für den Tragekorb, den die Talbewohner benutzen; wieder andere sind sicher, es heißt soviel wie »Schmu«. Die beiden Kellner wissen es nicht, sie sind nicht von hier. Also wird der Wirt gefragt, und der weiß es – wie er schließlich gesteht – auch nicht: Er hat dreißig Jahre lang in Marseille gearbeitet und diese Sennhütte erst vor kurzem ausfindig gemacht, und da hieß sie schon so. Typisch ist auch die Küche, das heißt indonesisch. Spaghetti gibt es nicht, weshalb die Kinder protestieren. Die Erwachsenen warten in 1500 Metern Höhe skeptisch auf indonesische Forelle, indonesisches Huhn, indonesische Omelettchen.

»Waaaahnsinn«, sagt das junge Mädchen in Jeans.

Die anderen sehen ihr zu, wie sie sich halb vom Stuhl hebt und die Nase am Fensterchen plattdrückt. Dann sehen sie alle nach draußen auf den Vorplatz. Ein verirrter Volkswagen hält vor der Tür zum Gasthaus, während die ersten schrägen Regentropfen fallen. Das Auto ist nagelneu. Heraus steigt ein massiger Mann in einer grünen Hose und einem grünen Leinenblouson, auch er eindeutig einzuordnen: ein Major der Waffen-SS mit vollkommen runder schwarzer Brille. Er kommt auf die Sennhütte zu.

Sperrangelweit fliegt die Tür auf. Mit angehaltenem Atem warten alle auf seinen rauhen Schrei: Raus! Raus! Statt dessen erfolgt ein Windstoß und läßt den ganzen Raum in Finsternis versinken, weil er sämtliche Kerzen ausbläst. Ein Blitz explodiert über der Abteiruine, und in seinem fahlen weißen Licht huscht ein Schatten davon, so schnell, daß später niemand sicher ist, ihn wirklich gesehen zu haben.

Während der Donner rollt wie ein fürchterliches Schlachtgetümmel, fangen die Kinder im Dunkeln an zu weinen, und dank ihrer Angst fassen sich die Erwachsenen wieder ein Herz. Der Wirt und die Kellner beeilen sich, die Kerzen wieder anzuzünden. Als es wieder hell ist, sehen alle sich vorsichtig um und zählen sich gegenseitig unauffällig durch. Das junge Mädchen in Jeans samt Freundin ist noch da, die Dame, ihr Mann und der Jungathlet ebenfalls. Da sitzt der massige Herr mit der schwarzen Brille und unterhält sich (Bologneser Akzent) mit dem Besitzer des Gasthauses. Da sind Claudina und ihre Brüder, da sind ihre Eltern, da ist die superblonde Holländerin, da Furio ... Nach dieser allseitigen Kontrolle enthüllt sich im zitternden Kerzenschein schließ-

76

lich die Wahrheit; niemand fehlt, niemand ist ermordet worden.

Alle fangen wieder an, laut zu reden, zu lachen, Witze zu machen. Und sind's zufrieden: Denn ein Verbrechen, eine echte Leiche, so etwas ist doch immer – denken sie jetzt – scheußlich. Schon besser, wenn gar nichts passiert ist, wenn wir einfach das harmlose Polizeispiel spielen, das F & L vorzuschlagen haben.

Kapitel 2

Im Schatten
junger Medienblüte

Die Arroganz des Allerwertesten ⟩

Die *Arroganz der Macht*, mittlerweile eine stehende Redewendung des politischen Italienisch, hat ihre technischen Ursachen wohl zweifelsfrei in der Parteienherrschaft, im Parteibuch- und Proporzunwesen sowie weiteren unseligen Mechanismen, die zum Niedergang der *res publica* geführt haben. Nicht daß wir sie irgendwie rechtfertigen wollen, aber wir fragen uns doch, ob die Unverfrorenheit gewisser Regierender nicht obskure Verbindungen zur allgemeinen Schamlosigkeit der Zeit aufweist, zu dem nämlich, was wir als *Arroganz des Allerwertesten* bezeichnen wollen.

Gott weiß, ob wir uns einer irgendwie gearteten historischen Sensibilität, eines wenn auch bescheidenen politischen oder soziologischen Weitblicks rühmen dürfen. Für die Geschicke der Menschheit kapitale Ereignisse sind vor unserer Nase passiert, ohne daß wir ihre Tragweite erfaßt hätten. Eindeutige Symptome wie die Sonne, drastische Warnungen wie Häuser mit sechs Stockwerken haben wir vollkommen übersehen. Und wenn wir das Vergangene einmal genauer betrachten, ermessen wir verschämt unsere ganze Oberflächlichkeit, Stumpfsinnigkeit und Blindheit. So viele fundamentale Wenden und qualitative Sprünge, und wir haben woanders hingeguckt! So viele Punkte, von denen an es kein Zurück mehr gab – dahin, und wir haben nicht einmal mit der Wimper gezuckt!

Wir haben nichts begriffen von 1963, '68, '69, von 1977 und 1979 (wir halten diese Jahreszahlen gern fälschlich für die besonders guten Weinjahrgänge); nichts haben wir begriffen von Basisdemokratismus, Feminismus, Terrorismus, Altstalinismus, Uraltgewerkschaftsreformismus, Neoavantgardismus, Postmodernismus und sonstigen Erscheinungsformen des Ultra-Importantismus. Gewisse Meilensteine der Nationalgeschichte schließlich, die alle Welt locker im Munde zu führen weiß (»ausgehend vom Kongreß von Florenz...«, »das Scheitern der Linie von Palermo...«, »nach der Spaltung von Zoagli...«, »obwohl ja die Präambel von Treviso...«, »im Gegensatz zur Plattform von Frosinone...«) – unseren verrosteten Gehirnwindungen entlocken sie nichts weiter als Assoziationen mit gewissen Paragraphen in italienischen Reiseführern.

Ganz anders der Hintern. Den Hintern, behaupten wir ohne jede falsche Bescheidenheit, haben wir mit Tocquevillescher Luzidität erfaßt, kaum daß er das erste Mal im Fernsehen zu sehen war, übrigens anläßlich eines hinterhältigen Windel-Wettstreits. Sowie er uns in all seiner Herrlichkeit auf dem Bildschirm vorgeführt wurde, war uns bewußt, was er zu bedeuten und uns nach Art des Trojanischen Pferdes unterzujubeln hatte.

Sogar inmitten des bestürzten Schweigens in unserem Wohnzimmer konnten wir den ungeheuren Chor aus »nein, wie süüüß!«, der im ganzen Land erscholl, das von Millionen unserer Landsleute ausgestoßene krachende Knutschgeräusch hören. Ein rosa Babypopo! Was kann süßer, rührender, schöner sein!

Kaum war der Schock überwunden, fingen wir an, wie Machiavelli oder Guicciardini über das Geschehene nachzudenken. Hier hatten wir es ganz offensichtlich mit dem Ende einer Epoche zu tun. Einfalt und süßlicher Kitsch – noch stets Vorboten für Unheil und Untergang – würden jenen (prähistorischen) neuen *life style* in die Innerlichkeit des bürgerlichen Lebens tragen, dessen Inbegriff die aufgeknöpfte Hose ist. Uns würde nichts erspart bleiben: weder bluttriefendes Zahnfleisch, löchrige Zähne, fauliger Mundgeruch, dreckige Klos, stinkende Spülbecken, ekelerregende Pfannen noch Menstruationen, Migränen, Magenbeschwerden, Verdauungsstörungen, Niesanfälle, Furunkel, Schuppen, Schweiß- und Schleimabsonderungen und Katarrhe. Unter dem Vorwand von Hygiene und Gesundheit würde Fernsehwerbung künftig jegliche Diskretion, jeden Schutz der Intimsphäre beiseitefegen. Und wir sahen voraus, daß dieses eigentlich ausgesprochen kommerzielle Vorgehen obendrein theoretisch geadelt werden würde von zahlreichen Ideologen der Monatsbinde und des supersoften Klopapiers.

Und so geschah es pünktlich. Jahr um Jahr vernahmen wir die freizügigsten Ermahnungen von jeder Kanzel: Liebe Leute, warum solltet ihr euch gewisser Dinge schämen? Warum gewisse Einzelheiten aussparen? Beredet sie einfach frank und frei mit dem Drogeriebesitzer und dem Briefträger, diskutiert sie offen auf der Straße und im Supermarkt, es ist wirklich nichts dabei, im Gegenteil! Habt Mut zur Natürlichkeit, seid endlich locker nach all den Einschränkungen, emanzipiert euch, werft die ganzen bösen Tabus ab, die einem so viele häßliche Komplexe machen!

Der Traum von der Rückkehr ins Goldene Zeitalter ist so alt wie die Literatur, und schon damals im Gymnasium, als man ihn aus dem Lateinischen in seine eigene Sprache übertragen sollte, hat er für manche Verblüffung gesorgt. Wolf und Schaf tollen einträchtig über die Wiese? Tja, wär' eine feine Sache, aber ... Knäblein und Mägdelein ergehen sich nackt und unbeschwert im Wald, nähren sich von saftigen Früchten und singen zärtliche Melodeien? Nichts dagegen, bloß ...

Jetzt, wo man sie beim Wort genommen und in vorbildhafte Lektionen über praktisches Verhalten in der modernen Gesellschaft übersetzt hat, werden die Nachteile derartiger

Phantasien erkennbarer. Man entdeckt, daß der einladende kleine Rasen tatsächlich eine Mine ist, daß der gute Wilde einen Knüppel hinterm Rücken verbirgt und der Garten Eden in direkter Verbindung zum Dschungel steht. Man stellt fest, daß das Schamgefühl eine ausgesprochen feinsinnige und vielschichtige Tugend ist und sich keineswegs auf das Feigenblatt reduziert. Und all die öden, erdrückenden Verbote gegen alles »Natürliche« fügten sich zu einem System, das nur dem Anschein nach moralistisch, in Wirklichkeit dagegen ein Akt von Selbstschutz war.

Laß dich nicht so weit gehen, deine Scham zu zeigen (und wenn sie noch so wunderbar ist), sonst bekommst du unausweichlich die von anderen Leuten vorgeführt (und die ist, wenn's hoch kommt, so la la). Überspiel stoisch deine Leberprobleme, oder andere Leute fühlen sich berechtigt, dich mit ihren Magen-Darm-Störungen zu behelligen. Beiß die Zähne zusammen, wenn du Schmerzen hast, oder du mußt dir das ohrenbetäubende Gejaule deiner Nachbarn anhören.

Man stellt schließlich fest, daß sich sogar das Feigenblatt als Symbol eines etwas phantasievolleren, heitereren Lebensentwurfs für uns farblose Würmer betrachten läßt. Es verbirgt die Wahrheit? Grundgütiger Himmel, als ob wir nicht alle wüßten, was darunter ist! Es ist eine Beleidigung für natürliche Körperlichkeit? Ebensogut könnte man es als Ermutigung zur Fiktion, zum Theater, zur Inszenierung bezeichnen, zur Suche nach Stil zwischen jenen beiden radikalen Nacktheiten namens Geburt und Tod.

Wir haben den Verdacht, daß Schamgefühl letztlich eine unsichtbare Tugend ist und nicht nur eine nach Zentimetern mehr oder weniger Entblößung zu rechnende vertikale, sondern auch eine horizontale Elastizität besitzt. Man glaubt, man könne darauf verzichten, in Grenzen zumindest, etwa hinsichtlich Achseln und fettbefleckten Hemden; aber dann fragt man sich, ob man nicht vielleicht doch einen Zusammenhang sehen muß zwischen der Unverfrorenheit des Frührentners, des Krankfeierers, des falschen Schwerbeschädigten, des Bombenlegers, des Camorra-Killers, des Funktionärs, des Staatssekretärs und all den Deosprays und WCs, die einem so penetrant und dreist exhibitionistisch vorgeführt werden. Hängt das vielleicht alles miteinander zusammen? Hängt die zunehmende Brutalisierung so vieler, auch der politischen Beziehungen des Zusammenlebens vielleicht ab von der grassierenden »Natürlichkeit« so vieler Werbespots? Ist zwischen dem arroganten Gesicht eines Ministers und dem arroganten Po, der vor oder nach ihm über den Bildschirm flimmert, eine Wechselwirkung denkbar?

Wer weiß. Wir haben nur diverse vage Indizien und keine Beweise. Aber eins steht fest, und wir erwähnen das, um zu demonstrieren, bis an welche gefährlichen Grenzen die Geduld von schamhaften, nicht-brutalen, nicht-arroganten Bürgern wie uns strapaziert wird. Uns nämlich packt, sobald der unschuldige zarte kleine Po in seinen Windeln auftaucht, ein dunkler Anflug von Sympathie für den alten Herodes, ein vollkommen anachronistischer, irrationaler Impuls, ihn, sagen wir mal, zum Kaffee einzuladen.

Die Teleschwadroneure

Machen wir uns einmal die ungeheure, mühselige Vorgeschichte bewußt: jene frühen Forscher, die – belächelt von Kollegen und Gattin – eine allererste Ahnung hatten, die tollkühnen Experimente in irgendeinem verrotteten Laboratorium, das Vertrauen seitens eines phantasiebegabten Chefs, von einem eigentlich immer noch skeptischen Verwaltungsrat genehmigte Gelder, den Triumph schließlich, das Patent, die multinationalen Konzerne, die sich mit ganzen Techniker- und Ingenieurstäben der Reihe nach auf die sensationelle Erfindung stürzen.

Siehe, uns ward das Fernsehen geboren! Der Mensch hat den jahrtausendealten Traum verwirklicht, sich ansehen zu können, was im selben Augenblick Tausende von Kilometern entfernt passiert, ohne seine Höhle verlassen zu müssen!

Und das Wunder kam auch nach Italien, erst war es ein Kanal, dann zwei, dann drei, und alle staatlich; dann kam die Farbe, die Wirklichkeit mit Wirklichkeit und Magie mit Magie ergänzt; dann die kostbaren Arbeitsplätze für Tausende von Arbeitern, Händlern, Reparaturfachleuten, Antennenverkäufern; und schließlich die ersten tolldreisten Privatsender, die Kampfansage an das RAI-Monopol, breite Debatten, schlaflose Nächte für Verfassungsrichter. Und siehe, ein neuer Kanal ward freigegeben, und dann noch einer und noch einer! Eine wundersame Vermehrung, eine hinreißende breite Palette! Verstärker werden montiert, jetzt ist auch die Schweiz angeschlossen, Frankreich gehört uns, Capodistria wird zugeschaltet! Und morgen der gesamte Erdball, ja, der Kosmos – via Satellit und live!

Andere Forscher, andere Ingenieure und Techniker und Verwaltungsräte haben derweil den Telecommander bereitgestellt, und der verkürzt die Wartezeit zwischen Moment und Moment noch weiter, treibt die Entfernung zwischen Ereignis und Ereignis gegen Null und macht den vormals Höhlen-, heute Wohnzimmerbewohner zum omnipotenten, omnivisuellen Gott.

Und siehe, der Daumen Gottes huscht über die Tasten des kleinen Vierecks. Alles ist bereit für ihn. Machen wir uns einmal die schwindelerregende Kette von Ursachen und Wirkungen, von Kapital und Arbeit, von Wert und Mehrwert, von gewerkschaftlichen und bürokratischen Kämpfen bewußt, machen wir uns einmal die vielen, vielen Unternehmer, Funktionäre, Intellektuellen, Elektriker, Buchhalter, Programmierer, Sekretäre, Regisseure und sonstigen Experten in ihren weißen Hemden bewußt, die diesen erlesenen Augenblick ermöglicht haben.

Und siehe, der Daumen senkt sich.

Da erscheinen fünf im Sitzen miteinander Redende auf dem Bildschirm. Nein, entschuldigen Sie, aber meiner Meinung nach hat die Frau, nach meinem Dafürhalten muß Platini, ich halte Gewalt grundsätzlich für, bis zum Beweis des Gegenteils kann der Dollar, also wo ich herkomme, da sind Auberginen...

Sie reden zu jeder Zeit auf allen Kanälen über jedwedes Thema. Sie reden zwanglos und stammelnd, aggressiv und sanft, schamlos und verlegen, oberlehrerhaft und jovial. Sie reden mit übereinandergeschlagenen Beinen, schmetterlingshaft gespreizten Händen, bebenden Lippen, Pfeife im Mund, gesenkten Lidern, zusammengepreßten Knien und verhakten Fingern.

Sie sitzen an langen Tischen oder hängen auf schwankenden Hockern oder kuscheln sich in niedrige Sesselchen oder zwängen sich auf harte Sofas. Sie reden geistreich, verlegen, intelligent, aufgeblasen, kompetent, weitschweifig, offen oder seicht.

Sie reden über ausgesprochen interessante, ausgesprochen langweilige, abstruse, private, grauenvolle, banale, unbegreifliche, brenzlige oder irgendwelche Dinge.

Aber wie und weshalb sie reden, ist ziemlich unwichtig, ein vorzüglicher Anlaß findet sich immer. Was zählt und mittlerweile überdeutlich ins Auge springt, ist, daß sie überhaupt »reden«, daß also die phantastische Seh-Maschine, jene fabelhafte, unerschöpfliche Lieferantin von Bildern eine allmähliche Metamorphose der regressiven Art durchmacht und sich absurderweise anheischig macht, wieder Salon, Hauswartsloge, Kral, Café, Sonnenschirm, Zugabteil, Parteiortsverein, Parkbank, Höhle zu sein. War das die Ziellinie, der evolutionäre Gipfel dieses wunderbaren Apparats? Ein hochgetuneter Formel-1-Flitzer, der von einem Paar Ochsen im Kriechgang über eine Landstraße gezogen wird? Eine hinreißende elektronische Revolution, die im Kräutergärtlein von Homais endet?

Nein, entschuldigen Sie, Herr Minister, für mich ist das einfach eine gesunde Abstoßungsreaktion, ein Defensivreflex, eine authentische Wiederaneignung des zwischenmenschlichen Dialogs, was die Maschine... Ich persönlich, Herr Professor, sehe darin ein typisch italienisches Phänomen, hier wird doch das Gesprochene bekräftigt gegenüber dem Gesehenen und erst recht dem Getanen, und ich frage mich, ob der Monsignore, der da so maliziös lächelt... Oh, ich denke vielmehr an eine symbolische Rückkehr des »logos«, des Urwortes, und ich bin ganz sicher, dazu kann uns die junge Dame hier, als Schauspielerin, eine bezaubernde Schauspielerin, wie ich hinzufügen möchte...

Welches Thema wäre besser geeignet für eine schöne Teleschwadronage?

Die Denver-Konvention

»Ich will aber einen Mann haben, der mich zu erregen versteht.«
»Ach was, Leidenschaft verfliegt, Macht dagegen bleibt ...«
Dies ist nicht etwa ein zwischen den Büschen des Montecitorio aufgeschnapptes Zwiegespräch der Herren Spadolini und Andreotti, sondern ein Wortwechsel zwischen einer kessen jungen Dame im duftig weißen Kleid und einem zynischen Ölmagnaten im Smoking während eines nächtlichen Streits auf dem flachen Land, nicht weit entfernt von einem endlos langen Cadillac.

Endlich ist er auch zu uns gekommen, der *Denver Clan,* jene tausendköpfige Fernsehhydra, die in den kommenden Monaten und Jahren dem anderen Videoengel namens *Dallas* Herzen und Hirne der Zuschauer abspenstig machen wird.

Ein Titanenkampf, eine Monsterschlacht, auf die die Werbung uns schon seit geraumer Zeit einstimmt. Aber selbst wir, die wir für das Wissen darum, wie die Welt, in der wir leben, so ungefähr läuft, bezahlt werden, wir mußten beschämt feststellen, daß wir nicht wirklich vorbereitet sind. Als wir erfuhren, dieser *Denver Clan* sei als gefährlicher Konkurrent für *Dallas* gedacht, dachten wir in aller Naivität, seine Erfinder und Macher hätten einen ganz und gar unerhörten Plot ausgekocht, einen sensationellen Gegenzug, eine Überraschung, die den Gegner komplett aus dem Feld schlägt. So, du kommst mir hier mit dem Krummsäbel? Na, dann streue ich dir schwarzen Pfeffer in die Augen!

Aber nein, die (unserer nicht würdige) Überraschung ist einzig, daß wir feststellen müssen, es gibt keine Überraschung. Die Protagonisten von *Dallas* sind Milliardäre, und Milliardäre sind auch die des *Denver Clans*. Erstere verdanken ihr Vermögen dem Erdöl. Und die anderen? Der Kohle womöglich? Der Elektroindustrie? Dem Bankwesen? Einer Supermarkt- oder Hotelkette? Weit gefehlt, sie sind ebenfalls Ölmagnaten, und Bohrtürme stehen hier wie da. Auch die Städte, der Unterboden der beiden Sagas, sind von derselben Sorte, mittelgroß, aber in Expansion begriffen und mit einem dezenten Geranke aus Wolkenkratzern in der Mitte. Sie fangen mit demselben Buchstaben an, Dallas und Denver, und haben die gleiche Silbenzahl.

An dieser Stelle dämmert selbst dem Unvorbereitetsten, daß einem so dreisten haargenauen Double ein Kalkül zugrunde liegen muß. Die Produzenten und Drehbuchautoren von *Denver Clan* haben keineswegs aus Mangel an Phantasie den von *Dallas* vorgezeichneten Weg eingeschlagen. Es hat sie gar nicht interessiert, etwas Neues, anderes, Originelles zu machen. Sie hatten den Plan, exakt dasselbe zu machen, exakt das gleiche Produkt zusammenzubasteln; und ihre Kühnheit und Erfindungskraft, ihr – sagen wir ruhig – Genie bestand eben in dem Gespür dafür, daß die Leute mit einer einzigen amerikanischen Ölfamilie die Nase durchaus noch nicht voll hatten.

»Jungs, ich sage euch, da ist noch Platz. *Dallas* hat den Markt mitnichten gesättigt.«

»Aber Chef, schon wieder diese sauber aufgereihten Diener, wieder diese Prozessionen aus Mercedes und Porsche, Rolls Royce und Ferrari, wieder diese knallharten, graumelierten Fünfziger und diese lüsternen hysterischen Frauen ...«

»Das Leben von reichen Leuten ist immer interessant, das ist ein Klassiker. Lest mal die Bibel, ihr Trottel, lest die Odyssee: Da wimmelt es von Dienstboten, Palästen, Juwe-

len, goldenem Geschirr, Banketten, Swimmingpools, Braut-
lagern und Lieblingskindern... Was, glaubt ihr, haben die
vor Hunger krepierenden Juden wohl abends in der Wüste so
gemacht? Die haben sich ums Lagerfeuer gehockt, irgendwelche gegrillten Heuschrecken geknabbert und sich die
letzte Folge von *Salomon und die Königin von Saba* reingezo-
gen. Nein, mit reichen Leuten geht man auf Nummer Sicher,
da wird das Publikum nie müde, man muß ihm nur mitlie-
fern, daß es den Reichen irgendwie moralisch überlegen ist.
Es beneidet sie, aber nur bis zu einem bestimmten Punkt,
weil ihr ihm nämlich zeigt, daß reiche Leute meistens un-
glücklich sind und einen Haufen Probleme haben.«
»Aber das sind doch immer dieselben Probleme, Chef!
Wechseln wir wenigstens mal die Branche, packen wir sie in
die Stahlindustrie, in die Whiskyproduktion...«
»Nein, Öl ist viel direkter, und außerdem ist es modern,
seit 1973 redet kein Mensch mehr von etwas anderem.«
»Schon wieder Ölfässer, mein Gott! Wieder Bohranlagen!
Wieder diese schwarzroten Qualmwolken vom Abfackeln!«
»Branchenwechsel sind Luxus für Künstler. Wer, glaubt
ihr, seid ihr? William Shakespeare? Und außerdem, was jault
ihr herum? Samuel Beckett schreibt seit dreißig Jahren immer wieder dieselbe Komödie, und dem haben sie sogar den
Nobelpreis gegeben. Macht es wie er, variiert Details, ein
paar *optionals*.«
Also wird der Wohnsitz eine entfernt an Palladio erin-
nernde Villa aus Ziegeln und Zinnen statt der weißen *Dallas*-
Ranch; sie erhebt sich auch nicht aus den kahlen Ebenen von
Texas, sondern mitten im alpinen Grün von Colorado. Und
selbstverständlich trägt kein Mensch Cowboystiefel und
-hüte und Karohemden, und der Luxus hat hier einen gesetz-
teren, kultivierten Ton; es gibt sogar eine Bibliothek, die
etwas hermacht, mit Kamin und Schweinslederrücken, und
es ist nicht vollkommen undenkbar, daß eine der Personen

sich einmal monatlich wahrhaftig dort einfindet, um ein Buch zu lesen.

Der Rest sind tadellos geölte Drehbücher, Dialoge, Innen-einrichtungen, Schnitt-, Regie- und schauspielerische Leistungen; eine bewunderungswürdige Verflechtung von Klischees und Stereotypen ohne einen einzigen Ausrutscher in Unvorhergesehenes. Ölboß Carrington, ein graumelierter knallharter Witwer, will seine (blonde) Sekretärin ehelichen. Sie feiert Abschied mit ihren Kolleginnen (»Ich werde mich nicht ändern, ich bleibe immer eure Freundin, und ihr kommt mich einmal in der Woche besuchen«), bekommt von IHM zwei Brillantohrringe im Kiwiformat und zaudert dennoch ein letztes Mal (sie hat ihren Stolz sowie Angst vor dem Sprung in den Reichtum und eigentlich den Firmentechniker geliebt, der jetzt im Mittleren Osten arbeitet und seine Frau in eine psychiatrische Klinik gesteckt hat). Aber ER kann sie endlich erobern, indem er ihr drei Dutzend üppiger Blumen-körbe nach Hause schickt (»Der Blumenhändler hatte nichts anderes«, lautet die zuckersüße Entschuldigung) und sie im eigenen Jet zum Abendessen in ein chinesisches Restaurant in San Francisco ausführt. (»Und wenn ich nun lieber französisch gegessen hätte?« – »Dann wären wir eben nach Paris geflogen! Und da hätten wir mitten auf der Straße gespeist!«)

Welche normale Frau könnte derartig verführerischen In-vestitionen widerstehen? Und tatsächlich tritt die junge Frau schon beim Rückflug den Beweis ihrer Liebe an.

Da sind allerdings zwei Kinder, ein sensibler, musikbeses-sener und überdies homosexueller junger Mann und eine junge Dame mit allerlei Affären (sogar der Chauffeur gehört dazu!) und einem unruhigen, aggressiven Temperament. Beide haben Probleme mit ihrem Vater, der seinerseits Pro-bleme mit seiner Gattin hat, die wiederum Probleme mit dem Majordomus und so weiter, und das breitet sich endlos aus wie ein Spinnennetz.

Und wer findet so etwas spannend? Na, alle.

Die peinliche Ähnlichkeit mit *Dallas* stört in Wirklichkeit niemanden, im Gegenteil; wir haben uns ja auch daran gewöhnt, zwischen praktisch identischen Waschpulvern, Kleinwagen, Apfelsinen und Keksen wählen zu dürfen, wir genießen es geradezu, völlig unbedeutende, wenn nicht gar imaginäre kleine Unterschiede festzustellen, ernsthafte Diskussionen über Dubletten und Plagiate zu führen, und selbst im politischen Leben entzündet sich unsere Leidenschaft, Partei zu ergreifen, an Männern und Programmen, die alle gleichermaßen nebulös sind, und marschieren unsere Hoffnungen unter dem Banner der Fotokopie. Durch Zellteilung entstand aus der ersten Regierung Spadolini die zweite, identische, ein erhabenes Meisterwerk der Reproduktion.

Wir leben in einer Klon- oder *replay*-Kultur.

Und so verfolgen wir, plutarchisch, die parallelen Leben der Carringtons und Ewings mit ihren gleichen Liebschaften, gleichen Gegensätzen, dem gleichen Geschäftsgebaren, den gleichen Schweinereien, Zärtlichkeiten, der gleichen Psychologie und den gleichen Blumen in der Vase. Aber da es ja um Unternehmen geht, ist es gut möglich, daß sich beide Firmen künftig zu einem kolossalen *joint venture* zusammenschließen, zu einer Super-Seifenoper, in der beide Familien aufeinandertreffen und sich gegenseitig den Kampf ansagen, sich verschwägern und zu einem Geflecht von astronomischen Ausmaßen vermischen. Vielleicht ist genau so etwas nötig, damit ein Cervantes geboren wird, der die Geschichte unseres seriensüchtigen Wahnsinns aufschreibt.

Heil, Shirley!

Heute, wo jedermann ein Freund der Eintagsfliege, verlobt mit dem Frivolen und verheiratet mit dem Seichten und Überflüssigen ist, heute wagen wir die Behauptung, daß Shirley Temple bedeutender ist als Virginia Woolf. Man hat keine Minute Ruhe, und immer zielt die Pistole haarscharf auf unsere Schläfe. Gestern hatten wir noch die Qual der Wahl zwischen Pudowkin und Fred Astaire, Sartre und Popeye, La Pasionaria und Coco Chanel. Heute hat man sich gefälligst zu schämen, wenn einem Comics wurscht sind, Humphrey Bogarts schauspielerische Talente lächerlich erscheinen und man einen Besuch der Galleria Borghese lohnender findet als die große Schau »Die Flasche in der Werbung, 1902–1925«.

Die Kultur des aggressiven Recyclings (das sich nicht nur auf rein stoffliche Wiederaufbereitung bezieht, sondern auch hinter den dauernden Neubearbeitungen, Wiederentdeckungen und Neubewertungen von Altem aller Art steckt) hat zweifellos ihre Verdienste, aber man kommt nicht umhin festzustellen, daß Wiederverwertung auch die Grundlage allen Trödels ist. Ein kleiner Laden, der mitten in einer malerischen Gasse liegt, das Schild ist nett, die Auslagen einigermaßen anziehend; aber kaum ist man drin, begreift man seinen Irrtum. Verkaufspersonal in schwarzem Sakko und Nadelstreifenhose stürzt sich auf einen wie in der Bond Street. Darf's dieser Zinnlöffel sein, der Herr? Drei Millionen Lire. Die Zigarettenspitze aus Galalith? Fünfhunderttausend.

Nun ist das nicht alles Plunder, es gibt wohl das eine oder andere kuriose, interessante, sogar kostbare Stück. Aber durch den Wahn, alles mit Wert zu befrachten, geraten die Werte durcheinander und verzerren sich, eine Tiffany-Lampe kostet genausoviel wie ein Guercino, ein Choreograph alter Musicals wird ebenso durchgearbeitet wie der junge Marx.

Und so bekommt man das niederschmetternde Gefühl, daß man selbst der Kultur der Wiederaufbereitung und Neubewertung auch nicht entgehen kann und daß wahrhaftig alles neu vermessen, wiederbetrachtet, neu geordnet und wieder an seinen Platz gestellt wird – in alle Ewigkeit.

Shirley Temple? Aber sicher, sie war bedeutender als Virginia Woolf. Was für Lehren, was für Botschaften steckten in ihren Filmen! Ein *product manager* beispielsweise kann aus dieser meisterhaften, perfekten Ausbeutung einer Ware, die »ankommt«, alles lernen. So lutscht man einem Objekt, das ein kleines Mädchen ist, die Knochen aus bis ins Mark. Kein Lächeln, kein Hopser, keine Träne, die sich nicht unmittelbar in Dollar messen lassen. Ein Werk, erarbeitet von überragenden Profis.

Der Historiker und der Philosoph dagegen werden konstatieren, daß die Kategorie der niedlich gekünstelten Einfalt bei unseren Altvorderen unbekannt war. Bei Aristoteles kommt sie nicht vor, und auch Homer, die Verfasser der Bibel, die griechischen Tragödienschreiber, Thukydides und Tacitus schweigen sich darüber aus. Zwar fehlen Kinder keineswegs in ihren Werken, und sie können durchaus auch rührend und sogar perfide sein, aber der Erregung anomalen, grundlosen kollektiven Schmachtens macht sich keins davon schuldig. Wenn die Rede auf das antike Kind kommt, dann in der Regel deshalb, weil jemand es über die Klinge springen oder verhungern läßt, ertränkt, zermalmt, von der Mutterbrust reißt, vergiftet, in der Wiege erwürgt oder im tiefsten

Wald aussetzt; daß es objektiv ein zartes Wesen ist, hindert es nicht daran, eine im Innern harte, würdevolle und gelegentlich heldenhafte Persönlichkeit zu sein.

Das eine oder andere Vorzeichen allerdings läßt sich erkennen zwischen den Falten der Geschichte, gewisse Bedeutungszusammenhänge treten bereits in ferner Vergangenheit zutage. Die Tochter des Pharao etwa beugt sich mit ihren sämtlichen Mägden ekstatisch über das Körbchen mit dem kleinen Moses. So was Allerliebstes. So ein Schatz. Kleine Schreie und Küsse, darf ich ihn auch mal halten. Sie ziehen ihm kleine altägyptische Pyjamas und Mützchen an und lassen ihn auf seinem eigenen kleinen Kamel spazierenreiten. Und nur ein paar Jahre später läßt ihnen der anbetungswürdige Säugling Heuschrecken, Frösche, Feuer und Blut auf die Köpfe niederprasseln.

Die rauhen Schäfer aus Galiläa werfen sich vor dem Infanten auf die Knie, und oben drüber singen die Engel. Geschafft. Er ist geboren. Etwas unwiderstehlich Süßes packt alle an der Gurgel. Frieden auf Erden, wir wollen doch alle lieb sein. Vorbei das entsetzliche mühselige Leben, bei dem man sich mit Viechern und Räubereien und Racheakten herumschlagen muß. Mit diesem Kindchen beginnt die neue Zeit. Guck doch mal, die Händchen, die Füßchen, zum Anbeißen. Der Forschste streckt seinen Zeigefinger vor und wagt ein Kille-kille unter Kindchens Kinn. Und dann vergehen nur noch ein paar Tage, und Herodes befiehlt die Vernichtung der unschuldigen Kinder.

Veteranen aus hundert Schlachten treten in das Zelt des Generals, der seine Familie mit in diesen finsteren Wald und unter diesen bleiernen Himmel gebracht hat und mit Frau und Söhnchen bei Tisch sitzt. Was wollt ihr? Sie scharren verlegen mit den Füßen und schicken den Hauptmann vor: Red du, red du. Herr General, wir verstehen uns nicht auf große Worte, aber Euer kleiner Sohn da, also, wir haben den nämlich gern, das ist wirklich ein aufgeweckter Bengel, und da haben wir gedacht, wir wollen ihm ein kleines Geschenk bringen, hier in diesem Drecksposten ist ja nichts aufzutreiben, und Rom ist weit, aber die Idee zählt doch auch. Und dann zieht er ein Paar winziger Schühchen, die genauso aussehen wie die Schuhe der Infanterie, hervor und bittet darum, dem kleinen Maskottchen beim Anziehen helfen zu dürfen. Die Mama nimmt den struppigen Hauptmann in den Arm, der General schneuzt sich, ein Teil der Truppe wischt sich verschämt die Augen, der andere macht Radau. So ward uns Caligula geboren.

Es gibt keine direkte und nachweisbare Beziehung zwischen Shirley Temple und Adolf Hitler, zwischen goldenen Löckchen und Gaskammern. Aber sie traten zur selben Zeit auf, und das Ohr der Nachgeborenen hört hinter dem monströsen, brüllenden Diktator inzwischen mühelos die monströse, liedchenträllernde kleine Göre. Gefallen haben sie alle beide, irrational, total und kultartig gefallen. Beide haben in dem trüben Sumpf gefischt, in dem der schlimmste Süßlichkeitskitsch dicht neben der schlimmsten Grausamkeit liegt und sie womöglich hervorruft.

Der Zuschauer von heute hat leicht fragen, wie denn bloß Millionen Menschen, die ansonsten vernünftig und solide und normal sind, darauf hereinfallen konnten. Nach diesen Beinchen verrückt werden? Wegen dieser Ärmchen dahinschmelzen? Und diese obszönen Kleidchen, diese Übelkeit erregenden Bändchen, Spitzen, Samtbesätzchen und Mützchen? Nein, das ist doch Wahnsinn. Wie kann der Mensch so tief sinken?

Was uns diese höchst nützliche, dankenswerte Shirley-Temple-Reihe sagt, ist, daß wir uns keine Illusionen zu machen brauchen: Nichts hat sich in all den Jahren geändert, der klebrige Morast kollektiver Gefühligkeit hat sich sogar noch ausgedehnt, der Kitsch des Süßen und Niedlichen hat an

Boden gewonnen, die Stimme der Zivilisation ist nunmehr das infantiloide Tüddelü, die Massen sind eingestimmt auf die nächsten unsäglichen Schläge. Sie brauchen also gar nicht erst die Frage aufzuwerfen, für wen Shirley Temple denn steppt – sie steppt für uns.

Krimi für einen Pianisten

Angeregt, vielleicht ohne es zu wissen, von der biblischen Absicht »Preisen will ich die großen Männer« legen sich Zeitungen und Fernsehanstalten immer wieder ins Zeug, um die *Persönlichkeit des Jahres* zu wählen. Und wir sind immer wieder selig, daß es zu Zeiten von, sagen wir, Sokrates, Cincinnatus, Michelangelo, Lucrezia Borgia und Vivaldi die große Entwertungsmaschine namens Massenmedien nicht gab.

Vergangenen Monat, als der Pianist Wladimir Horowitz nach Italien kam, hat die RAI nachgedacht und etwas ins Programm genommen, das im Fernsehjargon »Special« heißt und in diesem Fall dem legendären Virtuosen von einer amerikanischen Fernsehanstalt gewidmet worden war. Die Produktionsfirma hatte verfügt, das Dokument müsse in der Originalsprache mit Untertiteln ausgestrahlt werden, damit es nicht durch Synchronisation an Authentizität verliere. Es war dann allerdings gerade der Mangel an jeglicher Authentizität, was den Zuschauer am meisten verblüfft hat.

Die den Meister umgebenden Personen wirkten wie Schauspieler von bescheidenem Zuschnitt; ein gedrungener Mann mit grauem Bürstenschnitt und energischem Gesichtsausdruck, der schon als Polizeikommissar in Miami, Anwalt in Chicago oder Xenologe an Bord eines Raumschiffs in tausend Serien zu sehen war, befand alle nasenlang: *»It's fantastic!«,* ein paar als Techniker verkleidete Komparsen simulierten Aufnahmetätigkeit, und ein kleiner Mann gab den getreuen Klavierstimmer Franz.

Das Haus des Meisters sah genauso aus, als hätte es ein Bühnenbildassistent mit Hilfe von einigen rasch zusammengeklaubten Möbeln eingerichtet; Wanda Toscanini, die Gattin, war fraglos direkt vom Set einer in Kalifornien angesiedelten Seifenoper herbeigeschafft worden, und Horowitz selbst, mit seiner Fliege und seinem falschen russischen Akzent, war so überzeugend wie einer dieser alten Charakterchargen, die jahrzehntelang den geistreichen Majordomus oder den angeschickerten Cowboy mimen dürfen. Das Ganze wirkte, als wäre man in eine Nachmittagsserie geraten, in die Folge »Onkel Wolodja ist unverbesserlich«.

Gewiß war das alles nicht Horowitz' Schuld; der wurde, kaum fing er in diesem unglaublichen Ambiente endlich an, Mozart und Chopin zu spielen, beim ersten Anschlag wieder er selbst. Als »Persönlichkeit« allerdings kam er nicht zum Vorschein, er war nicht zu erkennen und durch nichts von den Dutzenden von Persönlichkeiten zu unterscheiden, die Tag für Tag an Kiosken und auf Bildschirmen zu sehen sind und inzwischen ein veritables Prominentenproletariat bilden. Selbst dem wiederauferstandenen Christus fiele es, sitzend zur Rechten Rummenigges, Monica Guerritores und Romitis im Studio, sehr schwer, aus der Masse emporzuragen. (»Erzählen Sie doch mal, Herr von Nazareth, muß ziemlich weh getan haben, die Dornenkrone, was?«)
Sehr viel bedeutender als solche Helden von Pseudo-Jahren und Pseudo-Zeitaltern und sehr viel repräsentativer für unsere Zeit erscheint uns – so wie die Dinge liegen – dagegen eine andere Figur: der Mann (oder die Frau), der sich berufsmäßig im Gewühl der Prominenz bewegt, der sie aufspürt, erfindet, belagert, präsentiert, ausfragt und ihr Bedeutung verschafft. Schon lange kreisen unsere Gedanken um eine Geschichte, deren Protagonist ein Mann ist, der solche Interviews macht.

Einen Mann sehen wir eher in dieser Rolle, denn Frauen erscheinen uns, wiewohl sie verbissene und geschickte Interviewerinnen sein können, alles in allem (und wenn nicht gerade Liebe im Spiel ist) doch weniger naiv, besser geschützt durch den ihnen eigenen Hang zur Skepsis und besser gerüstet, am Ball zu bleiben und dem Fragmentarischen, Vergänglichen und Oberflächlichen nachzusetzen, ohne es allzu ernst zu nehmen und ohne sich im wesentlichen davon anstecken zu lassen.

Der Interviewer, an den wir denken, ist dagegen einer, der »dran glaubt«, zumindest anfänglich. Er ist knapp unter dreißig, dynamisch und motiviert. Seine Zeitung schickt ihn los, damit er mit kleinen Käsefabrikanten, Feuerwehrhauptmännern, Bürgermeistern von Kommunen, die keinen Wasseranschluß haben, und Rektorinnen von Behindertenmodellschulen redet, und er erledigt das nicht nur gewissenhaft, sondern geradezu begierig. Er saugt all die Probleme auf und macht sie zu seinen eigenen; er versammelt all die Persönlichkeiten in seiner Erinnerung wie römische Kaiserbüsten. Der letzte Flohbändiger, der Senegalese, der ein senegalesisches Restaurant aufgemacht hat, der Gitarrist, der mit den Zehen spielt, der Kürschner, der Pelzmäntel für Milliardärspüppchen macht – sie alle erscheinen ihm gleichermaßen interessant und vom Leben durchpulst.

Die Menschheit stellt sich ihm dar als grenzenloser Wettbewerb, als unerschöpfliche Kollektion von persönlichen Angelegenheiten, Gesichtern, Akzenten, Gesten, Gewohnheiten, Stilen und Marotten, und seine leidenschaftliche Aufmerksamkeit für all das schlägt sich auch in den Artikelchen nieder, die er schreibt, und fällt dem Chefredakteur auf: Ganz ordentlich, der junge Mann, hat Talent, den schicken wir zum Interview mit der göttlichen Schauspielerin aus alten Zeiten, mal sehen, wie er damit klarkommt.

Gut kommt er damit klar, unser Mann, und so sieht er sich

nach und nach mit immer heikleren und feineren Interviews betraut, auf die er sich gründlichst vorbereitet. Von dem Minister, den er morgen früh besucht, kennt er jede Rede und jede frühere politische Position und Ausrichtung; von dem Tenor, den er im Flughafen in der VIP-Lounge abfangen wird, hat er alle Platten durchgehört; von dem Boxer, dem Herausforderer des Titelverteidigers, den er sich im Ring ansehen wird, beschafft er sich Videos mit dessen früheren Kämpfen; von dem alten Dichter, der den Nobelpreis bekommen soll, lernt er zweihundert Verse auswendig, um sie ihm, bei einer Tasse Beuteltee, vorzutragen.

Jede neue Begegnung erregt und erfüllt ihn. Sein Adreßbuch ist gespickt mit illustren Namen, das Feinste von heute, ganz zu schweigen von gestern und sogar morgen. Dauernd ist er unterwegs, dauernd sitzt er im Zug, im Taxi, im Flugzeug, im Auto. Am 16. der Finanzmann, der seinem Imperium soeben zwei Banken, eine Fabrik für Hämmer und Sicheln und eine Spargelplantage angegliedert hat. Am 18. die ehemalige Stummfilmgröße, die neunzig Jahre alt ist und ein Comeback als Julia versucht. Am 21. der Rocksänger, der heute mit einem pubertierenden Kamel zusammenlebt. Am 23. der Parteisekretär, der sich nackt in die Strömung der Mehrheit gestürzt hat. Am 24. die Fürstentochter, die eine Schminkschule für Vorbestrafte in ihrem Salon eröffnet hat.

All diese blendenden Kontakte beschränken sich außerdem fast nie auf den Interviewpartner, es gehören auch schüchterne, vergötternde, tyrannische und depressive Ehefrauen dazu, ferner prachtvolle, drogensüchtige, komplexbeladene und strahlend-spontane Kinder, Geschwister, die Fotograf werden, Terrorist waren und kleine Angestellte, Nonne, Modeschöpferin, Neurochirurg und Ökobauer sind, Mütter, die Hausfrau, Kinokassiererin, Hebamme und Biochemikerin, und Väter, die umweltbewegt, Richter, Architekt, mittlerer Verkehrspolizist und Bademeister sind.

Wann und wie dieser unendliche Fächer zuklappt, wissen wir noch nicht. Aber die Krise wird abrupt und total sein müssen, wir werden eine Episode erfinden müssen, die zwar winzig, aber von höchster symbolischer Tiefe ist und aus dem begeisterten, extrovertierten manischen Interviewer mit einem Schlag ein hohles Gefäß macht, in dem die tragischen Noten des Predigers erklingen. Von diesem Augenblick an sehen sämtliche Vorzimmer für ihn gleich aus, sämtliche Villen, Gärten, Swimmingpools, Yachten, Dienstboten und Sekretäre ähneln sich, verwirren sich und heben sich gegenseitig auf. Sämtliche Fragen werden töricht, sämtliche Antworten idiotisch, sämtliche Lebensläufe, Karrieren, Ambitionen, Geschmäcker, Meinungen, Hobbys, Liebschaften und Projekte nur Sandkörner in der Wüste, eitel und vergeblich in doppelter Potenz.

So eine Geschichte kann auf vielerlei Weise enden. Wäre sie ein Libretto für eine Oper à la Rossini, gäbe es in der Schlußszene einen Chor, bei dem *tutti* aus voller Kehle über sich erzählen, während unser Mann nur noch kläglich winselnd durch die Kulissen läuft, sich die Ohren zustopft und schließlich ohnmächtig zusammenbricht.

In einem sarkastischen Roman würde unser Interviewer sein Heil vor den Schrecken der Aktualität in der Einsamkeit der Anden oder des Himalaya suchen und dortselbst auf einen wahnsinnig populären Guru stoßen, den er schon dreimal interviewt hat.

In einem *roman-vérité* würde der Ärmste irgendwann seinen Chef anflehen, ihn doch Interviews mit Kindergartenleiterinnen und gegen die Rentenreform pöbelnden Grauen Panthern machen zu lassen.

In einem Krimi geht alles mit dem unerklärlichen Mord an Horowitz los und weiter mit einer ganzen Serie ebenso mysteriöser, sensationeller Verbrechen innerhalb der verschiedensten Prominenzbranchen. Nach und nach spürt ein grauer Hauptkommissar, der nicht Karriere gemacht, sondern sich seit Jahren mit »Persönlichkeitenschutz« befaßt hat, das Motiv auf, den Faden, der all die illustren Leichen verbindet, und stößt anhand von auf eigene Faust unternommenen Ermittlungen schließlich auf den Täter, unseren bekannten Interviewer. Aber aus einem Gefühl der Solidarität heraus, um nicht noch eine x-te rasch vergessene »Persönlichkeit« aus dem wahnsinnigen Mörder (und sich selbst) zu machen, entschließt er sich, ihn eines nebligen Abends ganz unsensationell durch einen fingierten Unfall an einem unbewachten Bahnübergang zu eliminieren. Am folgenden Abend sitzt er in seinem Wohnzimmer und betrachtet die vorüberhuschenden Bilder eines 20-Sekunden-Beitrags über das keinen Menschen interessierende Ereignis in der Tagesschau.

Bücher auf Rädern

Kürzlich hat bei einer Rundfunkdiskussion über Geschenkbände eine telefonisch dazugeschaltete Hörerin einen Skandal verursacht und Tadel einstecken müssen, weil sie erklärt hatte, sie verschenke keine Bücher, sondern »nur nützliche Dinge, wie zum Beispiel einen Pürierstab«. Nun geben wir ihr zwar nicht vollkommen recht, können ihren Standpunkt aber doch verstehen.

Es ist wirklich wahr, die Geschenkbuchverlage haben viel zur Verbreitung der Meinung beigetragen, ein Buch sei ein Objekt, das man sich hinlegt oder -stellt. Mag dieses Objekt auch im Dekorativen, rein Ornamentalen steckengeblieben sein, weshalb sich sein Marktanteil allmählich verengt hat verglichen mit dem der bildenden Kunst – wo, falls der Rembrandt hoffnungslos unnütz bleibt, ein Joseph Beuys als Schirmständer, ein Robert Morris als Reserverad und ein Calder, richtig in Gang gesetzt, als Ventilator dienen kann –, warum soll man da mit Büchern nicht den gleichen Weg einschlagen?

Lassen Sie sich nicht entmutigen von Borges, der in der *Bibliothek von Babel* gewisse Schwierigkeiten ausmalt, wonach ein Buch »nicht auch eine Leiter sein« könne und folglich erst recht kein Pürierstab. Manchmal kann eine gute Enzyklopädie oder Klassikergesamtausgabe, falls en bloc erworben, sehr gute Leiterdienste tun, vorausgesetzt, man verstaut sie in einem stufenförmigen Möbel. Und auch für Massenwerke zu Billigpreisen läßt sich eine ganze Reihe nützlicher Verwendungen denken.

Wenn man beispielsweise den üblichen plastikbeschichteten Einband durch Filz oder Wildschweinfell ersetzt, erhält man ein Staubtuch- oder Bürstenbuch – diese Methode eignet sich gleichermaßen für kurzatmige belletristische oder Sachliteratur. Ein Asbestüberzug dagegen mit eingebautem elektrischen Widerstand sowie Stecker verhilft einem zum Toaströsterbuch, das man auf dem Nachttisch plazieren und obendrein als Kopfkissen gebrauchen kann: abends Meditation, morgens ein gesundes, nahrhaftes Frühstück. Des weiteren hätten wir Weckerbücher mit eingearbeiteter Quarzuhr, Bücher auf Rädern zum Rollschuhlaufen und Einkaufen, großformatige (und imprägnierte) Bücher für den Surfer und tausend andere Sorten mehr, unter denen der Marketing-Experte nur zu wählen brauchte.

Aber Achtung. Es geht nicht darum, das Buch durch etwas zu ersetzen, das kein Buch ist, auch wenn es von außen so aussehen mag. Es geht vielmehr darum, Objekte, denen, weil sie reine Gebrauchsgegenstände sind, jede intellektuelle Würde abgeht, mit dem Prestige des Geschenkgegenstands auszustatten, das nur Literatur zu verleihen vermag. Dann nämlich werden wir erleben, daß selbst die Hartnäckigsten – wie jene Hörerin – zwar weiterhin Pürierstäbe verschenken, aber, zumindest an Weihnachten, zu solchen Modellen greifen werden, die im Griff die *Canti* von Leopardi haben, wenn nicht gar Hegels Gesamtwerk.

Neandertal ist kein Leseland

Ein merkwürdiger Mangel jener Wochen- und Monatsillustrierten, die ein Herz für die breite Zielgruppe der Edelsnobs haben, sticht einem, wenn man so sagen darf, ins Auge. Zwischen ein paar Artikeln (die alle in ein Endlager auf S. 193 münden) stellen zahlreiche Werbekästen zur Schau, was im Bereich Geschmack, Eleganz und Raffinesse jeweils vom Feinsten ist: hier der historische englische Regenmantel, da die unmögliche Uhr in zwei Dimensionen, die Edeldesign-Lampe, die Edelporzellan-Tasse, der unübertreffliche Koffer, der sinnliche Pelz, der Riesenbrillant, der Riesensaphir, der energische PKW auf dem zarten palladianischen Pflaster, der extralange gereifte Extrabrandy im Mittelalterfaß; und da das exklusive T-Shirt, der Slip, der Katamaran, das Südsee-Eiland.

Nie jedoch in all den Stilleben, die eines holländischen Meisters würdig sind, in diesen an Watteau gemahnenden *tableaux vivants,* absolut niemals dürfen wir ein Buch entdekken. Privilegierte Menschen tun offenbar alles, bloß nicht lesen: Sie hüpfen in himmelblaue Pools, trinken kunterbunte Aperitifs, verführen im Kerzenschein Frauen mit durchsichtigem Teint, aalen sich an Sandstränden, auf Klippen und Matratzen, in Sesseln und Flugzeugsitzen, mähen Rasen, pflügen Heideland, leihen (stets in Begleitung der erwähnten duftigen Wesen) ihr Ohr ausgeklügeltsten Hi-Fi-Anlagen, filmen oben genannte süßlächelnde Weiblichkeit mit Kameras, die nicht mehr Platz wegnehmen als eine Wasserpistole,

sie zünden sich mal eine an, rauchen, duschen, rasieren und
pflegen sich mit After Shave. Nie jedoch taucht in ihren
kräftigen oder feinen Händen oder auch nur in ihrer unmittelbaren Umgebung ein Buch auf, das einfach nur Buch ist.
Ein Freund von uns, Chef eines großen Verlags, hatte das
naiverweise für Zufall, für Gedankenlosigkeit gehalten und
war auf die Idee gekommen, sich direkt an ein paar der
berühmtesten entsprechenden Firmen zu wenden. Man
könnte doch, so schlug er vor, irgendein Buch von irgendeinem Verlag in ihre Reklamearrangements einschmuggeln.
Lässig auf den Nußbaumtisch geworfen, neben das Renais-
sance-Feuerzeug oder zwischen eine Champagnerschale, eine
Pflanze und eine Brieftasche mit dem Etikett des Designers.
Oder es steht auf der Konsole des flackernden Kamins, vor
dem die beiden alten Freunde (oder das heimliche Liebespaar)
miteinander einen Jahrgangsgrappawodkawhiskybrandy
trinken. Oder liegt vergessen im Schnee neben diesen einmaligen Schuhen, die einfach umwerfend sind. Oder auf dem
Rücksitz dieses Sportwagens, der schon von 0 auf 100 ist,
bevor man auch nur den Titel gelesen hat. Für die Buchindu-
strie ganz allgemein wäre so etwas wertvolle indirekte Werbung, und auch das Image der anderen Produkte könnte . . .
Keiner seiner Gesprächspartner hat ihn ausreden lassen.
Bücher, haben sie ihm alle erklärt, und manche haben dabei
geseufzt, Bücher sind nicht *in,* sie sind nicht *chic,* nicht
verführerisch, befriedigend oder begehrenswert, sie wecken
keine unterschwelligen Assoziationen, lassen nicht an Luxus
und Wohlstand denken, nicht an die nonchalante »Klasse«
und den »Lebensstil«, die heraufzubeschwören man die Absicht hat. Kurz gesagt, Bücher sind keine brauchbaren Komplizen, keine vorzeigbaren Verbündeten für Toilettenwässer-
chen, Feuerzeuge, Juwelen, Motoren und reine Schurwollen.
Der Mann, der auf solchen Werbeseiten (und womöglich im
Leben) wirkt, wüßte mit einem Buch gar nichts anzufangen.

Seine Aufmerksamkeit ist auf viel einladendere Bilder gerichtet, sein Kopf wird von sehr anderen Interessen beherrscht, seine stahlblauen Augen schweifen, während er trinkt, reist, raucht oder Golf oder Tennis spielt, unaufhaltsam in die Ferne jenseits von Jahrhunderten und Jahrtausenden, hin zu den weiten unverschmutzten Horizonten des Neandertals.

Die Einsacker

Ganz Italien ist heute ein Gewimmel von Bühnen. Man flaniert durch Groß- oder Kleinstädte, man fährt mit dem Auto durch ein abweisendes Bergdorf, trinkt Kaffee in einem Flecken der Poebene, besucht einen Freund in einem Seebad, und allüberall bleibt der Blick an irgendeinem Plakat oder Zettel hängen, auf denen ein Theaterereignis angekündigt wird, oder fünf oder zehn.

Die außerordentliche Blüte gibt es seit ein paar Jahren, und sie hat – mit Ausnahme der schwindelerregenden Vervielfachung von Streiks – nicht ihresgleichen. Da kommt einem spontan der Verdacht, daß zwischen diesen beiden so auffallend parallelen Phänomenen womöglich eine Art okkulter Abhängigkeit besteht, etwa so, daß in dem Maß, wie die Theater»produktion« anschwillt, die andere Produktion, nämlich die, dank der die Ökonomie des Landes (und das Land selbst) auf den Beinen bleibt, zum Schrumpfen neigt.

Eine eindrucksvolle Grätsche also; sie könnte, falls sie eine Zeitlang so weiterbetrieben wird, in einen »theatralischen Suizid« münden, der sozusagen dionysische Grandezza besäße. Ein ganzes seit Jahrhunderten für eine gewisse angeborene Theatralik bekanntes Volk läßt endlich seiner Leidenschaft total freien Lauf. Die Schulen machen dicht, die Büros leeren sich, die Versorgung kommt zum Erliegen, die Fabriken erleben eine Invasion von Brennesseln und Fledermäusen, und die kommunalen, regionalen und zentralstaatlichen

Kassen verbrauchen die Reserven für die Bereitstellung der letzten Risottos und der finalen Würstchen mit Polenta.

Zum Teufel mit der Arbeit – sagen die fiebernden Massen –, zur Hölle mit der Staatsbank, der europäischen Währungsschlange und der ganzen EG. Das wird zwar unser Ruin, der Rückfall auf den Status von armen Schluckern, wir werden von der Liste der entwickelten Länder gestrichen, aber das ist es wert. Wir erteilen der kleinkarierten modernen und materialistischen Welt eine Lektion. Wir opfern uns für Äschylos, Shakespeare, Racine, Schiller, Goldoni und Tschechow, und wenn wir untergehen, dann mit den Gesten unserer grandiosen Schauspieler vor Augen und den Tonfällen unserer grandiosen Dramatiker im Ohr. Vorhang auf, Bühne frei für den Extremfall der Darstellungskunst, auf geht's in die finale Katharsis.

In der Wirklichkeit finden sich nicht wenige Hinweise und Anzeichen, die auf so eine noble Fabel deuten. Aber kaum bückt man sich, um das Programm aus der Nähe zu betrachten, entdeckt man, daß bei den reihenweise aufgelisteten Aktivisten und Praktikanten und Hohepriestern des Theaters ein ganz anderer Wind weht. In all den Hallen, Kellern, festen und wechselnden Sälen, Turnhallen, ehemaligen Konventen, ehemaligen Hundezwingern und sonstigen zahllosen »Aufführungsorten«, von denen die gesamte Halbinsel strotzt, ist nichts anderes im Gange als ein kolossales, wahlloses, parasitäres Gemampfe.

Pippo Cecioni – steht da in Riesenlettern –: *Auf der Suche nach der verlorenen Zeit.* Und winzig klein darunter: »Nach einer Idee von Marcel Proust.« Das Stück besteht aus einer achtzehnmal wiederholten Geißelungsszene, in der Charlus in Ronald-Reagan-Maske agiert.

Annamaria Saponettu und Chiara Battitasti hingegen legen eine Inszenierung von *Ursprung, Liebe, Gattung* vor, eine »Neubearbeitung« der Autobiographie von Darwin; darin vergewaltigt der male-chauvinistische alte Forscher ein Gorillaweibchen, das daraufhin Friedrich Nietzsche zur Welt bringt, im Wald von Sils-Maria.

Beppe Mangiarapes *Kritik der reinen Vernunft* ist eine Mischung aus Pantomime und Drama, eine Vision über Kant, der von Anfang bis Ende als onanierendes Kleinkind in einen Kaninchenstall eingepfercht bleibt, und dazu verliest ein SS-Hauptmann das Telefonbuch von Königsberg.

Die Beispiele sind, übrigens mühsam, ausgedacht. Es ist nämlich wirklich schwer, die für die Art von »Kulturschaffen« typische Phantasie wenn schon nicht zu übertreffen, so doch zu treffen, auf den Punkt zu bringen, was von solchen Gruppen und Truppen, Zellen, Compagnien, Cooperativen und Collectiven mit häufig wechselnden Namen – etwa *Gramsci, Ismael, Damoklesschwert, Der Zweifel, Nummer Null, Lab, Usher* oder auch *Lao-Tse* – so ersonnen wird.

Diese Leute, das muß man ihnen lassen, haben Pferdemägen. Angefeuert von ein paar »illustren« (oder als illuster geltenden) Vorbildern, haben sie sich zuerst ans Zerhacken griechischer, lateinischer, englischer, deutscher, russischer, französischer und italienischer Traditionsstücke gemacht, Tragödien zu Farcen, Farcen zu Monologen, Komödien zu Trauerumzügen, bürgerliche Dramen zu Zierkusreitnummern, Zirkusreitnummern zu Tragödien umgemodelt und alles und jeden mit diesem uniformen »Falsett« eingeölt, diesem schrillen Kopfstimmchen, dieser plastischen Bewegungslosigkeit, diesem karikaturhaften hektischen Gestikulieren, diesen ach so expressiven Grimassen, die allesamt das heutige Theater unverwechselbar prägen und an ihm kleben wie Marmelade. Jede mögliche konventionelle und neue »Lesart«, jede Variation, Verdrehung, Verunreinigung und Experimental-Version kam nach und nach auf die Bühne: Hamlet ohne Monolog, Hamlet nur als Monolog, Hamlet als FIAT-Malocher, Hamlet als Liebhaber von Polonius, Hamlet als Fixer, Hamlet durchbohrt von der CIA, verführt von Ophelia und so weiter und gemäß der jeweiligen leninistischen, neodandyistischen, neo-d'annunzionistischen, maoistischen, feministischen, umweltistischen »Schiene«...

Die »Schienen« jedoch vermochten soviel Gestaltungsdrang nicht zu befriedigen, die wenn auch noch so vielen Werke, die eigens für das Theater erdacht und verfaßt worden sind, stellten nur einen begrenzten Vorrat dar. Aber warum sollte man sich eigentlich mit ihnen bescheiden, wo einem doch die Kultur von Jahrhunderten und Jahrtausenden insgesamt zur Verfügung steht?

Und also erfährt Heraklit seine Bearbeitung fürs Marionettentheater, kommt Rimbaud als Musical, die Bibel als Pantomime, die Karamasows als Schwestern, Goethe elektronisch, eine Parodie auf die Parodie über Leonardo da Vinci, Kepler auf apulisch, Tacitus in Art-Déco-Fassung. Es existiert buchstäblich nichts, was diese formidablen Fresser nicht wagten, sich zwischen die Zähne zu zerren, zu verschlingen, in den Verdauungsprozeß zu überführen, zu Speise- und Kotbrei zu degradieren, noch scheint ihnen je die Idee zu kommen, sich mit etwas Papier und einem Stift auf den eigenen Hintern zu setzen und zu versuchen, sich etwas Eigenes auszudenken.

Wir leben in einer Übergangszeit – so räsonieren sie, praktisch, wie sie sind –, also müssen wir Vergangenes aufarbeiten, die antiken Botschaften wieder zum Leben erwecken, unser kulturelles Erbe Stück für Stück abtragen und Strömungen, Strukturen, Zusammenhänge, Schichten, Widersprüche, Lehren, Geheimnisse und Archetypen herauskristallisieren. Wir müssen graben, herausholen und neufassen.

Zweifellos ist jeder einzelne von ihnen zutiefst von seiner Mission überzeugt und voller Enthusiasmus, Eifer und aufrechter Gesinnung, jeder glaubt, vor ihm habe niemand Spinoza je begriffen, Leopardi gelesen, wie es sich gehört, oder Homer in aller Ernsthaftigkeit ergründet.

Wir überlassen es anderen, sich zu amüsieren über soviel muntere Dreistigkeit oder eine solche rindviechische Unkultur oder sich zu erbosen über eine so unerhörte Anmaßung. Wer mag, soll auch ruhig über das elitäre Gebaren dieser »Kulturschaffenden« klagen, die gern im Namen des Volkes und auf seine Kosten Spektakel zusammenbasteln, von denen das Volk (Gott vergelt's ihm) demonstrativ und absolut nichts begreift. Und wer das lieber mag, soll von irgendwelchen formalen Kostbarkeiten schwärmen, von anspielungsreichen Nuancen und kunstvoll verwobenen Zitaten, von denen die Betreffenden in ihren Inszenierungen fleißig Proben geben.

Uns interessiert der Gesamteffekt, der mutmaßliche Sinn hinter all der betriebsamen Liebe zum Theater, und was wir da sehen, scheint uns gar nichts Nobel-Dionysisches zu verraten, nichts, dem man sich auch nur entfernt anschließen möchte. Es ist vielmehr ein Bankett bis zum Erbrechen, ein steriles Großes Fressen, ein arrogantes, gieriges Einsacken des großen Schatzes der Kultur. Das mit dem Gewimmel stimmt, aber es ist ein Gewimmel von Insekten, von Larven.

Kapitel 3

Pfeif(en)konzert
und andere Stücke

Pff pff

Da muß schon mehr kommen als öffentliche Selbstkritik von ein paar russischen Intellektuellen-Hanseln, bevor ein (tatsächlicher oder vermeintlicher) Sowjetexperte überrascht, bestürzt oder empört ist. Genau wie gewisse Eltern, die ein paar, im allgemeinen schlecht übersetzte Texte über die Psychologie des Kindes durchgeblättert haben, scheut er Kopfnüsse, meidet Ohrfeigen und erachtet die augenblickliche Konfiszierung eines Balls, der eine Lampe heruntergerissen hat, als vulgären und übereilten Akt.

Der Kleine hat seinem Schwesterchen fast die Augen ausgekratzt, na schön. Einen kostbaren Teppich mit Grenadinesaft ruiniert, eine sanftmütige Nachbarin angepöbelt, den Onkel getreten, genüßlich einen Müllbeutel über die Treppe gekippt. Na schön, aber deshalb muß man sich noch lange nicht aus der Ruhe bringen und zu voreiligen, emotionalen Urteilen hinreißen lassen. So greift auch der Sowjetexperte zu vernünftiger Gelassenheit und unbeirrbarer Bonhomie, nicht selten mit Hilfe einer dicken, geschwungenen Pfeife.

»Hast du das gelesen? Die zwingen die armen Leute noch immer zur Selbstkritik.«

Der Experte setzt die Pfeife an.

»Pff pff«, erwidert er dann, »war vorauszusehen.«

»Ja? Wieso das denn?«

»Die Öffnung nach außen«, erläutert der Experte lächelnd, »bringt Verschärfung nach innen mit sich. Man muß die objektive Situation begreifen.«

Die Formel *objektive Situation* gehört zu einem reichhaltigen Arsenal, aus dem der Experte sich rüsten kann, um Eventualitäten aller Art die Stirn zu bieten, genauso wie ein Abergläubischer ein Sortiment Exorzismen für alle Arten von Unheilsbringern parat hat – schwarzer Kater von links nach rechts, Leichenzüge, die Zahl 17 –, vor denen er sich bewahren muß.

»Willst du damit sagen, während des Kalten Kriegs hatten die Russen im eigenen Haus mehr Freiheit?«

»Soll das ein Witz sein?« lacht glücklich der Experte. »Während der Stalin-Ära, pff pff, hat sich das Problem des inneren Dissenses gar nicht gestellt.«

Das Wort *Ära* ist auch so eine exorzistische Formel mit Wirkstoffgarantie, dank der sich alles, was in Rußland seit 1917 passiert ist, leidenschaftslos, streng wissenschaftlich und ohne jedes pubertäre Herzklopfen in die passende Schublade sortieren läßt.

»Aber da ist doch eine ganze Generation von Dichtern, Schriftstellern, Malern, Essayisten, Theaterleuten und Gelehrten, die als begeisterte Anhänger aus der Revolution hervorgegangen waren, auf die eine oder andere Weise zum Schweigen gebracht worden?«

»Tja, notgedrungen. In der nachrevolutionären Ära mußte die Partei um jeden Preis die Konsolidierung der Strukturen...«

»Da war Stalin noch gar nicht an der Macht.«

»Das heißt nichts. Die Vorstalin-Ära war, wenn man sie aus der richtigen Perspektive betrachtet, die schwierigste von allen, sie hätte gar nicht anders verlaufen können. Der Bürgerkrieg, die Wirtschaftskrise, bei der, das wollen wir ja auch nicht vergessen, die Verantwortung des Westens zumindest mal...«

Diese *Verantwortung des Westens* klang für uns, die wir die Logik nicht minder lieben als die Geschichte, immer schon eher nach der Dialektik von Lapalisse als nach der von Marx.

Sicher ist es richtig, daß die kapitalistischen Regierungen auf das erbarmungsloseste und mit schurkischsten Mitteln versucht haben, jenen neuen Staat zu erdrücken, aber hätten sie es nicht getan, wären sie nicht gewesen, was sie waren, kapitalistische Regierungen nämlich. In welchem Falle es wiederum keiner Revolution bedurft hätte.

»Das klingt, als ob man jemanden zum Duell fordert und dann jault, weil er tatsächlich schießt, nicht?«

»Pff pff«, reflektiert der Experte. »Interessantes Paradox. Fest steht jedenfalls, bis heute sind die Folgen aus der Ära der Einkesselung ...«

Ungefähr zu jener Zeit ward eine weitere Zauberformel geboren, der *involutive Prozeß*, eine Art rückschrittlicher Fortschritt. Hört man solche Formeln aus dem Mund, aus dem der Experte jetzt die Pfeife nimmt, wobei er eine akkurat gravitätische Miene aufsetzt, dann kommt einem ein Bild in den Sinn, ein Proletarier im Blaumann, der seit einem guten halben Jahrhundert den Schraubenzieher beständig falsch herum dreht.

»Es soll ja keine Kritik sein, aber dieser involutive Prozeß dauert schon ganz schön lange, nicht?«

»Zweifellos«, räumt der Experte mühelos ein, »aber sehen wir uns mal die objektive Situation an. Pff pff. Die Ära des ›Sozialismus in einem Land‹ schafft selbstverständlich eine Verschärfung nach innen, und die schafft ihrerseits die Bedingungen für die nachfolgende Ära der Säuberungen, Deportationen und Erschießungen ...«

»Selbstkritik.«

»Ja, auch der Selbstkritik, natürlich. Sie ist ein notwendiges Ritual, in dem die Beschuldigten sich selbst für ein öffentliches Bekenntnis hergeben, aus einem Gefühl heraus, ich möchte fast sagen ...«

»Das hat Koestler in einem Roman erzählt. Und seither weiß man, daß die Beschuldigten sich sehr wohl hergegeben haben, aber nur weil sie von der Polizei entsetzlich banal zusammengeschlagen worden waren.«

Der Experte grinst spöttisch aus der Tiefe seiner weitverzweigten Kenntnisse in Sachen Analyse und Synthese.

»So klingt das ein bißchen zu einfach«, sagt er dann gönnerhaft, »aber lassen wir es mal so stehen.«

Alles, was sich in kurzen Worten erklären läßt, gilt als zu einfach und folglich zu meiden wie die Cholera. Und um Tatbestände wie Verhaftungen, Folter, sibirische Arbeitslager, überfüllte Irrenhäuser, Zensur, Verfolgung, all die Tausende in Rußland und Umgebung seit einem halben Jahrhundert ausgeklügelten Polizeischikanen einzukochen, hat der Experte ohnehin eine weitere wohlüberlegte und ausgewogene Floskel in der Schublade: »Es sind Fehler gemacht worden.«

»Auf der anderen Seite«, fährt er fort, »angesichts des Kriegs und der Bedrohung durch Hitler, die ja für jeden sehenden Menschen längst klar war...«

»Du meinst das deutsch-sowjetische Abkommen von 1939?«

»Genau, genau! Ein unvermeidlicher taktischer Schachzug, wenn man die Blindheit des Westens...«

»Dann muß aber Stalin auch an einem gewissen Astigmatismus gelitten haben, denn als ihm der Westen über das Unternehmen Barbarossa...«

»Stalin ist eine sehr komplexe Figur«, murmelt er jetzt nachdenklich, »nach so kurzer Zeit kann man noch gar nicht bewerten, was er...«

»Kurz? Er ist seit zwanzig Jahren tot!«

Der Blick des Experten schweift in kosmische Fernen wie der eines tibetanischen Gurus.

»Was sind schon zwanzig Jahre in der Geschichte eines revolutionären Großexperiments?«

»Na ja, nein, nur, die armen Leute da haben doch vielleicht gehofft, jetzt endlich ein bißchen Luft holen zu können.«

»In der nachstalinschen Ära?« höhnt der Experte und lupft die Augenbrauen. »Das ist auch wieder so ein naiv-grobmaschiges westliches Denken. Es war ganz im Gegenteil, pff pff, selbstverständlich, daß das sogenannte Tauwetter kein Pendant in der objektiven Situation schaffen würde, der Ungarn-Aufstand hat ja ausgiebig...«

»Du hast aber selbst mal gesagt, all die Akademiker und Techniker würden irgendwann mehr Macht verlangen und auch durchsetzen. Erinnerst du dich?«

»Na ja, aber es hat dann einen involutiven Prozeß gegeben.«

»Schon wieder!«

»Der natürlich durch die Haltung des Westens in der Kuba-Krise und später in Vietnam noch verschlimmert worden ist. Wir haben das Spiel des neostalinistischen Flügels in der Sowjetunion gespielt, liebe Leute! Der Einmarsch in die Tschechoslowakei war praktisch autorisiert vom Westen, um nicht zu sagen aufgezwungen.«

»Na schön, aber inzwischen sind wir mitten in der Entspannung, wir haben die Ostpolitik, in Vietnam herrscht Waffenstillstand, Nixon ist nach China gereist...«

«Ah!« ruft der Experte aus und wühlt sich mit der Hand durch die Haare. »Das war ja der Tropfen, der das Faß zum Überlaufen gebracht hat!«

»Dann wäre es wohl besser gewesen, sie hätten die Chinesen mit einer Wasserstoffbombe bedacht?«

»Ein verführerisches Paradox«, lächelt der Experte. »Aber es bleibt ein Fakt, daß die amerikanische Öffnung nach China sehr gewichtigen Einfluß, pff pff, auf die russischen Dissidenten und ihren Status gehabt hat.«

»Einverstanden, aber einen ganz klitzekleinen Einfluß werden die sowjetischen Machthaber selbst auch noch gehabt haben, oder?«

»Ja, selbstverständlich«, erwidert der Experte ungeduldig.

»Bei so einem Typ von Machtstrukturen hättet ihr dasselbe getan.«

»Kann gut sein. Nur, wenn man immer alles selbstverständlich findet, dann kann man am Ende auch immer alles mit Sicherheit rechtfertigen, oder?«

Der Experte mustert uns nicht nur gekränkt, sondern schmerzlich betrübt.

»Mit Verlaub, ich rechtfertige hier überhaupt nichts. Der Geschichte sind eventuelle Einverständnisse oder Mißbilligungen meinerseits auch völlig egal. In Rußland genauso wie in China, in Kuba, in Chile, in den Ostblockstaaten und im ganzen Westen auch sind Fehler gemacht worden. Alles, was ich tue, ist, das zur Kenntnis zu nehmen und mit meinen bescheidenen Mitteln zu begreifen zu versuchen.«

Und ganz selbstverständlich streckt er dann eine Hand nach dem Glas mit dem (zwölfjährigen) Whisky aus, denn das legen ihm die objektive Situation, die vorwinterliche Ära, der involutive Prozeß sowie die Schnapsbrennereien des Westen, pff pff, geradezu nahe.

Professor Sartres alter Blouson |

W̲ir haben ein langes Interview mit Jean-Paul Sartre gelesen, das er dem *Esquire* gewährt hatte und das im *Espresso* nachgedruckt wurde. Die Einleitung formuliert ein deutliches »Haut uns nicht«, so als sollte damit gesagt werden: Wir finden ja Jimi Hendrix auch besser, aber Rudi Schuricke ist nun mal Rudi Schuricke. Die Vorsichtsmaßnahme ist mehr als berechtigt, der ideologische und politische Gehalt der Plauderstunde nämlich ist gleich Null.

Sartre gehört bekanntlich zur großen Schar fortschrittlicher Intellektueller, die einen inspiriert anstarren und, häufig mit Stentorstimme, von ihrem Trachten nach einem Sozialismus in Kenntnis setzen, der vollkommen *anders* ist als sämtliche auf dem Markt der Historie bisher verfügbaren Sozialismen, und die dann vollkommen unfähig sind, dieses Anderssein mit einem Minimum an Kohärenz und Sinn für das Machbare zu definieren.

Nachdem sie den englischen Weg zum Sozialismus verschmäht, den skandinavischen verspottet, den russischen bejammert, den jugoslawischen mit Mitleid betrachtet haben und inzwischen auch den südamerikanischen argwöhnisch beäugen sowie den chinesischen immer schon mit Vorsicht genossen und schließlich auch verworfen haben, bleibt ihnen – man kann es drehen und wenden, wie man will – nur noch der Rest in Gestalt eines blühenden Häufchens Knabberzeugs zwischen den Fingern, angesichts dessen ein Begriff wie Utopie übertrieben wäre und das einen idealistischen und ziemlich zweideutigen Duft nach Kibbuz, Jugend-forscht-Zeltlager, Hippie-Kommune und Pionier-Jungschar verströmt.

Dies ist nicht der Ort, die Wünschbarkeit derartiger Ingredienzien zu erörtern; ein berufsmäßiger Ideologe aber hat nun mal die Pflicht, den Zement wenigstens andeutungsweise zu beschreiben, mit dem er sie zusammenzuhalten gedenkt. Eine solche Pflicht jedoch scheinen Sartre und die Seinen nicht zu verspüren, sie geben sich zufrieden mit der – ganz privaten, ganz lyrischen – Befriedigung, ohn Unterlaß von den Dächern zu brüllen, daß die Welt nicht so läuft, wie sie eigentlich laufen müßte, und daß ihre großen Hoffnungen regelmäßig enttäuscht werden.

So ein Verhalten erinnert an das aus aller Länder Folklore sattsam bekannte Märchenschema von den drei oder sieben Schwestern, deren schönste sämtliche um ihre Hand anhaltenden jungen Männer mit tausend spitzfindigen Gemeinheiten zurückweist und, während sie auf den nie eintreffenden Märchenprinzen wartet, zur alten Jungfer reift. Hier ließe sich beiläufig auch erwähnen, daß anstelle des ersehnten Prinzen in den meisten Fällen ein auf Kinderfresserei spezialisiertes Ungeheuer aufkreuzt und die Städte jenseits der Reichweite von dessen zottigen Armen bald überfüllt sind mit expatriierten Jungfrauen, die regelmäßig weinen: »Das haben wir nicht gewollt.« Aber mit der unverbesserlichen Kindischkeit von Intellektuellen wollen wir uns hier nicht aufhalten. Das Sartre-Interview ist aus einem anderen Grund interessant.

»Ich trage keine Sakkos mehr, nur noch solche Blousons wie den hier«, erklärt der Philosoph an einer Stelle dem Interviewer. »Ich kaufe solche Sachen, die man nur beim Schneider bekommt, nicht mehr, sondern Jeans und Sporthemden, die man in jedem Laden kaufen kann. Den Blouson hier habe ich in Venedig gekauft, im Sommer 1968. Er ist schon ein bißchen kaputt, aber damals war er ein schönes Stück, und als ich ihn hatte, habe ich beschlossen: So etwas trage ich jetzt nur noch. Das war gleich nach den Mai-Demonstrationen, da kam mir die Idee: Endlich, in meinem Alter, habe ich die Kleiderfreiheit errungen. Jahrelang hatte ich schon gedacht, diese bürgerliche Kleidung, Sakko passend zur Hose, weißes Hemd und Krawatte, das ist gräßlich, aber damals sagte ich nur: Gräßlich ist es, aber ich muß es tragen, sonst halten sie mich für einen Idioten. Ich hatte mich, mit einem Wort, arrangiert. Jetzt arrangiere ich mich nicht mehr.«

Man muß den spontanen Eindruck, sich in Gegenwart eines an den Grenzen von Hilfsschulland angekommenen Geistes zu befinden, unbeachtet lassen und versuchen zu begreifen, was hinter diesem alarmierenden Geständnis wirklich steckt. Und beim nochmaligen Lesen zeigt sich, daß Sartre in diesem Teil Dinge behauptet, die nicht wahr sind, was ja durchaus nicht heißt, daß er lügt.

Während der Goldenen Jahre des Existentialismus, als seine Stücke in zwei oder drei Pariser Theatern gleichzeitig gespielt und seine Chansons in sämtlichen Weinkellern der Rive Gauche gesungen wurden, gab es in zwei Kilometern Umkreis um das Café, in dem der Schriftsteller täglich Hof hielt, keine einzige Krawatte und kein einziges weißes Hemd zu sehen. Ob jung, alt, Künstler, Studenten, Provinzler, Millionäre oder Touristen, alle kultivierten das Tragen von Jeans, Pullovern, Blousons, Hemden mit Texas- oder Schottenkaro, Köper, Cord oder irgendwelchen Fellsachen, die man auch damals schon in jedem Laden kaufen konnte. Nur Sartre trug hartnäckig weiter weißes Hemd plus Krawatte, nur er ließ immer noch beim Schneider arbeiten.

Dabei war er nicht etwa Bank- oder Ministerialangestellter; er war ein berühmter Schriftsteller und Papst einer Religion, einer Modewelle lauthalsen Antikonformismus.

Er hätte sich als Indianer verkleiden können, niemand hätte ihn für einen Idioten gehalten, ganz abgesehen davon, daß es in Paris, einer Stadt, die seit den Zeiten des jungen Victor Hugo und seiner romantischen Freunde an die verwegensten modischen Abwege gewöhnt ist, immer schon schwer war, wegen seiner Kleidung mißbilligende Blicke zu ernten.

Wir müssen also den Schluß ziehen, daß Sartre Gefangener seiner gräßlichen bürgerlichen Uniform bleiben *wollte*. Und warum? Wegen eines umgekehrten Snobismus, könnte man meinen; um sich zu unterscheiden von seiner Schüler- und Bewundererschar und um die Tatsache zu unterstreichen, daß jemand es von einem bestimmten Niveau von Ruhm, Macht und Selbstverwirklichung an nicht mehr nötig hat, seinen Durst nach Einzigartigkeit mit seiner Kleidung zu dokumentieren. Aber eine solche Erklärung überzeugt uns nicht. Eine bestimmte minimale Koketterie, gewisse hauchzarte Nuancen, durch die man sich von anderen unterscheidet, haben viele illustre Persönlichkeiten gepflegt, von Baudelaire bis Hemingway und D'Annunzio, von Cicero bis General Patton. Schriftsteller wie Sartre jedoch haben diese besondere Art Eitelkeit und Sorge nicht, sie möchten sich auch keineswegs im Augenblick des größten Ruhms auf erlesene Durchschnittlichkeit und raffinierte graumäusige Beamtenhaftigkeit kaprizieren. Wenn sie dem alten Habitus treu und, sich arrangierend, bei weißem Hemd plus Krawatte bleiben, dann weil sie das Durchschnittliche und Beamtenhafte unauslöschlich in sich tragen.

All die Ehrungen und all der Beifall, der ihm aus aller Welt entgegenscholl – das stieg Sartre nicht etwa zu Kopf; er bewahrte bis 1968 jene verborgene todsichere Prägung des französischen Oberschullehrers, des *prof de philo,* der mit Feder und Wort Parteien und Bewegungen zertrümmern oder erschaffen und über komplexe Denksysteme und jahrtausendealte Zivilisationen hinwegschweben kann, aber, kaum ist Feierabend, in sein Heim zurückkehrt, und dort liegt auf jedem Tisch ein Spitzenunterdeckchen, das ihm die Tante geschenkt hat. Spanischer Bürgerkrieg, Stalinismus und Résistance, Atombombe und Automatisierung, der erste Smog oder der Vormarsch der asiatischen Länder, all das hat solchen Männern kaum etwas bedeutet, denn tief darunter lag stets das Unterdeckchen, das weiße Hemd, der dreiknöpfige Sakko, lag das Klassenzimmer mit dem mühsam eroberten Katheder und der braven, aufmerksamen Klasse in den Bänken davor. Man kann also verstehen, warum der Pariser Mai solche Männer traumatisiert hat.

»Louis Aragon haben sie ausgepfiffen, obwohl er bei der Jugend eigentlich sehr angesehen war. Ich dachte mir, vielleicht handelt es sich um eine kritische Haltung, die sich ganz allgemein gegen die Alten richtet«, bekennt Sartre mit entwaffnender Treuherzigkeit. »Aber ich bin, als ich Mitte Mai in der Sorbonne gesprochen habe, sehr gut aufgenommen worden.«

Die Klasse hat ihn nicht mit Papierkügelchen beworfen und ihm auch keinen Leim auf den Stuhl geschmiert, und trotzdem begriff Sartre mit seinen zweiundsechzig Jahren, daß seine Welt und deren Werte endgültig untergegangen waren und daß Unterdeckchen, Krawatten und weiße Hemden endgültig nichts mehr darstellten. Damals muß sich jenes Nichts, das er in seinem berühmten Traktat so ausführlich erörtert, vor ihm aufgetan haben, und es ist nur menschlich, daß er Entsetzen davor verspürte. Alles ist besser als die Angst, die nach einem langen, starrsinnig geführten und siegreich beendeten Krieg zu dem Bewußtsein wird, daß er sich nicht gelohnt hat, daß die wahren Ziele, Einsätze und Fronten ganz andere gewesen waren.

Aber noch war nicht alles verloren, die Klasse bot ihrem alten Lehrer eine letzte Chance: Er brauchte nur auf ihre Seite überzuwechseln, ihre subversiven Unternehmungen mit sei-

nem sinnlos edlen Namen zu decken, auf seine Geschmacks-
vorlieben, seine Gewohnheiten, den Trost der Literatur zu
verzichten und einfach künftig über Politik, Massen, Auf-
stände und Revolutionen zu schreiben und zu reden. Und vor
allem mußte er Blouson tragen. In den schlüpfte Sartre wie in
eine Rettungsweste, aber daß er nach Venedig fuhr, um einen
zu kaufen, wundert uns nicht. Es ist auch nicht ausgeschlossen, daß er von dort, rein dialektisch, kurz nach Burano
entschlüpft ist und auch noch ein paar Spitzenunterdeckchen
erstanden hat.

Die rosarote Eminenz I

Achtundzwanzig, neunundzwanzig, dreißig. Achtundzwanzig, neunundzwanzig, dreißig...*
Stadtindianer, Autonome und einfache Abstauber formieren sich in Reih und Glied vor dem Katheder, nennen den
Namen eines beliebigen Dichters oder Romanschriftstellers
(Petrarca, Foscolo, De Marchi), über den sie angeblich ge-
prüft worden sind, und danach schickt der Dozent sie nach
Hause, zufrieden über ihren Sieg in Form einer der drei
höchsten Noten.

Erfunden hat dieses Not(en)verfahren, so scheint es, ein
Ordinarius in Bologna, eine »rote Eminenz«; er mochte
einerseits niemanden um Lohn und Brot bringen (die Note
siebenundzwanzig ist Minimalvoraussetzung für einen akademischen Hilfsjob), andererseits aber auch nicht das kleinste
Risiko eingehen, irgendein übereifriger Prüfungsprüfer
könnte die durchgehende Serie von Dreißiger-Noten merkwürdig finden und die ganze Prüfung für ungültig erklären
lassen oder gar Anzeige wegen Urkundenfälschung erstatten.
Dieser listige Ausweg fand Gefallen wegen seiner italienisch
pragmatischen Schläue und seines unverwüstlichen Touches
von De-Amicismus, und so wird er inzwischen an allen
unseren Universitäten auf das Unbekümmertste beschritten.

Von außen betrachtet hat er etwas Zynisches, Würdeloses.
Aber legen wir einmal auf gut italienische Art die Hand aufs

---

* Universitätsexamen werden in Italien mit 18–30 Punkten bestanden; unter 18 fällt man durch.

Herz und versetzen uns einen Augenblick lang in den Schöpfer dieser frommen Lüge.

Er ist, sagen wir, zwischen vierzig und fünfzig und hat sich sein Leben lang aufrichtig als Antikonformisten und feuerfesten Rebellen erachtet. Stets hat er seine klein- oder mittelbürgerliche Familie, die ihm sein Studium finanziert hat, verachtet. Schon in sehr jungen Jahren hat er am Stadtrand einen Filmclub gegründet, von dem er sich infolge von Unstimmigkeiten hinsichtlich der Bedeutung Erich von Stroheims wieder getrennt hat. Promoviert hat er mit einer von Lukács inspirierten Dissertation über Jacopone da Todi und sich danach der kommunistischen Partei angenähert, jedoch schon 1956 wieder von ihr entfernt. Er hat zwei couragierte Literaturzeitschriften gegründet, die beide nach der dritten Nummer eingingen. Er hat einem akademischen Meister die Tasche getragen, sich den Arsch aufgerissen und giftige Poeme in Rauten- und Sanduhr-Form verfaßt, er war Aushilfslehrer in diversen kirchlichen und staatlichen Einrichtungen, wo er sich ebenfalls den Arsch aufgerissen hat; schließlich hat er geheiratet (kirchlich), und zwar eine braunhaarige, aber nicht besonders hübsche ehemalige Klassenkameradin, die sofort nach der Heirat aufgehört hat zu beteuern, sie interessiere sich für Husserl, einen milchkaffeebraunen VW (schwarz wäre ihm lieber gewesen) aus zweiter Hand gekauft; er hat ein Jahr lang als Lektor für Italienisch in Metz verbracht und Beiträge für das dritte Fernsehprogramm gemacht, wobei es ihm gelang, den Sprecher eines von ihm geschriebenen fünfzehnminütigen Rabelais-Porträts der Zensur zum Trotz dazu zu bewegen, das Wort »Genitalien« auszusprechen.

1961 hat er sich der kommunistischen Partei wieder angenähert und einen Novellenband veröffentlicht, von dem aufgrund seines couragierten antikommerziellen Charakters leider nur 223 Exemplare verkauft wurden.

1963 erlangte er eine Privatdozentur und entdeckte den Neokapitalismus sowie dessen Unbesiegbarkeit. Eine (bürgerliche) Tageszeitung und ein (ebenfalls bürgerliches) Wochenblatt druckten hin und wieder mit seinen Anfangsbuchstaben gezeichnete kleine kritische Kommentare. Das Fernsehen gab ihm einen Auftrag für die Übersetzung und Bearbeitung eines unbedeutenden elisabethanischen Dramas und lud ihn danach zu einem Runden-Tisch-Gespräch über das Thema »Die Zukunft des Romans« ein. Er lernte in einer römischen Trattoria Alberto Moravia kennen, entfernte sich wieder von der kommunistischen Partei und verliebte sich in eine kanadische Soziologin, die er in der Abtei von Royaumont kennengelernt hatte und der er als Lektüre de Saussure und Lacan empfahl; er hatte ein bißchen Mühe, seine Frau davon zu überzeugen, es sei eigentlich rein intellektuell.

1966 erhielt er ein Stipendium für Amerika, sah die gärenden Universitäten und die revoltierenden schwarzen Ghettos mit eigenen Augen und verliebte sich in eine jüdische Studentin (eigentlich rein körperlich), die ihm Reich zum Lesen und Marihuana zum Probieren gab. Er entdeckte, daß der Neokapitalismus am Ende ist, und näherte sich der kommunistischen Partei wieder an. Außerdem entdeckte er die Zweckdienlichkeit des Wortes *Phänomen* für das Abfedern von allem und jedem.

Das Phänomen namens Pariser Mai markiert die große Wende in seinem Leben. Als Reaktion darauf läßt er sich den Bart wachsen und steigt auf Jeans und Pullover und von der bürgerlichen auf eine andere Tageszeitung um, die zwar auch bürgerlich ist, aber entschieden offener sowie lukrativer. In einer Trattoria an der Porta Ticinese lernt er den APO-Chef Mario Capanna kennen, unterschreibt vierundfünfzig Flugblätter, Appelle, Resolutionen und Stellungnahmen wg. Vietnam, Brasilien, Griechenland, Chile und Mozambique und erwirbt einen schwarzen VW-Kabrio. Er bekommt in

Cagliari einen halben und im folgenden Jahr in Bologna einen ganzen Lehrstuhl für »Vergleichende Generalistik«. Zweimal reist er nach Portugal, sieht die dortige Revolution mit eigenen Augen, entdeckt *vinho verde* und lernt, Stockfisch zuzubereiten wie die Hafenarbeiter von Lissabon.

Er nimmt teil an achtzehn Runden Tischen und fünf Kongressen, ist Herausgeber einer couragierten Mittelstufenanthologie mit dem Titel *Buch-Theke* und schreibt eine couragierte und fundierte Farce über die homosexuellen Beziehungen zwischen Garibaldi und Cavour. Er entdeckt das Wort *Entmystifizierung,* Filme mit Fred Astaire und Pornographie. Außerdem die Identitätskrise.

Er verdient ganz nett, entfernt sich wieder von der kommunistischen Partei und verläßt seine Frau (wg. Familienkrise), geht aber einmal im Monat mit den Kindern in den Zoo. Er wird Dauergast im Haus einer Mailänder Millionärin, die ihm mit Hilfe von Schweizer Freunden zu einem Dachgeschoß mit Kamin und Teppichboden in einem alten Palazzo verhilft. Er erwägt die Anschaffung eines Land-Rovers (verwirft sie dann aber doch), besucht Marokko und verbringt vierzehn Tage an rumänischen Stränden, sanft schockiert von Phänomenen wie Schlangestehen nach Äpfeln und Kleiderbügeln. Er bezweifelt die reale Existenz der sogenannten Roten Brigaden und der sogenannten NAP.

Er erläutert Damen und deren heranwachsenden Töchtern (mit einer von ihnen hat er eine gewagte kurze Affäre, eigentlich rein politisch), was Strukturen, Suprastrukturen, Parastrukturen und Protostrukturen sind und weshalb sie sich sämtlich unterschiedslos und unumkehrbar in der Krise (Systemkrise) befinden. Er spricht inzwischen unbefangen von Massen, Kämpfen und der Revolution.

Das tschechoslowakische Konsulat verhindert, daß er mit eigenen Augen sieht, was in Prag los ist, dafür lädt ihn die Columbia University ein, ein Seminar abzuhalten: »Sadomasochistische Tendenzen in der italienischen Lyrik von Ariost bis Carducci.«

Er mißbilligt (in einem Kabinenboot nach Sardinien) das Phänomen Rote Brigaden und NAP, erkennt aber an, daß sie ideologisch kohärent agieren. Er mißbilligt (in einem restaurierten Bauernhaus im Casentino) Drogen, proletarische Enteignungsaktionen, Randale von Popmusikfans, erbitterten Feminismus und Schlägereien auf Schulhöfen, findet es aber einleuchtend und notwendig, daß solche Phänomene existieren.

Er nähert sich der kommunistischen Partei wieder an, setzt die lesbische Anthropologin, mit der er zusammengelebt hatte (eigentlich rein widernatürlich), vor die Tür und geht regelmäßig zum Abendessen zu seiner Frau, die ihn mit Gemüsebrühe und Kalbsschnitzelchen (»werden auch immer teurer!«) von einer Gastritis kuriert, die er sich aufgrund des ständigen Essens in Trattorien zugezogen hatte.

Und so kommt sie an jenem fatalen Tag an, unsere fälschlich als »rot« bezeichnete Eminenz. Nichts in seinem ganzen, in treuem Glauben an die eigene Opposition gelebten Leben hat ihn auf einen solchen Augenblick vorbereitet. Die einzigen Proletarier, von denen er aus erster Hand Kenntnis hat, sind der neofaschistisch wählende Klempner und der Mann an der Tankstelle, der immer wieder von dem Wunder erzählt, daß er mal Adriano Celentano den Tank mit Super füllen durfte. Und die einzige Gewalt, die er im Kopf hat, ist die von anderen Leuten in anderen Städten, anderen Ländern, anderen Situationen erlittene. Er ist, von der Nasen- bis zur Zehenspitze, ein Bürger *qui s'ignore*.

So betritt unsere rosarote Eminenz die quasi besetzte und von Graffiti, Kippen und Plakaten übersäte Universität. So geht er in den Hörsaal, setzt sich, lächelt wohlwollend die dreißig, vierzig Prüfungskandidaten an, junge Männer und Frauen mit Bärten und Struwwelköpfen und Jeans und Pullovern und langen Krallen fast wie er selbst. Er hat es geschafft, zu ihnen (oder anderen, mit ihnen identischen, denn sie auseinanderzuhalten ist menschenunmöglich) ein ganz offenes, aufrichtiges und unbefangenes Verhältnis zu entwikkeln. Alle duzen ihn, schnorren bei ihm Zigaretten und kommen zu ihm, wenn sie Rat brauchen, zum Beispiel über das Schlagerfestival von Sanremo, die Abtreibung, Ubu Roi, Knäste oder die koprophagischen Szenen in Pasolinis *Salo* (die ihn, klammheimlich, angeekelt haben).

Heute jedoch liegt etwas Neues in der Luft. Die lebhaften jungen Menschen, die er so oft zum freien Selbstausdruck, zum heißen Disput in Versammlungen und Kollektiven, zur Gruppenarbeit, zur Selbsterfahrung, Selbstverwaltung, Selbstkritik und sogar zur Selbstbefriedigung ermutigt hat, diese erfrischenden Kinder seines Lehrstuhls präsentieren ihm, warum bloß in aller Welt, die Rechnung.

Sie wollen die Note dreißig für alle. Ohne Prüfung.

Ah so.

Prüfungen sind bürokratisches absurdes Zeug, groteskes Relikt von klassischem Bildungsfaschismus.

Ah ja.

Was haben die Trottel vom *stil nuovo* oder Giovanni Verga zu tun mit dem Leben von heute, mit der jetzigen Stunde und dem Augenblick?

Sie haben, versucht unsere Eminenz eine Erwiderung, sehr wohl etwas damit zu tun, nämlich insofern als Gesellschaft und Kultur in dialektischer Beziehung zueinander stehen, und die wiederum...

Scheiß doch auf Gesellschaft! Scheiß auf Kultur! Wenn hier ein Prüfungsgespräch stattfindet, dann einzig und allein über Arbeitslosigkeit, Wohnungsnot, Gewalt gegen Frauen und den historischen Kompromiß. Das sind die Themen, über die auf der Höhe der Zeit stehende junge Menschen sich ausfragen zu lassen gedenken, und zwar kollektiv.

Aber das geht nicht.

Wieso nicht?

Wenn sich nun jemand gründlich auf Manzoni vorbereitet hat, das wäre doch ungerecht, daß da...

Anläßlich des frevelhaften Namens und gegen das indirekte Loblied auf die Selektion erhebt sich wüstes Geschrei. Unerhörte Injurien und Obszönitäten prasseln nieder auf den Idiotvontrottelwichser, und wie ein Mann stürzen sich die aufgeweckten jungen Menschen auf das Katheder, traktieren es mit krachenden Fausthieben und drohen, ihm aufzulauern, ihn zu verprügeln, ins Krankenhaus oder auf den Friedhof zu schicken, und mit weiteren ganz spielerisch gemeinten Repressalien.

An dieser Stelle nimmt in ihm, direkt aus den Eingeweiden kommend, ein einzigartiges Phänomen Gestalt an, das von den großen und kleinen Theoretikern der Protestbewegung, der Subversion und des kapitalistischen Zusammenbruchs bisher nur unzureichend behandelt worden ist. Es ist das einem Manzoni hingegen sehr wohlbekannte Phänomen namens Bibbern. Und es reißt schlagartig schwindelerregende Ausblicke in den historisch-politischen Horizont dieses Pillendrehers für Laisser-faire-Dragées, dieses Pfadfinders der guten Revolutionstat.

Gibt es also wirklich eine Verbindung zwischen den winzigen bunten Zündhölzchen des Esprits, die er in dem alten Wald angerissen hatte, und der Feuerwand, die jetzt hier um ihn herum knistert? Ist denn das hier im Endergebnis jene sakrosante Gewalt, der Furor des Volkes, der Zorn der Massen, der alles erneuernde Aufstand, über den er so viel nachgedacht und gesprochen hat? Ist das das erflehte Instrument zur Zerschlagung von christdemokratischer Mißwirtschaft und CIA, Fließbändern, Steuerungerechtigkeit, Umweltverschmutzung, Großstadtghettos und Profitökonomie?

Ja, das ist es, schwant ihm, nichts anderes. Etwas Amorphes und Schreckliches, ein Leib ohne Kopf, ein Bolus, ungelenkes Magma, das alles in sich trägt und niemanden verschont, das nicht argumentiert, keine Unterschiede macht, nicht vor- und nicht zurückblickt, nicht mehr zuhört, nicht mehr diskutiert, keinen Rat mehr will, nichts mehr anerkennt und nichts hinterläßt als die rauchenden Überreste von Teppichböden und schwarzen VW-Kabrios, restaurierten Bauernhäusern, Nußbaumbücherschränken, Kabinenbooten und Abendessen mit Stockfisch nach portugiesischer Art.

Und wenn man nun, wohlverstanden natürlich, Laisserfaire probiert? Wie ein blendender Blitz durchfährt unsere rosarote Eminenz die Frage, ob die KPI die Sache wohl einfach laufen lassen würde, ob die Karabinieri, die *marines,* Breschnew, die CIA, das Pentagon den Nerv hätten, die Sache einfach laufen zu lassen...

Das Katheder – es ist aus billigem Holz – kracht in den Fugen wie die bürgerliche Gesellschaft, aber auch wie der Karren, mit dem die kleinen Philosophen und Äbte, die die Marquisen vor 1789 so gut unterhalten hatten mit ihren Stücken über die Freiheit, zur Place de la Concorde gebracht wurden.

Italien ist nicht Chile! Redet sich der Kathederlinke verzweifelt ein. Und auch nicht der Libanon, Uruguay, das Spanien von 1936, das Ungarn von 1956! In seinem Kopf explodieren, in exakter Folge wie die Widersprüche des Systems, hundert Lösungsmöglichkeiten – den Dekan rufen, gehen und die Tür knallen, die Polizei rufen, eine Ohnmacht vortäuschen, den Lehrstuhl aufgeben, stumm und unbeirrt weiter auf ihm sitzen bleiben, die Injurien mit Injurien konterkarieren, sich schlagen lassen, womöglich sogar totschlagen...

Schluß aus, wir wollen nicht übertreiben! Im Grunde

hängen sie ja doch alle an ihrer mickrigen Note, diese Nihilisten und Aufallesscheißer. Sie lehnen die Universität komplett ab, aber so weit, auf den beschimpften »Papierfetzen« zu pfeifen, gehen sie doch nicht. Bildungsbürgerliche Auswahlverfahren verachten sie, aber die alberne Medaille, die sie ihnen verschaffen, die nicht.

Wir wollen nicht übertreiben, sagt sich der Professor noch einmal, während er den Kreis aus grimmigen Gesichtern um sich herum mustert, Italien ist immer noch Italien! Und die Gespenster von der Place de la Concorde, aus dem Libanon, aus Kronstadt, der Pariser Commune und Chile schleichen sich auf Zehenspitzen von dannen; ein tritt mit derbem Schritt das populäre Nationalgespenst namens Graf Kommtauf'npfundnichtan.

Und der verhinderte Märtyrer zeigt ein zwischen machiavellisch und väterlich angesiedeltes Lächeln und überlegt, daß er vor allem das Vertrauen dieser jungen Freunde nicht verlieren, den Kontakt und den Dialog mit ihnen nicht abreißen lassen und ihre Abnabelung nicht erschweren darf.

Während er sich den Schweiß abtupft, erläutert er die couragierte Idee, die ihm gekommen ist. Sofort formieren sich die jungen Menschen wie Meßdiener zu Reihen, und die Litanei beginnt: Achtundzwanzig, neunundzwanzig, dreißig, achtundzwanzig, neunundzwanzig, dreißig...

Es war ein harter Tag für die rosarote Eminenz. Aber zwischen den Phänomenen dieser schwierigen Welt geschickt zu navigieren, ist er ja seit Jahren gewohnt, und seine Frau wird ihm heute abend einen guten Entspannungstee kochen, während er sich einen alten Stroheim-Film im Dritten ansehen wird.

Fiera Ciula |

Zu den vielen Schamschwellen, die in den letzten Jahren zugunsten einer schönen Offenheit bezüglich aller möglicher Intimitäten gefallen sind, muß man auch die zählen, die der Mensch einst gegenüber seiner eigenen Dämlichkeit errichtet hatte.

Einem Irrtum oder einer Illusion erlegen zu sein, Menschen und Situationen falsch eingeschätzt, sich von Äußerlichkeiten täuschen oder von Begeisterung hinreißen lassen oder die eigentlich absehbaren Auswirkungen gewisser Vorgänge nicht vorhergesehen zu haben, all das war bis gestern unbestritten Stoff für Zerknirschung und Beschämung.

Wer sich dessen schuldig fühlte, kaute Fingernägel, wollte sich selbst am liebsten ohrfeigen und fand seinen Frieden nicht mehr – was für ein Idiot war ich bloß, wie konnte ich so blind, so bekloppt sein. Im Extremfall war der Kummer so tief, daß er im Suizid endete; aber auch ohne diese Dimension war ein Irrtum eine Erfahrung brennender Demütigung, die man so geheim wie irgend möglich hielt.

Familienangehörige und Intimfreunde versuchten, das arme Opfer mit dem kleinen Katechismus antiker Weisheit zu trösten: Errare humanum est, Fehler machen wir alle, laß es dir eine Lehre sein fürs nächste Mal, oder man lernt nie aus. Und der je nach Temperament wachsbleich gewordene oder blaurot angelaufene Ärmste flehte mit fadendünnem Stimmchen, die Sache möge um Himmels willen wenigstens nicht herumgetratscht werden, und schlug Haken in Korridoren und wechselte Straßenseiten, und manchmal änderte er sogar Gewohnheiten und Adressen, um Zeugen seiner Torheit und Einfalt aus dem Weg zu gehen.

Ein derartiger Umgang mit eigenen Irrtümern ist heutzutage nahezu spurlos verschwunden, als hätte eine Trottelbefreiungsbewegung stattgefunden, eine veritable Emanzipation des Dämlacks. Knusperfrische und wie Werbeslogans für Kekse unter der Menschheit verbreitete Alibis mit politischem und soziologischem Unterbau haben dem zweifellos Vorschub geleistet. Ja, Ernesta, es stimmt ja, ich hab' mir die goldene Talmiuhr andrehen lassen, aber bloß weil in unserer widerwärtig warenfixierten Gesellschaft jedes Gespräch zwischen Käufer und Verkäufer nur noch... Oder: Mutti, ich hab' Mann und Kinder wegen eines Schmarotzers verlassen, der erst mal sofort meinen alten Fiat 600 verkauft hat, ganz zu schweigen von meinen alten Ferragamo-Schuhen, weil das zu diesem großen, unumkehrbaren und alle Strukturen der bürgerlichen Gesellschaft erfassenden Prozeß gehört, dem ich allein...

Wacklige Alibis, sollte man meinen, armselige Ausflüchte. Aber mittlerweile spaziert der Dummbeutel hoch erhobenen Hauptes durch die Gegend, auch er hat »Bewußtsein« entwickelt und sich eingereiht in die Phalanx der Rebellen gegen jahrhundertealte sexuelle, ethnische, klassenspezifische, nationale und religiöse Abseitsfallen (manchmal kommt es einem vor, als hätte er sich gleich an die Spitze des Protestmarsches katapultiert), auch er verspürt nun nicht mehr das geringste Schuldgefühl hinsichtlich seines »Andersseins«.

Besonders auffällig zeigt sich dieses Phänomen in öffentlichen Angelegenheiten. Die Gesundheitsreform geht in einem Abgrund aus Verschwendung, Diebstahl und Ineffizienz baden? Schon tritt der diesbezügliche Minister oder Ministerialbürokrat oder Parteichef, der sie gegen die einleuchtendsten und vernünftigsten Einwände durchgeboxt hat, heiter lächelnd vor die Mikrofone: Ja, stimmt, das war sicher mein Fehler, ich will ihn auch gar nicht leugnen, aber ich stehe dazu, zu diesem ganz spezifischen Zeitpunkt und angesichts der ganz spezifischen Situation hatte die Entscheidung dafür ganz klar einen Sinn, und dazu stehe ich noch heute ganz klar. Mit anderen Worten: Ich war gestern ein Idiot, und ich bin bereit, morgen wieder einer zu sein.

Da läuft die Universitätsreform zu systematischer bürokratischer Gaunerei auf und schafft Ungerechtigkeiten, die weitaus schlimmer sind, als die der Ordinarienuniversität je waren, dazu einen katastrophalen Abfall des Lehr- und Lernniveaus und Massen von akademischem Proletariat und Arbeitslosigkeit, aber die Herrschaften, die sie gewollt haben, brauchen auch weiterhin des Nachts keine Schlaftabletten und erklären sich auch weiterhin bereit zu jeder neuen, zum Scheitern verurteilten Initiative. Das gleiche gilt für Autobahnen, die kein Mensch befährt, und deren unvermeidliche Pendants, die gar nicht erst gebaut werden; für die im Namen strahlend humanitärer Motive begangene Zerschlagung der Irrenhäuser, die den Verantwortlichen noch heute erlaubt, die tragische Realität des Einzelschicksals in den Schatten zu verbannen; für baupolitische Konzepte, die mit Hilfe von Gesetzen und Ausführungsbestimmungen endgültig paralysiert wurden, ohne daß auch nur einer der Beteiligten je rot geworden wäre. Und in hundert weiteren Bereichen menschlicher Tätigkeit vom öffentlichen Dienst bis zum Außenhandel, vom Fiskus bis zu den Gefängnissen, vom Zivilschutz bis zum Arbeitsamt finden wir denselben Mechanismus – auf der einen Seite ein unhaltbarer Zustand und korrigierende Eingriffe, die alles nur enorm verschlimmern, auf der anderen ein Herr, der uns mit feierlichem Ernst erläutert: Ich habe zwar einen dicken Schnitzer gemacht, aber schämen tue ich mich dafür mitnichten.

Krokodile weinen schließlich auch nicht mehr.

Der Bürger, der immer ein schnelles Urteil parat hat, schiebt diese außerordentliche Mutation auf schiere Heuchelei und schlichte Frechheit und wittert hinter jedem der astronomischen Irrtümer astronomisch einträgliche Machenschaften. Partei- und Brieftascheninteressen spielen zwar wirklich eine mit Sicherheit beträchtliche Rolle beim Verfall Italiens. Aber keine so große, scheint uns, wie das Spiel mit der Dämlichkeit. Wir sind überzeugt, daß man, würde man bei denen, die die Nation kaputtmachen, mal die Bücher überprüfen, zu dem Ergebnis kommen müßte, die Mehrheit hat saubere Hände. Die meisten haben nichts, nicht einmal ein Einzimmerapartment an der Riviera, herausgeschlagen bei ihren heldenhaften Fehlgriffen. Natürlich sind sie alle irgendwie Vandalen, aber auch fast alle irgendwie rechtschaffen. Landsknechte, aber zumeist ohne Fehl und Tadel. Das hätte ich nicht gedacht, vorhergesehen, erwartet, das habe ich mir nicht vorstellen können, erklären sie wieder und wieder treuherzig inmitten rauchender Ruinen, in denen die Schakale und die Geier schon umherstreichen.

Gelegentlich schwingt ein winziger Hauch Überheblichkeit in ihrem unerschütterlichen Tonfall mit, so als wäre es verdienstvoll, des Menschen dunkle Seiten zu ignorieren, vorbeugende Maßnahmen gegen Betrüger, Diebe, Profiteure, Gewalttäter und Mörder nicht zu ergreifen und sich mit dem Gemüt eines Mannes, der Mau-Mau gegen seine Oma spielt, in einem berüchtigten Falschspieler- und Taschendiebnest an den Pokertisch zu setzen.

Das ist die vermeintliche Überlegenheit des »Trottels aus treuem Glauben«, und letzterer ist eine mörderische komische Figur mit einer eigenen Nische in unserer Nationalgeschichte. Ich war Interventionist und wollte Trient und

Triest befreien und fand den Krieg ein tolles Abenteuer, klar gab's da gut eine halbe Million Tote, aber meine Ideale waren doch wirklich strahlend, tausendmal besser als diese triste pazifistische Aufrechnerei! Ich war beim Marsch auf Rom dabei, und ich habe an den Faschismus und den Duce ehrlich geglaubt, und mein Elan damals war doch viel, viel lebendiger und nobler und freudiger als diese saft- und kraftlosen Mickerkompromisse nach demokratischen Spielregeln! Ich war Stalinist und habe Gulag, Säuberungen, Repressionen und Invasionen begeistert getragen und bin ohne jeden Zweifel und ohne jeden Argwohn für Vietnam und Kambodscha und Angola und den Iran auf die Straße gegangen, aber bedauern tue ich nichts, ich würd's wieder machen, hier stehe ich, mein Herz ist rein, und ich biete es dem nächsten Fanatiker, Propheten, Massenmörder und blutigen Demagogen gern an.

Eine solche Haltung geht häufig mit dem Tonfall moralischen Rigorismus einher, weist aber auch Parallelen zur Technik des Hütchenspiels auf. Während der Zuschauer mittels Plaudereien über Optimismus, Hoffnung, Aufrichtigkeit (lauter hochangesehene Tugenden, die mit unserem Fall nichts zu tun haben) abgelenkt wird, vertauscht die heimtückische Hand die Position der Hütchen: Nicht als Gegensatz zu Intelligenz, Besonnenheit und Umsicht versteht sich die biedermännische Einfalt, sondern sie mißt sich an Zynismus, Trägheit, Feigheit, Unaufrichtigkeit und Engherzigkeit und erzielt damit bequeme Siege; der Impuls, sich endlos in allem Stolz selbst zu reproduzieren, kommt von selbst.

Die alten Piemonteser hatten eine Wortpaarung für die Definition des Dummkopfs, der gewiß auch damals schon keine Seltenheit war. Sie nannten ihn *fiera ciula*. *Ciula* hatte dieselbe anatomische Bedeutung wie das französische *con*, *fiera* heißt stolz und galt schlicht als Verschärfung in Rich-

tung Superlativ. Es hat sich damals wohl niemand vorstellen
können, daß mit der Zeit eine ganze Auswahl buchstäblicher
ciula heranwachsen, die auch noch schamlos und katastrophal
stolz drauf sind, es zu sein.

Liebesgrüße
von der Heimatfront

Es war seit langem absehbar, daß die deprimierende, aber trotzdem ernste Frage der Freiheit des Wortes wieder aufs Tapet kommen mußte. Derzeit sind deutsche Intellektuelle darum besorgt, denn seit den letzten Unternehmungen der Rote Armee Fraktion werden bedrohlich tadelnde und anklägerische Stimmen gegen sie laut.

Die Beschuldigten – Universitätsprofessoren, Schriftsteller, Journalisten, Sozialforscher – haben mit einer Art Manifest reagiert, in dem sie einerseits Terrorismus als sinnlos und kontraproduktiv beklagen, andererseits das Gespenst nationalsozialistischer Repression beschwören und wieder einmal feststellen, daß der Intellektuelle das Salz der Erde ist und das Recht hat, die eigenen Ideen zum Ausdruck zu bringen, und zwar in absoluter Freiheit und ohne im geringsten bedenken zu müssen, wie sie von anderen interpretiert und eventuell in Handeln übersetzt werden könnten. In Wirklichkeit ist diese in feierlichem Ton vorgetragene Entrüstung eine Ausflucht und sentimental, und sie erinnert an den Protest eines Sozialversicherten, der den Augenblick nahen fühlt, in dem er seine Medikamente bezahlen muß. Bezüglich der Darstellung revolutionärer Begierden, Projekte und Verlockungen ist Europa in den letzten zehn, fünfzehn Jahren bestens versorgt durch eine in seiner Geschichte beispiellose Sozialstaatsmentalität mit Leistungen aller Art zum Nulltarif, auch wenn Marcuse, Sartre und die anderen Soubretten des Kulturvarietés mit Falsettstimmen das Gegenteil beträllern.

Es ist nur menschlich, wenn Nutznießer eines derart ent-
grenzten Schlaraffenlandes in Alarmzustand geraten, weil
irgendeine Ticket- oder Beitragspflicht am Horizont auftaucht. Auf subtilen Wegen kontaminiert von der Ökonomie
des euphorischen Konsums, des Kauf-jetzt-zahl-später, der
heiter-expansiven Finanzpolitik haben die »progressiven«
Intellektuellen inzwischen vergessen, daß die Welt der Ideen
niemals war wie italienische Krankenkassen. Wir müssen gar
nicht bis zu Sokrates oder Giordano Bruno zurück, auch im
neunzehnten Jahrhundert hatten die Vordenker die tatsächli-
chen Eckdaten des Problems stets vor Augen: Entweder man
zieht sich aufs Land zurück (wenn's nur reicht, um eine Ode
an den Zaunkönig zu schreiben), oder man muß für seine
Ideale, wie sie seinerzeit genannt wurden, einen gewissen
Preis zahlen.

Shelley flog in Oxford raus, weil er ordinierter Atheist
war. Wordsworth und Coleridge erlebten die gesamte napoleonische Ära unter Polizeibewachung, sie hatten hymnische
Verse auf die Französische Revolution verfaßt. Byron zog
wie viele andere liberal gesinnte Literaten nach Griechenland
in den Krieg und starb dort, allerdings nicht an einer türkischen Kugel, sondern an ärztlicher Unzulänglichkeit. Silvio
Pellico, der wehmütige Tragödienschreiber, brachte stoisch
die besten Jahre seines Lebens im Gefängnis hinter sich,
Foscolo und Hugo nahmen das Elend des Exils auf sich,
Nievo schlug sich mit Garibaldi herum, und sogar Baudelaire
hat während der Revolution von 1848 seinen aristokratischen
spleen abgelegt und ist eines Abends mitsamt einer Flinte, die
er dann doch nicht benutzen mußte, auf die Straße hinunter-
gestiegen.

Gar nicht zu zählen sind die anarchistischen, sozialistischen
und kommunistischen Intellektuellen, die, überzeugt von der
dem Kapitalismus innewohnenden Bösartigkeit, Schikanen
und Verfolgung, mit denen das Ungeheuer sie überzog, für

selbstverständlich hielten; nicht zu zählen Pazifisten wie Bertrand Russell und D. H. Lawrence, die es als normal empfanden und ertrugen, von ihrem kriegsbegeisterten Land bitter geächtet zu werden; und, auf der Gegenseite, die Imperialisten, Patrioten, Interventionisten, Futuristen, die Anhänger der Strategie Blutbad und die einfachen Aktionsdichter, die im rechten Augenblick ganz materiell zum Gewehr griffen und an die Front gingen.

Von den üblichen Ausnahmen abgesehen, hat jeder von ihnen automatisch und in aller Würde für seine Überzeugungen Verantwortung übernommen, und alle haben sie größten Wert darauf gelegt, daß das, was sie sagten, und das, was sie taten, im Einklang miteinander stand, wie zahllose Beispiele aus der Zeit des Faschismus belegen. Kurz, die Schande trug noch nicht den kosmetischen Namen »Widerspruch«.

Wohlstand und permissive Gesellschaft dagegen scheinen den gesunden Sinn für den persönlichen Einsatz in Augenblicksgeschwindigkeit eingeschmolzen zu haben, und die ganze Attitüde der um ihr ideologisches Ticket bangenden Intellektuellen oszilliert zwischen Leichtsinn und Lamento wie die eines Autofahrers, der erwischt wird, wenn er mit achtzig Stundenkilometern durch Carmagnola rast. Aber wieso denn, was ist denn los, was hab' ich denn zu schaffen mit Terroristen, Durchgeknallten, P-38-Provokateuren? Ich hab' doch einfach vor mich hingelebt und nie was gesagt, gedacht, geschrieben. Man hat mich mißverstanden, verzerrt, aus dem Zusammenhang gerissen; was ich lehren wollte, war unendlich viel reicher, komplexer, nuancierter als diese rohübersetzte Praxis.

Diese Art Verteidigung ist nicht notwendig feige oder anrüchig. Bei Rousseau anfangen, um beim Henker von Paris zu enden, oder von D'Annunzio ausgehen, um sich bei Mussolini wiederzufinden, solche Irrtümer können jedem passieren. Aber man sähe dann gern ein bißchen mehr Stolz, wo man zuvor schon so wenig Bescheidenheit sehen durfte. Meisterdenker, die sich bis gestern darin gefielen, »Bewußtsein zu bilden« wie andere Leute Popcorn rösten, können vor allem nicht heute die erstaunten Fälschungsopfer spielen, ohne sich damit – zu Recht – den Vorwurf, den Bourgeoisie, Kommunisten und Guerilleros ihnen wie aus einem Mund machen, einzuhandeln, nämlich daß sie kapriziöse Gigolos sind, die sich aus der Politik am besten heraushalten, eine neurotische kleine Kaste, die vor allem auf ungestraftes Handelndürfen aus ist und deren eigentlicher Slogan zu sein scheint: »Geht ihr schon mal an die Front, wir sichern derweil die Etappe.«

Vielleicht nützt ihnen die Lektüre des tragischen wie exemplarischen Buchs *The Life and Death of the SLA* dreier amerikanischer Journalisten, in dem alles nach Menschenkräften Nachweisbare über die »Symbionese Liberation Army« zusammengefaßt ist, jene Gruppe von Terroristen, die 1973 in San Francisco Patricia Hearst gekidnapt haben und 1974 in einem Vorort von Los Angeles fast sämtlich von der Polizei erschossen wurden.

Ihr Anführer Donald De Freeze war ein junger Schwarzer mit der notorisch armen Unterschichtskindheit, er neigte zu Handgreiflichkeiten und hatte mehrere gescheiterte Ehen und zahlreiche Verurteilungen wegen kleinerer und mittlerer Delikte hinter sich. Als er selbst in Vacaville, einem kalifornischen Reformgefängnis mit Gruppentherapien und Programmen für die ethische Rehabilitation der Gefangenen, einsaß, ließ er die Pornoheftchen bald liegen und widmete sich den revolutionären Schriften von George Jackson, Fanon, Debray, Marighela, Lenin, Mao. Außerdem gab es Lesungen und Debatten, zu denen aus der nahegelegenen Berkeley University, einer Wiege der Protestbewegung, berühmte Lehrer kamen, lauter politisch und sozial engagierte schwarze und weiße Intellektuelle.

De Freeze lauschte und las, diskutierte und las, meditierte und »gewann Bewußtsein«. Er organisierte ein Kulturprojekt und verfaßte dessen Programm und Protokolle in dem für Autodidakten typischen verquälten, schwammigen Stil. Die Wärter waren zufrieden mit ihm, die gebildeten Besucher gaben dem Affen Zucker. Als er irgendwann, noch mit gedämpfter Stimme, anfing, von *armed struggle* zu reden, hat niemand das Feuer zu löschen versucht, im Gegenteil. Und so ging es weiter in den folgenden Monaten. Schöne progressive Heroinen (eine hatte den unglaublichen Namen Amanda de Normanville) brausten auf Motorrollern herbei und hatten Bücher, Zeitschriften und viel, viel libertären Enthusiasmus im Gepäck, und vergrübelte New-Left-Prominenz, die demonstrativ *grass* rauchte und zwecks Verachtung des akademischen Tweed-Sakkos Leinenblousons trug, plauderte mit ihm über den bewaffneten Kampf in Bolivien, Uruguay, Argentinien und Chile.

De Freeze merkte nicht, daß es bloß Zuckerstückchen waren. Weil er keine Ahnung hatte von der Kastensprache der Gigolos, die alles in Gänsefüßchen meinten, war er betört wie eine kleine Näherin angesichts der Schmeicheleien des Herrn Grafen. Er nahm alles wörtlich, er wurde ein Mustergefangener, um in ein weniger bewachtes Gefängnis verlegt werden zu können, und aus dem brach er dann aus, und bei sich hatte er eine Liste mit den Namen der acht Besucher, die ihn am stärksten in seiner rebellischen Wut und seinem aktionistischen Fieber ermutigt hatten. Lauter Leute, so glaubte er, die *tough* und entschlossen wie er waren und auch in Amerika endlich was machen wollten.

Aber als er in derselben Nacht beim ersten an der Tür klingelte, verfärbte der sich nur und stammelte eine Abweisung, und die gleiche Szene spielte sich bei den anderen Adressen ab. Am Hals wollte ihn keiner haben, diesen Neo-Stadtguerrillero, diesen politischen Dilettanten, Abenteurer und Analphabeten, der alles falsch verstanden und verdreht hatte und sich mit Dingen bekleckerte, die ein paar Nummern zu groß waren für ihn. Wie sollte sich ein ausgefuchster Marxist-Leninist denn auch mit einem Typen abgeben, der das Symbol für seine Bewegung (eine siebenköpfige Kobra) aus einem Comic abgemalt hat! Der im Lexikon zufällig das Wort »Symbiose« entdeckt und sich dafür begeistert hatte und nun seinen albernen Traum von einer Allianz aller Ausgestoßenen und An-den-Rand-Gedrängten damit ausdrückt! Der seine Revolverkugeln mit Zyanid füllt, wie in so einem widerlichen Fernsehfilm!

Natürlich hatten sie recht. De Freeze mit seiner aus Entgleisten beiderlei Geschlechts zusammengestoppelten Armee verpatzte alles, ermordete einen schwarzen Professor, der nicht einmal besonders repräsentativ für »das System« war, klaute hier und da ein paar Dollar und erlag, als er den großen Coup mit Patricia Hearst gelandet hatte, ganz pathetisch der Art und der Skrupellosigkeit der verzogenen Millionärstochter.

Als ihm das Pflaster in San Francisco zu heiß zu werden schien, zog er sich nach Los Angeles in ein Viertel von Schwarzen zurück, die ebenso miserabel dastanden und mittellos waren wie er, und stellte sich vor, er wäre Maos Fisch im Wasser. Aber in diesem Fluß wimmelte es von Verbrechern, Prostituierten, Zuhältern und Informanten, und bald fand sich jemand von ihnen, der es gegen Entschädigung der Polizei steckte. Fünfhundert Polizisten umstellten seine Holzbaracke, sie ging bei dem Kampf in Flammen auf. Alle Symbionesen verbrannten oder erstickten, nur Patricia nicht; sie weilte gerade zum Einkaufen in der Stadt und konnte fliehen und Partisanin werden.

Sie war zur Revolution konvertiert, stritt ab, »hörig« gemacht worden zu sein, und verschickte an Radiosender Tonbänder mit Attacken gegen ihre Familie, unterlegt mit wiedergekäuten Sozio-Subversiv-Blasen. Sie lebte dank der Unterstützung von ein paar Sympathisanten lange im Untergrund, fieberhaft gesucht vom FBI, dessen *performance* in diesem Fall freilich auch derart war, daß selbst unsere hiesigen Karabinieri und Polizisten einem vorkommen wie die gelungene Frucht einer Verbindung von Miss Marple und Nero Wolfe.

Schließlich wurde ihr Versteck entdeckt, woraufhin Patricia *wet her pants,* das heißt, sich naßmachte. Zwei Tage später änderte sie ihre Aussagen und erklärte, sie sei vergewaltigt und gefügig gemacht worden und trage keinerlei Verantwortung, sondern sei unschuldig. Die Richter haben ihr das jüngst geglaubt und sie freigelassen.

Sitzengelassen von der reichen Frau, von seinen subproletarischen »Brüdern« verpfiffen und von kleinbürgerlichen Intellektuellen vor die Tür gesetzt – De Freeze wirkt tatsächlich wie der Held eines widerlichen Fernsehfilms. Festzuhalten bleibt allerdings: Er hat den vollen Preis bezahlt für seine absurde symbionesische Ideologie, er hat eben nicht bloß ein Entreebillett erstanden, und dieser Aspekt an der ganzen Sache verschafft ihm immerhin denselben Respekt, den ein inkompetenter oder wahnsinniger General erhält, der an der Spitze seiner Soldaten in einer von vornherein verlorenen Schlacht gestorben ist. Aber wir zählen uns nicht gern zu denjenigen, die solchen Leuten durch allzu freies oder eitles oder leichtsinniges Parlieren über das Leben in der Etappe auch nur eine Minute lang suggerieren wollen, sie könnten siegen.

Das Zeitalter der Erpressung |

Als gemein, infam und hassenswert bezeichnen wir Erpressung (als könnte sie auch sympathisch und nett sein) in solchen Fällen, in denen sie sich schamlos und ohne Verbrämung präsentiert. Aber die Kombination mit Empörung heischenden Adjektiven dient nur dazu, eine unerfreuliche Wahrheit zu verbergen: Erpressung gehört zu unserem täglichen Leben wie Stadtgas, Telefon und Plastik.

Wir möchten uns gern einreden, es handele sich um etwas unserer eigenen Welt Fremdes, Unbegreifliches, um etwas wie einen von einer primitiven Wirtschaft ausgestellten Wechsel oder wenigstens um eine Ausnahmeerscheinung, eine Anomalie. Dabei ist Erpressung inzwischen nur eines der vielen Mittel, die uns beim Umgang mit Mitmenschen zur Verfügung stehen. Wir kennen die Beleidigung, die Scheidung, die Schmeichelei, Liebe, und dann ist da noch die Erpressung, die wir uns nach und nach angewöhnt haben. Wir sind alltäglich und systematisch ihren öffentlichen oder privaten Formen ausgesetzt oder greifen selbst zu ihnen, und wir empfinden sie gar nicht mehr als skandalös, sondern sie kommen uns vollkommen natürlich vor.

Zum Beispiel die sogenannte Wohlstandsgesellschaft, die von vielen in ihren Anfängen der Heimtücke und erpresserischer Strukturen bezichtigt worden ist. Du mußt den neuen *Katorch Sprint CZ* mit fünf Gängen auf Raten kaufen – so die eigentliche Drohung der Werbung –, sonst wirst du den Ruch des Lumpenproleten und Hungerleiders nie los.

Der Appell geht an die Eitelkeit; geweckt wird der Wunsch nach Prestige und Nachahmung des »Höheren« und gleichzeitig die Angst, in der Achtung von Kollegen, Freunden und Frauen zu sinken und nicht mehr auf einer Höhe mit ihnen zu sein, was ernste praktische Folgen haben könnte. Ganze Bibliotheken sind geschrieben worden über gewisse Firmengemeinschaften in den USA, in denen von der Wohnung bis zur Frau, vom Schlips bis zum Hund alles zu »passen« hat, bei Strafe des Karriereknicks, ja sogar der Entlassung.

Auch alle Moden haben, so kann man sagen, eine Erpressungsfeder: Der braungebrannte Teint ebenso wie der fünf (später acht, zwölf, fünfzehn) Jahre gereifte Whisky, der letzte Kinohit, das letzte preisgekrönte Buch ebenso wie das Restaurant an der Stadtgrenze, das neuer Geheimtip geworden ist. Wer da nicht mitzieht oder sich nicht drum schert, ist nicht »einer von uns« und wird ausgeschlossen. Das Wort *exklusiv* (im englischen Sinn von *wenigen vorbehalten*) geistert beängstigend häufig durch die Werbeslogans für gräßlichste Seifen und bedrohlichste Wohnanlagen.

Daß derlei Exklusivität häufig imaginär ist, ist irrelevant. Was zählt, ist, daß sie von den Ausgeschlossenen als real wahrgenommen wird und daß die sich dann *tatsächlich* minderwertig und *tatsächlich* gehandikapt fühlen, wenn sie diesen ganz bestimmten Blouson oder jenen Kühlschrank nicht haben. Mensch, da bin ich ja wirklich ein armes Schwein, ein Versager, Trottel, Verlierer, redet der Erpreßte sich ein und greift zur Brieftasche vor allem, weil er sich dieses deprimierende Selbstbildnis ersparen möchte.

Noch besser funktioniert Erpressung im Bereich der menschlichen Gefühle, klassisches Beispiel dafür sind Babynahrung und für Kinder hergestellte Waren im allgemeinen. Man muß die konstitutionelle Härte von Eltern im alten Rom (der republikanischen Ära) besitzen, um Vitaminkeksen und Kaugummis, die die kindliche Hirntätigkeit anregen, widerstehen zu können. Die Erpressung funktioniert hier nicht aufgrund von Panik vor Mißbilligung und gesellschaftlicher Ächtung, sondern unmittelbar über das Schuldgefühl. Wenn du mich nicht kaufst – flüstert einem irgendein Kleinkindprodukt ein –, dann bist du eine herzlose Mutter oder ein Rabenvater. Das Wachstum deiner Kinder wird behindert, sie werden blutarm, zahnlos und blöde; später dann, falls du ihnen den Tennisschläger X und die Schuhe der Marke Y vorenthältst, unglückliche, manisch-depressive Jugendliche und prädestiniert für schlechte Gesellschaft und Drogen. Ja, aber bin ich denn eine Verbrecherin, fragt sich die Mutter bestürzt. Bin ich etwa ein Ungeheuer, erschauert der Vater. Und schon eilen sie in den Laden.

Was Kinder angeht, die merken bereits in der Wiege, wie sehr sich das Erpressen lohnt, und praktizieren es mit Geschick und Raffinesse in allen Lebenslagen. Wir haben in den letzten Jahren ganze Generationen von Erpressern herangezüchtet. Und egal, ob die Drohung deutlich ausgesprochen wird oder nur mitschwingt, sie hat immer dieselbe Struktur: Entweder du gibst mir bzw. läßt mich machen, was *ich* will, oder ich lege dir einen Heulkrampf hin, zwei Stunden inklusive Atemstillstand, oder laufe von zu Hause weg oder klaue im Supermarkt oder werfe mich aus dem Fenster. Und dann sieh zu, wie du lebenslänglich damit klarkommst.

Die Verwandtschaft mit der höchst antiken Form der Erpressung aus Liebe springt ins Auge – entweder du gibst mir jetzt einen Kuß, oder ich ramme dir den Dolch ins Herz (genauer gesagt: Wenn du jetzt nicht mit mir ins Kino gehst, hast du mich auch nicht lieb). Bei ihr besteht die Tücke des Erpressers darin, zwischen zwei Inkommensurablen einen Kausalnexus herzustellen. Wer schickt schon gern einen Menschen wegen eines verweigerten Kusses in den Tod? Wer zerstört schon gern eine Ehe wegen eines Films?

153

In einer ähnlichen unhaltbaren Position steckt eine Mama, die den Ausflug in die Berge verbietet, eine Lehrerin, die doch kein »ausreichend« gibt, ein Richter, der einem, der Kettchen klaut, den Prozeß machen will. Ein komplettes Menschenschicksal wird aufgehängt an einer jeweils winzigen Sache, und wer widersteht, wird das lebenslänglich im Bewußtsein haben.

Die dem Erpreßten angedrohten tragischen Folgen könnten natürlich nicht greifen und keine suggestive Macht entfalten, gäbe es nicht massive haarfein verästelte Hilfe durch die Informationsmedien. Alles, von der kleinen Reportage über die Seite mit der Briefkastentante und die anspruchsvolle Umfrage bis zur »gründlichen« Debatte, kündet vom Triumph humanitärer Erpressung. Sie wurde mit der Romantik geboren, von großen und großherzigen Schriftstellern praktiziert, dann zur puren polemisch-propagandistischen Münze für anarcho-dekadente und sozialheilsverkündende Literaten reduziert und beruht auf drei, vier Axiomen, die seit hundert Jahren dieselben sind. Die Prostituierte ist reiner als die Gräfin. Der Ausgestoßene in seinem Elendsviertel ist ein besserer Mensch als der reiche Kapitalist. An allem Übel und aller Schändlichkeit der Welt ist die bürgerliche Gesellschaft schuld.

Der Verbreitung solcher eingängiger Kleinmotive verdanken wir (mehr, viel mehr als den eifrigen Analysen von Kennern des wissenschaftlichen oder realen oder irrealen Sozialimus) einen guten Teil unserer gegenwärtigen Konstitution als Dauererpreßte.

Über einen Mehrfachmord wird berichtet, und gleich neben der Reportage steht ein Kommentar oder ein Interview, in denen die Verantwortung des Mörders weggedampft wird. Verschlossen war er, introvertiert, oder ganz das Gegenteil, dauernd in Kneipen und Diskotheken. Seine Familie hat ihn tyrannisiert und erdrückt oder, im Gegenteil, verwöhnt und ihm zuviel Freiheit gelassen. Jedenfalls hätte man ihn davor bewahren können. Wie? Nun ja, durch drastische Eingriffe der sozialen, kulturellen, didaktischen oder freizeitpädagogischen Art, durch förderliche Strukturen und Infrastrukturen, an deren Nichtvorhandensein nichts anderes als der Egoismus, die Blindheit und die stumpfe Engstirnigkeit der *sogenannten* anständigen, *sogenannten* normalen Leute schuld sind. So gerät der Leser Zeile für Zeile enger mit dem Rücken an die Wand. Der wahre Schuldige also ist er selbst.

Vor seiner Tür wird alles abgeladen, was schief läuft, und wagt er zu protestieren, zerquetscht ihn blitzschnell die Erpressungsmaschine. So so, du willst die Gleise also räumen lassen, bloß weil sie seit drei Stunden blockiert werden? Du verlangst, daß man die Gesetze und das staatliche Gewaltmonopol respektiert? Und an die berechtigten Forderungen dieser Demonstranten, an das Wohlergehen ihrer Familien denkst du wohl gar nicht? Was zählt schon dein elender verpaßter Termin angesichts der Verzweiflung von drei-, vierhundert Menschen? Halt's Maul, du schändlicher Egomane, du potentieller Nazi, du.

Auf diese Weise sind Millionen Eltern und Lehrer in sämtlichen italienischen Schulen jahrelang erpreßt worden. Was zählt schon ein Schubs oder ein Hieb mit einer Stange hier und da, die eine oder andere Pöbelei im Klassenzimmer verglichen mit der freien Entfaltung jugendlicher Vitalität? Aber du, du altersschwacher, beschränkter, überlebter Erwachsener, hast diesen überschwenglichen, phantasiestrotzenden Seelen die Flügel stutzen wollen! Ein neidischer Wurm warst du, ein verkrampfter, geifernder und von der Geschichte verdammter Reaktionär.

Eine wunderschöne Predigt von John Donne, von Hemingway in *Wem die Stunde schlägt* aufgenommen, wurde mittels dieses schlechten Romans zu einem formidablen Erpressungsinstrument. Kein Mensch war eine Insel, jedermann war folglich gehalten, durch Versammlungen, Umzüge, Spenden und Unterschriften an dem Anteil zu nehmen, was in den vier Himmelsrichtungen passierte. Wer widerstrebte, erlag einer doppelten Erpressung: Er galt einerseits als unmenschlicher, kaltherziger objektiver Handlanger von Schlächtern und Ausrottern und andererseits als dumm und kurzsichtig und also dazu verdammt, mitsamt seinem traurigen Individualismus zugrundezugehen, weil er einfach nicht sehen wollte, daß all die fernen Kriege ihn hautnah angingen und aufs engste verbunden waren mit der Lage in Europa, in Italien, in seiner Stadt... Zwar stellte sich später heraus, daß internationale Politik doch einen Tick verzwickter und paradoxer ist, und die Eisdiele Picchiotti womöglich nicht der adäquateste Ort für den Durchblick durch das Spiel der Großmächte. Aber der Mechanismus zur Erpressung des Mitmachens steht noch immer jedem zur Verfügung, der sich seiner bedienen möchte.

Der *sogenannte* Mann auf der Straße, wofern er ein Minimum an Standfestigkeit aufbringt, fängt sich zumindest die Einstufung als »sogenannt« ein, eine wolkige, aber mit Sicherheit verächtliche Vokabel. Die geht dann über in politisch-soziologischen Trommelwirbel, der von der uralten religiösen Artillerie verstärkt wird: Der Mann gilt jetzt als geizig, träge, als niederer oder Vulgärmarxist, als asozial, herb, gallig, bösartig. Am anderen Ende des Gummibands seiner »objektiven« Verantwortung und eng mit ihm verbunden stehen die hungernden Massen in der Dritten Welt, die Rentner im eiskalten Dachstübchen, die Junkies unter der Brücke, die Kriminellen in den Knästen, die Obdachlosen, Erdbebenopfer, Gequälten, Verlassenen und Unglücklichen allesamt. Und du ißt hier so mir nichts dir nichts dein fettes Brötchen. Schreibst deine Gedichte. Machst Pläne für Ferien mit dem Wohnwagen. Und rührst keinen Finger für niemand sonst.

In dieser Wolke von Erpressungsspray, das in unser ganzes Leben eingedrungen ist, fühlt sich jeder von uns schließlich gemein, infam und hassenswert.

Tränenkrieg |

Ein erschütternder Tränenkrieg wabert seit Wochen durch die aufgeklärtesten europäischen Kreise.

»Warum weint ihr nicht über Kambodscha?« – »Uns kann jedenfalls keiner vorwerfen, wir hätten über Vietnam nicht geweint!« – »Wer über Prag nicht geweint hat, hat auch kein Recht, über den Libanon zu weinen.« – »Wenn ihr über Biafra geweint habt, müßt ihr's auch über Afghanistan.« – »Wir wollen selbst kritisch und aufrichtig sein: Über den Iran haben wir viel weniger Tränen vergossen als über Chile.«

Insbesondere in Italien, einem Land, das zwar tatsächlich eine machiavellische Tradition besitzt, aber gleichzeitig eine solide Berufung zur Ach-und-Weh-Klage verspürt, scheint der »Bruderkrieg« zwischen Vietnam und Kambodscha bei den engagierten Tränendrüsen eine wahre Kettenreaktion in Gang gesetzt zu haben. Man weint, weil man *nicht* geweint hat, man weint nicht mehr, dann fängt man doch wieder an, und zwar auf höherer Stufenleiter, davon wiederum kuriert man sich in Form von Schluchzern, daß man nie wieder weinen wolle, und schreit, geweint gehöre überhaupt immer und überall. Eine Goldgrube für Taschentücherfabrikanten.

Wir haben uns lange vor dieser salzigen Sintflut gefragt, wie sehr jene seltsame, aber ausgesprochen verbreitete Spezies des *homo lacrimans geopoliticus* eigentlich wirklich mitleidet, sozusagen wahrhaftig und konkret. Das Problem hat uns immer schon neugierig gemacht.

Verlassen wir einmal die Ebene des vagen Verdachts, nehmen wir einen Einzelfall heraus und versuchen, einen dieser empfindsamen Menschen aus der Nähe zu betrachten. Sein Tag hat, wie unser aller Tag, vierundzwanzig Stunden. Etwa ein Drittel davon geht für Schlaf drauf, mehr oder weniger ein weiteres Drittel für Arbeit. Lassen wir ihm drei Stunden für Behördengänge, Einkäufe, Haushaltskram und andere Dinge, die erledigt werden müssen. Bleiben fünf Stunden, von denen mindestens eine durch kleinere Dispute mit Ehehälften, Kindern und Telefongesprächen ausgefüllt wird. Zwei weitere Stunden lassen wir ihm für Kino, Fernsehen, ein Buch. Noch eine weitere verliert sich einfach so, man weiß nicht, wo (er selbst wundert sich auch immer). So bleibt ihm eine Stunde pro Tag für das Mit-Leiden, das er Männern, Frauen und Kindern angedeihen lassen kann, die Tausende von Kilometern entfernt von seinem eigenen hübschen, ruhigen Domizilchen massakriert werden. Und so nimmt unser Mann (oder unsere Frau) im Sessel Platz und kommt ins Grübeln über all die Blutbäder, und dann kommt dieses Klick, und er (sie) nimmt (An)teil.

Aber wie sieht solche (An-)Teilnahme eigentlich genau aus? So wie der intensive Schmerz, den ein schwerer Trauerfall auslöst? Oder eher wie diffuser, dumpfer Kummer oder die bleischwere seelische Niedergeschlagenheit, die einem das Schlafen, Essen, Trinken, Lachen und Beisammensein mit Freunden vergällt? Oder ist sie so etwas wie die blinde Wut, die einen packt, dem gerade ein aufgeweckterer Autofahrer die Parklücke wegschnappt? Oder wie der heilige Zorn, den die Ungerechtigkeiten der Mietpreisbindung auszulösen vermögen?

Unmittelbar erkennbare Qualen zu messen und zu quantifizieren ist schon schwer, aber unendlich viel schwerer lassen sich derartige Beklemmungen in den Eingeweiden erfassen. Von außen sieht man wenig davon. Tatsächliche Tränen vergießt das internationale Tränentier ja nie. Ihm entschlüpft, angesichts eines grauenerregenden Fotos oder Dokumentarfilms, eventuell mal ein Aufschrei der Verachtung oder eine Verwünschung an die Adresse des entsprechenden Übeltäters. Manch eins der Tränentiere wird sogar bleich oder läuft blaurot an, aber nur eine oder höchstens zwei Minuten lang. Die nächsten zehn Minuten (die im Fall ausgewachsener Logorrhöe auch auf zwanzig und dreißig anschwellen können) widmet es der – exakten oder grobmaschigen, informierten oder akkuraten, aber immer aus zweiter oder dritter Hand stammenden – Analyse der Ereignisse, die zu dem jeweiligen Gemetzel geführt haben, und der Konsequenzen, die sich aus ihm ergeben können. Inzwischen sind wir in einer weniger emotionalisierten, distanzierteren Phase, die Zigaretten en gros erforderlich macht. Und was kommt danach? Es kann eine Unterbrechung geben, einen Drink, ein Freund kommt dazu, ein lästiges Telefongespräch muß geführt werden, ein Theaterstück, ein Konzert geht um 21.15 Uhr los (pünktlich). Das ganze Engagement wird wässerig, Kanonendonner und Kadaver bleiben auf der Strecke. Gelegentlich macht sich jetzt ein intimes Schmerzlein bemerkbar, ein Zahn- oder Magenschmerz, das verfluchte Stechen im Schulterblatt, das plötzlich wiederkommt.

Weiter bekommt ein Beobachter von außen an diesem Tag nichts zu sehen. Erst am nächsten Tag erzählt das Tränentier in der Bar, im Büro, im Zug, in der Schule wieder von seiner großzügig empfundenen Beängstigung. »Hast du das gesehen – so ein Horror! Eine Schande ist das!« – »Nein, also, meiner Meinung nach, wenn in einem Land bestimmte Dinge passieren, dann...«. Aus verschiedenen, aber ausschließlich sakrosankten Gründen dauert ein solcher Diskurs nie länger als zwischen fünf Minuten und einer halben Stunde.

Auch bei einem Solidaritätsmarsch, einer Debatte, einer

Demonstration für die fernen Opfer sind die zwei, drei Stunden kollektiver Rührung wohl kaum flächendeckend gefüllt mit lupenreiner und intensiver persönlicher Betroffenheit. Da fragt schon mal jemand nach Feuer. Mit dem Genossen XY muß ein Termin für Samstag ausgemacht werden. Eine Fliege fliegt herum. Der Redner hustet. Im dritten Stock steht eine Frau am Fenster, die Tante Victoria erstaunlich ähnlich sieht.

Gestehen wir unserem Betroffenen, summa summarum, vierundzwanzig Stunden unverschmutzten, unwiederaufbereiteten Mit-Leidens im Jahr zu. Na, rechnen wir großzügig: achtundvierzig. Während der restlichen 363 Tage aber lebt er genau das gleiche Leben wie all die Gleichgültigen und Egoisten, die er so verabscheut: Er wird gebeutelt von den gleichen kleinkarierten Ressentiments anläßlich von Regen, Schiedsrichtern, Regierungsentscheidungen, Verkehrschaos und Inflation; er erleidet die gleichen nervenzerrüttenden Frustrationen und Demütigungen im Dreigroschenformat – er dreht auch durch, wenn die Waschmaschine kaputt geht, er laviert sich auch vergrätzt durch Beziehungskisten und ins Wasser gefallene Ferien.

Und doch reichen diese zwei schmalen Tage mysteriöserweise aus, um ihm ein Bewußtsein von sich als dem vollendeten planetenweit engagierten Altruisten und das Gefühl moralischer oder intellektueller Überlegenheit über den allenthalben virulenten engherzigen Pöbel zu verschaffen. Allein er überfliegt Kontinente und Inseln, schwebt barmherzig über Schlachtfelder, eilt hilfsbereit in Dschungel und Savannen, kniet vor den Gefallenen nieder, leistet Sterbenden, Flüchtlingen, Hungernden idealen Beistand. Und sitzt dank höherer Gewalt dennoch weiter zu Hause in seinem Sessel.

Nie keimt in ihm ein Zweifel, seine Gefühle könnten unecht, seine Tränen ausgesprochen wählerisch, sein Schluchzen parteiisch und lückenhaft sein, und das ganze vielfältige schreckliche Leiden an der Welt könnte sich überhaupt in jedem Fall darstellen als ein Blatt Karten, von denen man – je nach Opportunität und mit dem steinernen Herzen des Pokerspielers – ein paar austauscht oder behält; wie bei jenen Spitzenpokerspielern übrigens, die Armeen bewegen und Völker auslöschen und gegenüber denen das Tränentier sich radikal anders fühlt.

Auch quält diesen guten Menschen nie der Argwohn, die unregelmäßigen Herzschläge seines Mitgefühls könnten etwas zu tun haben mit all den tränenseligen Romanen, Fotoromanen und Fernsehschnulzen, die er hochmütig zu verachten behauptet.

Betroffenheit in C-Dur

Die entlang den Alleen gelb werdenden Blätter geben uns längst nicht so deutlich das Gefühl, daß die Jahreszeiten zyklisch aufeinanderfolgen, wie der öffentliche Streit über die Konzerte für die Opfer von Beirut oder die Spendenkassen der Palästinenser*. Wir lesen hitzige Vorwürfe und Gegenvorwürfe, hochmütige Statements, hören von empörten Rücktritten und drohenden Anfragen, und alles wirkt auf desolate Weise herbstlich, *passé*. Schon wieder Engagement versus Elfenbeinturm? Schon wieder die Rolle des Künstlers in der Gesellschaft? Schon wieder das Dilemma, ob die Kunst nun neutral sein darf oder nicht? Erbarmen, Herr.

In erster Linie die Veranstalter solcher umstrittenen Initiativen wie derzeit in Turin oder Cuneo haben einen Makel, nämlich, daß sie nicht mitgekriegt haben (wo bleibt eigentlich ihr »politisches Fingerspitzengefühl«?), daß sich die Dinge im Vergleich zu ein paar Jahren zuvor geändert haben und gewisse Arten der inbrünstigen Hochzeit von Kunst und Propaganda nicht mehr »gehen«, sondern angesichts all dessen, was passiert, schlicht Peinlichkeit und Kälte hervorrufen. Lang vergangen sind die Tage, in denen das gesamte Parkett Dario Fos sympathisierend zwinkernde Augen in Richtung Rote Brigaden enthusiastisch beklatschte. Weit zurück liegt auch das abendliche Stehbüfett in einem feinen

* Der Beitrag erschien 1982. Der Streit war ausgebrochen über die Tatsache, daß jene Konzerte von der Stadtverwaltung veranstaltet, also vom Steuerzahler finanziert worden waren.

Mailänder Haus, zu dem wir zufällig geladen waren, einen Tag, nachdem der Pianist Pollini (was sein muß, muß sein) sein Konzert Vietnam und dem Kampf gegen den US-Imperialismus gewidmet hatte.

Augenzeugen schwärmten in höchsten Tönen von diesem Ereignis: Der blasse befrackte Virtuose, der an die Rampe getreten war und sich in leidenschaftlichen Worten erklärt hatte, die Damen (allesamt juwelenbehangene, reaktionäre alte Schachteln), die schließlich aufgestanden waren und unter erbosten Buhrufen den Saal verlassen hatten. Welch ein Skandal. Welch eine Ohrfeige. Welch eine Lektion in Zivilcourage.

Zwischen vorbeifliegenden Lachsplatten und vorbeihuschenden Schüsseln mit *pasta e ceci* und mit vorsichtig gesenktem Kopf versuchten wir, ein paar prophetische Kontraindikationen gegen die so noble Geste vorzubringen. Erstens, daß wir in Zeiten leben, die sich ideologisch im Fluß befinden, in Zeiten mit lauter Gegenzügen und Umgruppierungen, kurz, in Zeiten, aus denen man sich bitte nicht hinauslehnen sollte. Die ach so sympathischen Zuchtmeister von den Roten Brigaden gehen dazu über, wahllos zu killen, die kleinen vietnamesischen Kämpfer verwandeln sich eigenhändig in potente Verfolger, Invasoren und Imperialisten. Der Russe reißt sich Afghanistan unter den Nagel, der Kubaner wird Söldner in Afrika, der Sandinist rottet Indianer aus, der Chomeini-Anhänger schlachtet Kurden, der Palästinenser erschießt mit dem MG jüdische Kinder... In diesem tragischen Spiel geht der Schwarze Peter von Hand zu Hand, und da mag es richtig sein, daß sich der Berufspolitiker und der Fachmann für internationale Angelegenheiten kompromittieren; der Künstler aber riskiert mindestens, sich als Vollidiot zu präsentieren, wenn er seinen völlig unbrauchbaren Schnabel zu solchen Themen aufreißt.

Aber ganz und gar nicht! konterten die anderen, hielten

uns drohend eine Kürbispastete entgegen und tippten uns einen *grissino* im Schinkenschlafrock gegen die Stirn. Für den Künstler ziemen sich derlei kleinbürgerliche Kautelen nicht, er darf nicht fürchten, eventuell eine blamable Figur zu machen, sein Engagement ist absolut und nicht diktiert von irgendeinem opportunistischen Kalkül, sondern von einem humanitären Impuls jenseits aller Parteigrenzen und einer Betroffenheit, die aus keinem Parteibuch, sondern direkt aus dem Herzen kommt.

Mag ja sein, stammelten wir, schon auf dem Rückzug zu dem Tisch mit den Flaschen, aber dann ist ein Ende nicht abzusehen. Wenn wirklich absolut reines Erbarmen und eine überdurchschnittliche Sensibilität für die verheerenden Folgen des Kriegs die Triebfeder sind, dann gibt es keinen Grund (und keine Ausrede), bei einem bestimmten Massaker, bestimmten Opfern, bei auch nur einem einzigen Krieg, einer einzigen Guerillaaktion nicht zu protestieren. Ein wahrhaft großes Herz kann zwischen Gemetzel und Gemetzel keine kleinkarierten Unterschiede machen. Wer Brahms für die von Weißen ermordeten Gelben spielt, muß dann auch, im Namen des Anstands, Chopin für die von Milchkaffeebraunen ermordeten Schwarzen und Beethoven für die von Mahagonibraunen ermordeten Olivfarbenen spielen. Es würde sein Leben ziemlich komplizieren. Er müßte morgens als erstes sämtliche Zeitungen der Welt durchgehen. Mal sehen, was für ein Blutbad heute dran ist... Ah ja, elf Leute in Guatemala erschossen, die kriegen Ravel Mittwoch in Wien... Dann haben wir da ein Attentat von baskischen Separatisten, bei dem drei Polizisten und ein Zivilist in die Luft gesprengt worden sind... Die können Freitag in Chicago Liszt haben, und das Dorf in Mauretanien, das dem Erdboden gleichgemacht wurde, ich würde sagen, Schumann Dienstag in Brüssel müßte hinhauen...

Außerdem, wenn ein Künstler tatsächlich nicht von Parteiräson, sondern von seiner nicht im Zaun zu haltenden Sympathie für alle Leidtragenden getrieben ist, warum muß er sich dann auf die von Kriegen beschränken? Auch Autobahnopfer sind einer Chaconne würdig, auch die Opfer von Unfällen am Arbeitsplatz, in den Bergen, der Luft oder unter Wasser, Menschen, die der Krebs oder der Herzinfarkt dahinrafft oder die auf Treppen und in Duschen stürzen, haben ein Scherzo oder ein Notturno verdient, oder? Wie kann eine feine zarte Seele da einen Trennungsstrich ziehen, die Tränenabgabe selektionieren und erklären: Ich weine (und spiele) für ein Kind, das von MG-Salven durchsiebt, aber nicht für eins, das beim Ballspielen von einem LKW übergemangelt wird?

Hach, ihr Haarspalter! protestierten sie und kauten an Schmorbraten mit Polenta, ihr Sophisten! Kriegsbedingtes Leid ist eine öffentliche, keine Privatangelegenheit, und als solches verlangt es eine moralische Verurteilung, und die erzeugt, wenn ein öffentlich auftretender Künstler sie formuliert, Gewicht und Resonanz von unendlicher Tragweite.

Das ist richtig, räumten wir ein und langten schüchtern nach den geschmorten Tauben, aber *das* läßt sich sogar noch ausbauen. Wenn es darum geht, öffentliche Dienstleistungen zur Sensibilisierung der Kundschaft für bestimmte blutige Konflikte zu nutzen, warum muß man eine so würdige Aufgabe allein den Künstlern überlasssen? Auch ein Taxifahrer könnte dazu beitragen. »Wo geht's denn hin, Herr Doktor?« – »Piazza Castello.« – »Sehr schön. Dann ist diese Tour den *desaparecidos* von Argentinien gewidmet.« Und genauso in der Bar oder beim Friseur. »Gnädige Frau, dieses Wickeln und Trocknen ist den von der Polizei niedergemähten Danziger Arbeitern gewidmet«, könnte der Coiffeur bekennen. Und der Barmann an der Gaggia: »Dieser Cappuccino Hag hier ist für die Opfer der Viererbande.« Alle, Straßenbahner, Köche, Verkäufer, Post- und Bankangestellte, würden so alltäglich ihren Beitrag leisten, und das hätte unübersehbare Vorteile für unser aller leicht verschlafenes Gewissen und die Sache des Weltfriedens überhaupt.

Leider hörte uns niemand mehr zu, sie hatten uns alle den Rücken gekehrt, vielleicht weil unsere Vorschläge wirklich geschmacklos waren (»Über so was macht man keine Witze!«), vielleicht aber auch, weil im Nebenzimmer gerüchteweise ein attraktiver und abwechslungsreicher Desserttisch aufgebaut worden war.

Witze haben wir aber gar nicht gemacht, und Witze machen wir auch heute angesichts des ständig wiederkehrenden widerlichen Themas namens Betroffenheit und Engagement nicht, zu welchen ein Künstler, Sportchampion, Unterhaltungsstar oder *performer* bei bestimmten todtraurigen Anlässen angeblich verpflichtet ist. Wir glauben nämlich weder an die Treuherzigkeit noch an die Unparteiischkeit derjenigen, die zu so etwas aufrufen. Bei genauem Hinsehen sind es immer dieselben Typen mit den ganz bestimmten Parteibüchern; sie sind äußerst parteiisch, äußerst intolerant und dogmatisch überzeugt davon, daß ihre Seite sowieso recht hat, und »engagiert« sind sie nur bei der Suche nach Möglichkeiten, dem Gegner zu schaden. Es ist schiere zynische Propaganda, die sich gierig auf jede genehme Leiche stürzt, aber schweigt und vergeßlich ist, sobald Bombardements, Blutbäder und Hinrichtungen von »befreundeten Kreisen« begangen werden.

Diese Tatsachen sind, seit es totalitäre Staaten und Parteien gibt, unzählige Male formuliert und wiederholt worden, und was jetzt in Turin und Cuneo passiert, zeigt, daß inzwischen die ersten Künstler den Mut haben, bei der Epressung nicht mitzuspielen. Die anderen, die ihr nachgeben, sich einfangen und manipulieren lassen, sollten allerdings wissen, daß sie dadurch selbst zu reinen Erpressern werden. Sie mögen hervorragende Interpreten der Werke von Bach sein, aber bestimmt nicht solche eines nebulösen universellen politischen Bewußtseins; und nichts gibt ihnen das Recht, Vivaldi oder Berio zu mißbrauchen, um einem Parkett voller Musikliebhaber irgendwelche ambivalenten außermusikalischen Gesinnungen aufzudrängen, deren Grundfarbe noch immer und für immer (das macht ja so übellaunig und traurig) von Hitler, Mussolini, Stalin stammt.

Wir tun hiermit kund: Diese Kolumne in C-Dur für zwei Pianoforti und Orchester ist allen Erpreßten aller Zeiten und aller Länder gewidmet, all den armen Teufeln, die, bloß weil sie Karten erstanden haben, Opfer moralistischer Übergriffe oder hinterhältiger Zwickmühlen im Stil von »wer Mozart hört und dabei nicht an die Lage im Kongo denkt, ist ein Schurke« werden, also allen unschuldigen Opfern der konzertierten Aktion von Präpotenz und Überfallkommando.

Kapitel 4
Opera Buffa

Kandidatenjagd |

Wir hören immer wieder, daß vor Gemeindewahlen die Parteizentralen belagert von Leuten werden, die scharf auf einen »Listenplatz« sind. Offenbar gibt es für jeden, der sich – entkräftet oder angewidert – aus der Politik zurückzieht, zehn oder hundert andere, die seinen Posten herzlich gern übernehmen. Wir hätten gewettet, daß das Gegenteil der Fall ist, wir haben uns immer vorgestellt, wie die verschiedenen Parteiortsvereinschefs verzweifelt auf die Jagd nach Kandidaten gehen. »Bitte, bitte, ich beschwöre dich, ich flehe dich an im Namen der armen Tante Emma!« – »O nein, mein Lieber! Nach all den Korruptionsskandalen und -prozessen in Turin, Savona, Bologna, Palermo? Ich bin doch nicht verrückt!«

Aber nein, es soll nur wenige Widerspenstige geben, verglichen mit den Mengen von Leuten, die gar nichts Besseres wollen. Wir machen eine pessimistische Rechnung auf: Es gibt also ein ganzes Rudel Unaufrichtiger reinsten Wassers, Leute, die aus persönlicher Gewinnsucht in die öffentliche Verwaltung streben und von vornherein zu krummen Geschäften aller Art bereit sind; dazu kommen etliche Unaufrichtige nicht ganz so reinen Wassers, die dank ihrer Position indirekt, durch Querverbindungen und etwas nebulös profitieren und deshalb die schmeichelhafte Selbsttäuschung pflegen, sie hätten ein sauberes Gewissen und ebensolche Hände; dann sind da noch die Ehrgeizlinge, denen Befehlsgewalt, Kontrolle über andere, Macht um der Macht willen über alles geht; auch die Angeber fehlen nicht, die sich noch von der geringsten Prominenz, dem Privileg, Bänder zerschneiden zu dürfen, von pompösem Briefpapier und Sonderrabatten für Lokalpolitiker angezogen fühlen; und zahlreich vorhanden sind schließlich selbstverständlich all die disziplinierten Partei- und Strömungssoldaten.

Und sonst? Wo sind die von allen herbeigesehnten legendären »Ehrenmänner«? Vermutlich können sie sich entziehen und der erpresserischen Tante Emma entkommen. Vom Typ des idealen Regierungspolitikers haben Wähler eine sehr klare Vorstellung, auch wenn sie ihn schon lange nicht mehr oder nur als peinliches Imitat zu sehen bekommen haben: Er ist seriös, redlich, kompetent, ausgewogen, für Schmeicheleien unzugänglich, auch von leisester Vetternwirtschaft weit entfernt, weder durch die demagogische Stimme der Straße noch den hinterhältigen Anruf aus Rom zu erschüttern und unfehlbar in der Auswahl seiner Mitarbeiter. Energisch, aber kein Dynamiker. Gerade so schlitzohrig wie nötig, um die Intrigen anderer vorherzuahnen und abzubiegen. Von verbissener Wachsamkeit sowohl bei Rieseninvestitionen als auch bei der Portokasse seines eigenen Amts. Und selbstverständlich gehören der nüchtern dunkle Anzug, das genügsame Privatleben und die Verachtung alles billig Populistischen dazu.

Das kommt einem vor wie das Fahndungsbild eines Tieres aus einer Fabel oder einer ausgestorbenen Gattung, und doch gibt es keine Partei, die so etwas nicht gern als Wappen auf ihre Fahne nähme. Nun ist es in unseren Zeiten äußerst schwierig geworden, das Einhorn zu fangen, ein schon traditionell beschwerliches Unterfangen. Jahrelang war die Republikanische Partei mit ihren paar Treibern hinter ihm her, dann stürzten sich die Kommunisten mit ihren Massen ebenfalls hinterher und versuchten, sich gleich ganz als Partei des Einhorns zu profilieren (nichts anderes steckte nämlich hinter

der »Frage der Moral«, die sie ins Feld führten). Unter dem
Schwanz ihres Fabeltiers aber hing ein Schlüsselchen zum
Aufziehen, es hatte die Form von Hammer und Sichel, und
am praktischen Handeln wurde sichtbar, daß das Spielzeug-
einhorn nur in eine Richtung lief und das auch noch auf
schlecht geölten Rädern. Das echte Einhorn dagegen ist frei,
hat keine Vorurteile, läßt sich nicht dressieren und ist auch
nirgends Mitglied.

Und so wird sich immer häufiger auf potentielle Einhörner berufen, auf die »Unabhängigen« und »Fachleute«. Es ist,
als wollten uns die Parteien alle weismachen: »Mir ist klar,
aus meiner Küche kommen bloß eklige Ravioli und vergam-
melte Koteletts, aber ihr müßt mich trotzdem wählen, ich
habe nämlich für heute abend einen Koch engagiert, der
versteht wirklich was davon, ihr kriegt Essen vom feinsten.«
Jedes normale Restaurant würde an diesem Punkt des Selbst-
mißtrauens den Laden dicht machen, selbst Kellner und
Kassiererinnen würden es als Schande empfinden, dort zu
arbeiten.

Dabei dürfte eigentlich an dem Wunsch, sich an der Führung
der Geschäfte der eigenen *polis* zu beteiligen, nichts Schändli-
ches sein. Aber der Drang, seinen Mitbürgern und deren
Wohl zu dienen, ist heutzutage immer verdächtig, altruisti-
scher Aktivismus gilt oft als Synonym für verschwendungs-
trächtige Halbheiten; ein tendenzieller Pessimist allerdings,
der vor allem mitbedenkt, wie viele Übel er bannen muß,
wäre bereits ein halbes Einhorn. Substantive wie »Projekte«,
»Pläne«, »Initiativen« und Verben wie »fördern« oder »anhe-
ben« verhelfen dem Wähler inzwischen nur noch zu Gänsehaut. Ein Parteiprogramm dagegen, das sämtliche Dinge
aufführt, die *nicht* gemacht werden dürfen, das wäre wählbar.
In Amerika hat die Reagansche *de-regulation* zu glänzenden
Wahlergebnissen geführt. Bei uns dagegen wäre eine Dosis

de-activation innerhalb der nächsten Jahre hilfreicher. Unsere Politiker sollten sich weniger vom Wirtschaftsliberalismus inspirieren lassen als vom Taoismus.

Was die echten Einhörner aber vor allem fernhält von Regierungsämtern, ist die Befürchtung, sie würden zwar behandelt wie eine seltene Kostbarkeit, die die Partei schmückt, aber eigentlich doch in einen Käfig sperrt. »Hier hast du ein Beutelchen Nüsse und ein paar Mohrrüben, und jetzt laß uns mal arbeiten.« Die wirklichen Entscheidungen werden über den Kopf eines Einhorns hinweg getroffen, auf der Grundlage von Kalkülen und Schachzügen, die es nicht begreift oder nicht kennt.

Also verdankt sich seine widerstrebende Haltung um so mehr einer »Frage«, die im Gegensatz zur »Frage der Moral« von niemandem auch nur versuchsweise angemessen diskutiert wird: Jemand mag ja zwar Lust haben, tagtäglich einen Kampf gegen Diebe und Betrüger zu führen, die Filzokratie zwischen Regierung und Privatwirtschaft zu unterbinden, Korruptionstäter auszumerzen und Komplizen und Absahner abzuräumen, wie aber soll er gegen Dummköpfe Front machen? Gerade sie mit ihrer Virtuosität und Rechtschaffenheit, beflügelt von allerbesten Absichten, wie sie sind, schlüpfen ja durch jeden vorgeschobenen Riegel. Sie zerstören Straßen, Viertel, ganze Städte, wobei sie ungeheure Summen Geld verschwenden, sie finanzieren aberwitzige urbanistische Spielereien, legitimieren das durch Vorausberechnungen und Leitlinien, die stets pünktlich von den Tatsachen korrigiert werden, und werfen sich sündteuren und immer spinnerten »Experten« geradezu in die Arme. Aber nicht einmal eine Lira erweitertes Trinkgeld haben sie in die eigene Tasche gesteckt, die Karabinieri kann man ihnen nicht ins Haus schicken, und wegen Dämlichkeit und Unfähigkeit kann man auch niemanden anzeigen. Sie müssen einfach nie bezahlen für ihre Fehler, die oft nicht wiedergutzumachen sind. Ihre furchtbaren Verantwortlichkeiten lösen sich allzu bald auf in Nichts; ein paar Jahre später kennt kein Mensch mehr ihre Namen, dabei müßten sie eigentlich unauslöschlich in »schwarzen Listen« der Behörden gespeichert werden.

Wem nützt denn ein Glashaus, wenn hinter dessen durchsichtigen Wänden in schönster Sichtbarkeit eine ganze Phalanx von Pfuschern vor sich hin werkelt? Die ernsteste, dringlichste und womöglich am wenigsten lösbare Frage ist doch die Frage, nennen wir sie mal so, »der Intelligenz«.

Das Narrenschiff

Die grauenvollste unter all den wahren und echten Horrorshows, die in Italien als »Reform« firmieren und über die man Kinder und andere sensible Menschen im Dunkeln lassen sollte, ist womöglich die berüchtigte *Legge 180,* ein Gesetz über die Abschaffung der Irrenanstalten, das geistig Kranken und ihren Angehörigen unsägliches Leid gebracht hat und auch weiterhin bringt. Auf dem Papier perfekt erscheinende Lösungsvorschläge (aber am grünen Tisch kann jeder perfekte Entwürfe erarbeiten) erwiesen sich ziemlich bald als nicht machbar, und so gibt es heute nichts Tragischeres als den Anblick all der armen Menschen, die auf den Straßen unserer Städte herumirren, sich selbst überlassen, schimpfend und gestikulierend, als all die Berichte über Ausbrüche von Mordlust unter ihnen oder ein verzweifeltes Ende unter irgendeinem Zug, der wahrscheinlich Verspätung hatte, oder in irgendeinem Fluß, der obendrein verseucht ist.

Zum Glück – angesichts der Gleichgültigkeit von staatlicher Seite – haben sich inzwischen hier und da großherzige und jedenfalls pragmatische Idealisten zusammengetan, um geistig Kranken außerhalb von bürokratischen Strukturen konkret zu helfen, etwa indem sie ihnen während der düsteren Angstphasen, der blitzhaften Deliriumszustände oder bei den raffiniert verdrehten Fiktionen intelligent und verläßlich zur Seite stehen. Ein befreundeter Psychiater hat uns auf eine der therapeutischen Wohngemeinschaften in Rom aufmerksam gemacht, die dort schon seit Jahren mit Erfolg besteht und in der gut hundert geistig Kranke beiderlei Geschlechts betreut werden.

Sie sind dort nicht wie im abgeschafften Irrenhaussystem hospitalisiert, sondern können sich frei bewegen in einem großen Aufenthalts- und Veranstaltungssaal und verschiedenen anderen Räumen, die für Geselligkeit geeignet sind; sie können kommen und gehen, wie es ihnen gefällt, und werden nur diskret von allerdings uniformierten Bewachern kontrolliert. Die Zusammensetzung – so erklärt uns unser Freund – ist höchst gemischt: Es gibt Schizophrene, Paranoiker und Größenwahnsinnige, Logorrhöiker, Katatoniker und Manisch-Depressive, geistig leicht Gestörte, Exhibitionisten und Menschen, die an Gedächtnisschwund, an Autismus oder einfach nur an Altersgebrechlichkeit leiden.

Und dennoch kommt es nur äußerst selten mal zum blutigen *raptus,* zur Explosion unkontrollierbarer Gewalt; körperliche Aggressionen sind überhaupt gering, verbale Jähzornsausbrüche häufiger. Die Atmosphäre läßt sich insgesamt als ruhig bezeichnen, der zwischenmenschliche Austausch ist von hohem Niveau, allerdings notwendigerweise nicht zu dechiffrieren für Beobachter von außen. Fest steht jedenfalls, daß es dem behandelnden medizinischen Personal gelungen ist, einen spielerischen Bezugspunkt zu schaffen, der das Zusammengehörigkeitsgefühl außerordentlich fördert. Die armen Menschen nämlich sind allesamt, vom ersten bis zum letzten, fest davon überzeugt, Italien und die italienische Regierung zu sein.

Dank dieser kollektiven fixen Idee hängen sie innig aneinander, obwohl sie sich gerade für das Spiel in verzwickteste Gruppen, Fraktionen, Flügel und Parteien aufgespalten haben, die angeblich höchst unterschiedlich sind und jeweils in Opposition zueinander stehen, und zwar aus Gründen, die

sie selbst in ihrer mitleiderweckenden Labilität sich nicht von
einem Tag bis zum nächsten merken können.

Es ist phantastisch und gleichzeitig anrührend zu beobachten – versichert uns unser Freund –, wie diese Gruppe
geistig Behinderter gemeinsam allmählich komplexe kon-
zeptionelle Konstruktionen erfindet und entfaltet und dann
mit Begriffen wie Regierung, Untersuchungsausschuß,
Krise, Öffnung, Programm, Listen und Mehrheit in Verbindung bringt; sie tun das zu jeder Tages- und Nacht-
stunde, sobald sie sich sehen und wiedersehen, sie sagen
einer dem anderen immer dieselben Wörter und umarmen
oder weisen sich zurück in unergründlich fein nuancierten
Gesten und aufgrund geheimnisvoller plötzlicher Impulse.
An diese Rituale halten sie sich mit echter Leidenschaft und
bewunderungswürdigem engagierten Eifer, als wäre das alles immer gerade neu und frisch und hätte eben erst begon-
nen, und dabei titulieren sie sich gegenseitig als Minister
und Staatssekretär und dann wieder andersherum und übernehmen, tiefernst und wie in einem Strudel treibend, Rollen
und Funktionen, die tatsächlich austauschbar und haltlos
sind.

Ob man sie zurückholen und wieder sinnvoll in die Gesellschaft einfügen könnte? Unser Freund bezweifelt das.
Einerseits haben sie keinen Zugang mehr zu Dingen, die
nicht zu ihrer obsessiven, schwatzend halluzinierten Welt
gehören; und auf der anderen Seite ist ihnen ihr grundsätzli-
ches Ausgegrenztsein keine Belastung, es verschafft ihnen
kein Leiden, sondern im Gegenteil die kontinuierliche Illusion, sie kommunizierten, sie wären wer, sie handelten, sie
lebten. Würden sie aus der Geschlossenheit ihres alten *palazzo* unweit der Piazza Colonna★ herausgerissen, sie wüßten

---

★ Gemeint ist der Palazzo di Montecitorio, Sitz des italienischen
Abgeordnetenhauses.

nichts mit sich anzufangen. Und wir sähen auch sie schimpfend und gestikulierend in der Stadt herumirren, und wer weiß, wie viele sich bald in die kolibakteriellen Gewässer des Tibers stürzen würden.

Wir Voyeure und Masochisten

Auch wir gehören zu jener trübsinnigen *audience,* die sich Sendungen über die Skandale, Schandflecken und Scheußlichkeiten der Nation im Fernsehen anguckt. Wie Alkoholiker und andere Drogenabhängige wissen zwar auch wir sehr gut, wie schädlich das ist. »Nein, nicht, schalt um zu diesem Doris-Day-Film, rette dich nach Mexiko zur Weltmeisterschaft im Volleyball«, ruft die Vernunft uns zu. Aber das Laster ist stärker als alle weisen Vorsätze, und der Finger wandert unaufhaltsam über den Telecommander, bis er den verdammten jeweiligen Kanal gefunden hat.

Wir können uns nicht einmal in die Illusion flüchten, diese unsere Neigung sei ein Beweis für unser staatsbürgerliches Verantwortungsbewußtsein und unser lobenswertes Interesse an einer anständigen Regierung und Demokratie: Nein, es ist inzwischen glasklar, daß es sich um den schieren Masochismus handelt, um eine morbide Leidenschaft für das Leiden also, und wir könnten uns ebensogut in Ketten gelegt von einem Mannweib in SS-Uniform auspeitschen lassen.

Man muß schon sagen, all die Enthüllungs- und Schuldaufdeckungsprogramme lassen demjenigen, der gewisse uneingestehbare Vorlieben nun mal hat, nichts zu wünschen übrig. Vorbei sind die Zeiten der Scheu und des Drumherumredens, die Moderatoren von heute servieren die gruseligsten Daten, Interviews und Dokumentationen. Verrottete Krankenhäuser, eben gebaute und schon zerfallende Mietskasernenviertel, halbfertige Deiche und Brücken, Häfen fest im Griff der Algenpest, Museen fest im Griff von Dieben sowie Endloslitaneien über Mißbrauch, Verschwendung, Betrug, Idiotien, nie gehaltene Versprechen, nie erledigte Pflichten, seit fünf oder zwölf oder neunzehn Jahren in Staub gesunkene Gesetze und Erlasse.

Die schärfsten Freuden der Wollust aber kommen erst noch. Nach der Präsentation seines peitschenknallenden Dossiers und der Exhibition seiner sadistischen Beweisstücke nämlich gibt der Moderator ein kleines Zeichen, und schon schwenken die Kameras auf die beschuldigten öffentlichen Vertreter. Nicht irgendwelche Hinterbänkler, sondern die *crème de la crème* aus Ministern, Präsidenten, Generaldirektoren und Bürgermeistern, veritable Köpfe, die freundlicherweise bereit sind, sich »ganz persönlich« in den Wind zu stellen. Absagen tun sie heute nicht mehr, sie schützen auch keine nichtendenwollenden Sitzungen im Parlament oder unaufschiebbare Reisen nach Brüssel mehr vor. Sie kommen, nehmen Platz wie Heilige Sebastians und harren der Pfeile, die da geflogen kommen werden.

Die Moderatoren haben jetzt alle Servilität abgelegt; sie greifen die Herrschaften an, fallen ihnen ins Wort, benehmen sich rüde und nehmen kein Blatt vor den Mund. Wieso vergammeln diese sündteuren Anlagen in dem Keller da? Wofür sind diese zweitausend rausgerissenen Waschbecken? Was soll diese Wasserleitung, jene Deponie, das Zollgebäude, das Heim, die Kostenverdoppelung, der Parkplatz, die Verpachtung, der Streik? Warum dieser Postbote, jener Amtsgehilfe, Pfleger, Professor, Schizophrene, Senegalese, Richter, Rentner?

Jedes Wort aus dem Wörterbuch des Verwaltungsdesasters ist ein Giftpfeil, und die Getroffenen geben sich leidend und winden sich auf ihren Sitzen. Manch einer verteidigt sich mit der matten Formel: »Ich will hier nicht ausschließen, daß Fälle dieser Art in der Tat vorgekommen sind«, die meisten aber geben in trostloser Offenherzigkeit zu, daß alles wahr ist, daß die Dinge tatsächlich so liegen und daß das Publikum aus allerbestem Grund protestiert, empört ist und Schaum vor dem Mund hat.

Und wer ist nun schuld?

An dieser Stelle kommt für den Masochisten das wahre Vergnügen. Das diesbezügliche Wörterverzeichnis ist zwar etwas dünner, beinhaltet aber exquisite Qualen: dieser Vorgänger, jene Mangelsituation, die Strukturen an sich, Prozeduren, Ausschüsse, parlamentarische Kalender, die Reform, die Reform, die Reform und die Reform.

Gibt es denn einen Hoffnungsschimmer für die Zukunft?

Hier schütteln den Masochisten paradiesische Schauer: dieser Plan, jenes Gesamtbild, der Haushaltsstellenschlüssel, die Zeitknappheit, die lange Zeitspanne, die Reform, die Reform, die Reform und die Reform.

Da naht der Höhepunkt. Es kommt überdeutlich heraus: Nichts wird getan werden, nichts wird passieren, und niemand wird dafür zahlen; derselbe mehr oder weniger dicke Blödsinn und dieselben mehr oder weniger fetten Schweinereien werden auch weiterhin von all den mehr oder weniger mittelmäßigen Figuren innerhalb derselben kurzen, mittellangen, langen oder ganz langen Zeitspannen begangen werden.

Die Peitsche knallt, der Masochist bemerkt, daß er mit den Eisenketten der Impotenz gefesselt ist, und kullert endlich in einen Abgrund lustvollen Deliriums. Er ist ein Wurm, er zählt gar nichts, mit seiner Wählerstimme ist kein einziger Versager oder Betrüger zu verscheuchen, die Mechanismen der italienischen Demokratie sehen weder Belohnungen noch Kasteiungen vor, und all diese Minister und Bürgermeister und Generaldirektoren kommen nur deshalb so bereitwillig ins Fernsehen, weil sie sicher sein können, nie belangt zu werden. Sie haben begriffen, daß sie nichts wirklich riskieren, sondern mit ihren öffentlichen Beichten, die sich in der Praxis in öffentliche Absolution verwandeln, nur gewinnen können. »In Ordnung, Herr Abgeordneter, drei Avemarias, ein Reuegebet, und sehen Sie mal zu, daß Sie das nicht wieder machen.«

Niemand, das wissen wir auch sehr gut, kann uns zwingen, uns derlei Spektakel anzugucken. Aber was sollen wir denn sonst ganz allein machen, um mit unserer Perversion als Voyeure einer schlechten Regierung klarzukommen? Der Staat dürfte uns eigentlich nicht so im Stich lassen, es ist doch ganz klar, daß wir dringend Behandlung und Pflege, Stationen, qualifiziertes Personal, Analysen, Strukturen und Kontrollen brauchen... Sitzt denn nicht irgendwo ein Unterstaatssekretär im Ministerium für Tugendfragen, der bereit wäre, uns und allen ähnlich Depravierten unter die Arme zu greifen? In der allerkürzesten Zeit?

Horrorfilm |

Gestern drei Terroristen, die dank des Chaos im Kassationsgericht schon mit einem Fuß draußen vor dem Gefängnis standen, heute achtundfünfzig Mafiosi, die es fröhlich und legal auf ihren Slippern wirklich verlassen durften, bloß weil es keinen Gerichtssaal gibt, in dem gegen sie verhandelt werden kann.

Der Bürger denkt an all diese Dunkelmänner, die jetzt wieder bei ihren »Familien« sein und an ihre Arbeit zurückkehren dürfen, er malt sich aus, wie sauer Polizisten und Steuerfahnder sind, und rechnet nach, wie viele Milliarden Lire da wieder in den Wind geschossen wurden für sinnlose Ermitteleien und nutzlose Verhandeleien; und seine wutroten Augen wandern nach Rom. Dort hätte er herzlich gern einen Maxi-Saal für einen Maxi-Prozeß gegen dieses ganze Racket aus Versagern, Nichtskönnern, verantwortungslosen Unterhändlern und heiße Luft absondernden Untersuchern, die seit Jahren vorgeben zu regieren, in Wahrheit aber nur die Hände reiben und pausenlos aus jedem Fernseher verkünden: Es ist viel getan worden, aber es bleibt natürlich noch eine Menge zu tun.

Dabei waren die letzten Jahre ziemlich entspannt und eigneten sich durchaus dafür, der alten Republik etwas Pflege außer der Reihe angedeihen zu lassen. Aber die in Rom, du lieber Himmel. Reden tun sie dauernd davon, eher zuviel. Aber wenn's ans Handeln geht... »Gar nichts ist getan worden«, steht ihnen in Fettdruck auf der Stirn geschrieben,

»und wir werden auch weiter gar nichts tun.« Groteske Schmierfinken, schamlose Exhibitionisten, verfluchte Streithähne des Verderbens!

Aber wenn die Beschimpfungen aufgebraucht sind und die Wut verflogen ist, dann kriecht dem Bürger ein ohnmächtiges Fröstelgefühl die Adern hoch. Wie die Zuschauer eines Horrorfilms sieht er, hört er, weiß er: Die Balken brechen, die Türen quietschen, Klinken gehen von selbst rauf und runter, im Garten bellt der Hund, durch das Dach zieht sich ein Riß, ein anderer läuft zickzackförmig die Wand herunter, unheimliche Blitze beleuchten die Treppe, gräuliche Schatten liegen schwer auf den Fenstern, aber die Leute im Wohnzimmer spielen weiter *Trivial Pursuit* (*trivial* heißt auf englisch auch läppisch). Die richtige kleine Antwort auf die knifflige kleine Frage, ich bin dran, dann du, dann er...

Aus dem Keller kommt bedrohlich dumpfes Plumpsen, in der Badewanne wabert ekelhafter Schleim. Kann es wirklich sein, daß niemand etwas merkt, Alarm schlägt, sich in Bewegung setzt? Von Zeit zu Zeit guckt einer der Spieler in den Korridor, sieht sich um, spitzt die Ohren und wirkt erschrocken. Aber dann geht er wieder zurück an den Tisch, guckt noch einmal nervös hinter sich und taucht wieder ab ins Spiel. Ihr kriegt die Würfel, jetzt wir, dann sie...

Da sitzen sie, die Italiener (oder jedenfalls viele), mit Gänsehaut, und erwarten den letzten Kracher, Einsturz, Schrei. Nur, hierbei sitzt niemand von uns im Zuschauerraum; wir sind alle Hauptdarsteller.

Der falsche Beamte |

Von ganzem Herzen wünschen wir uns, daß die Ermittlungen gegen den falschen Beamten, der seit Jahren Dienst im Turiner Polizeipräsidium getan hat, nichts erbringen, was über die amüsante Alltäglichkeit hinausgeht, daß jedenfalls alle Verdachtsmomente auf miese Schiebereien und dunkle Machenschaften zusammenfallen zugunsten der kristallenen Reinheit des Hochstaplers.

Aus Büchern und dem Leben selbst wissen wir, daß es seit ältesten Zeiten Männer und Frauen aller Altersklassen und Lebensumstände gibt, die gern etwas verkörpern, was sie nicht sind, die Schicksale fingieren, Bettelmasken überstülpen und in anderer Leute Kleider schlüpfen. Wie Aschenputtel als geheimnisumwobene Prinzessin erscheint, so gibt der kleine Angestellte an mit angeblich hochkarätigen Förderern, ist die Putzfrau von edelstem, bis in die Renaissance zurückreichendem Geblüt (ist sie farbig, stammt sie aus königlichem Haus), zeigt der Friseurgeselle auf sein weißes Boot da unten an der Mole, läßt die Stenotypistin Andeutungen über eine glanzvolle Vergangenheit zwischen Luxuslinern und Grand Hotels fallen. Mein Vater hat eine große Firma, ist ein berühmter Chirurg. Meine Tante besitzt eine Villa am Brenta. Ich bin eigentlich Oberleutnant der Luftwaffe, Mafiaboß, italienischer Meister im Wasserski, beim Geheimdienst, bei der UNO, bei Fellini beschäftigt, Milva wollte mich unbedingt für ihre Show, mit Minister Dingenskirchen bin ich per du, die Idee für diese Cartier-Spange stammt von mir.

Pathetische Lügen, unschuldiges Geprahle, aber der Blick geht immer von unten nach oben, zielt auf jene unerreichbare Galaxie von Reichtum, Luxus, Erfolg, Prominenz und Prestige.

Und da kommt dieser falsche Polizeibeamte aus Turin, wirft uns einfach unsere armseligen soziologischen und psychologischen Parameter durcheinander und reißt plötzlich eine Tür weit auf zu neuen Rätseln und neuen Labyrinthen des Menschenhirns und -herzens. Dieser Simulant hat sich ja nicht etwa zum Polizeipräsidenten, zum Kriminalkommissar oder wenigstens zum Mitglied irgendeiner Mordkommission oder des Staatsschutzes aufgeschwungen, ihn hat es nach der marginalen Planstelle und der anonymen Umgebung einer Paßbehörde gelüstet. Seine Pfauenfedern waren der graugrüne Wintermantel der Meldestellenmenschen, nicht Humphrey Bogarts beiger Trenchcoat.

Also gibt es im Universum der klammheimlichen Aufstiegs- und Kompensationsstrategien auch die Schicht der »Armutsmythomanie«. Und um uns herum leben vielleicht Tausende oder Millionen Pseudostraßenbahnfahrer, vermeintliche Müllmänner, angebliche Bürohengste, imaginäre Amtsgehilfen und Schulhausmeister, Phantasieverkäuferinnen, erfundene Gepäckträger und Hilfsarbeiter, Kellner, Gewerkschaftler, Volksschullehrer, Krankenschwestern und Hausfrauen, die bloß so tun als ob und eine Rolle spielen, die gar nicht ihre ist. An einer solchen weit verbreiteten Kollektivfiktion könnte es dann allerdings liegen, daß wir von Zeit zu Zeit ganz entschieden den Eindruck haben, daß niemand mehr an seinem Platz ist und niemand mehr tut, was er zu tun hat; daß also die Wirklichkeit, falls sie überhaupt existiert, außerhalb unseres trügerischen *teatro instabile* stattfindet.

Wer zu spät kommt, den belohnt . . .

Wir sind seit langem überzeugt, daß die italienischen Regierungs- und Verwaltungsbehörden als Subgenre der phantastischen Literatur angesehen werden müssen. Denn immer, wenn das Fleisch mal unwillig ist und das Gefühl auftaucht, das Fernsehen bringt auf jedem erdenklichen Kanal dasselbe Programm, brauchen wir beispielsweise nur an all die Eisenbahner zu denken, die Tausende von Eisenbahnern, die wackelnd und wutschnaubend und aufstampfend die ganze Halbinsel hinauf und hinab durchqueren und sich so ihre »Schüttelzulage« verdienen, und schon setzt bei uns eine lebhafte Phantasietätigkeit ein. Was eigentlich ließe sich für deren Kollegen, die bloß in Dienstzimmern herumhokken und Verspätungen koordinieren, aus dem Staatsärmel schütteln? Eine Arschbackenzulage vielleicht? Und für die Stationsvorsteher – eine Armhoch-Zulage?

Oder, in den Augenblicken, in denen das Leben einem grau, prosaisch und eintönig erscheint, kommt Trost aus der fabelartigen Vision all jener Kilometer, jener Hunderte von Kilometern Papierstreifen, die Monat für Monat aus den Registrierkassen kleiner Läden quellen, um in irgendeinem Finanzamt aufzulaufen zu Tentakelknäulen, schwindelerregenden Ringen und monströsen Gorgonenhaaren und die vielleicht dazu bestimmt sind, sich eines Tages in aller Stille über Straßen und Plätze zu wälzen...

Deshalb haben wir uns wie echte Liebhaber über die Meldung von vorgestern sehr gefreut: Eine Prämie in Höhe von zweitausend Lire pro Tag soll denjenigen Beamten zuerkannt werden, die pünktlich im Dienst erscheinen und sich nicht wegen privater Vorhaben und Geschäfte von ihm entfernen. Die Einzelheiten des zwischen Ministerium und Gewerkschaften ausgehandelten Vertrages lassen erkennen, daß wir es hier mit einem vielfältig verwendbaren Meisterwerk zu tun haben, einem hervorragenden Opus, in dem Gogol und Kafka, Hoffmann und Dante, Orwell und Poe verschmolzen worden sind. Schon der Begriff der »Pünktlichkeit« selbst scheint auf wundervolle Weise erweitert. Geht nämlich das Zuspätkommen oder unbegründete Fernbleiben über die Dauer von sechzig Minuten hinaus, dann – so erfahren wir – ereilt den Schuldigen die ganze Unerbittlichkeit der Strafe: Die Prämie wird nur zur Hälfte gezahlt! Bei bestimmten Staatsdienern (etwa den Angestellten von Schießplätzen und den Fahrern von Panzerfahrzeugen) soll es genügen, daß sie mit nur neunundfünfzig Minuten Verspätung an Kanone und Geschoß treten beziehungsweise ihren Panzer nur neunundfünfzig Minuten im Stich lassen, dann bekommen sie die doppelte Prämie von viertausend Lire.

Das ist doch Stoff für Träume... Schon sehen wir unser Land von den Streiks chronisch Zuspätkommender geschüttelt, die Gleichstellung und Anpassung fordern. Andere Leute sehen wir bis aufs Blut dafür kämpfen, daß die zweitausend Lire generell in die Lohntüten kommen, unabhängig von Verspätung oder Abwesenheit. Und wir ahnen voraus, wie bald alle Arbeitnehmer, ob öffentlich oder privatwirtschaftlich, ob angestellt oder selbständig, die volle Anwendung nach dem Gleichheitsgrundsatz auch für ihren Arbeitstag verlangen, und dann ist irgendwann endlich die überragende mystisch-paradiesische Wahrheit erreicht, nach der ganz Italien seit Jahren strebt: Löhne, Gehälter und Einkommen haben heutzutage keinerlei Beziehung mehr zur geleisteten Arbeit, sie müssen in jedem Fall und vorab gezahlt werden. Und so gibt es bald »Prämien« für den Rechtsanwalt, der seinen Klienten vor Gericht nicht im Stich läßt, für den Fußballer, der nicht in der achtzehnten Spielminute eigenmächtig das Feld verläßt, für den Tenor, der pünktlich zum Vortrag des *Rigoletto* in der Scala erscheint, für den Schriftsteller, der nicht...

Demütigungszulage |

Wir wünschen uns, daß künftige Auflagen des *Großen Wörterbuchs der italienischen Bürokratie* nicht von einem Lexikologen, Semiologen oder Soziologen kompiliert werden, sondern von jemandem, der in erster Linie Dichter ist. Denn nur ein Dichter wird in der Lage sein, gewisse tollkühne Höhenflüge der Imaginationskraft, gewisse phantasmagorische Verzerrungen, gewisse exquisite Dunkelheiten, die hermetischen Lyrizismen bei Anspielungen und Querverweisen und das beinah sinnliche Flechtwerk aus Graumäusigkeit und Überdrehtheit, bleierner Gewichtigkeit und luftiger Leere angemessen zu würdigen, von denen die bürokratische Nationalliteratur so viele leuchtende Beispiele geliefert hat.

Und offenbar weiterhin liefert, wenn es stimmt, daß die Totengräber von Trient eine staatliche Entschädigung in Gestalt einer »Demütigungszulage« fordern, weil sie sich aufgrund ihres traurigen Berufs ausgegrenzt, schief angesehen, verachtet und verspottet fühlen.

Die Genialität dieses Begriffs darf uns nun allerdings nicht übersehen lassen, daß das Unbehagen an ihrer düsteren Tätigkeit real und begründet ist. Es ist unserer Zivilisation im Laufe der Zeit gelungen, den Tod nicht nur zu vergessen oder zu ignorieren, sondern ihn buchstäblich das Gesicht verlieren zu lassen. Was hat der knöcherne Sensenmann mit dem schwarzen Umhang noch zu schaffen mit Statistiken über Krebs, AIDS, Drogen, allwochenendlichen Verkehrskatastrophen, mit Kongressen über Hochdruck und Unterernährung oder gar mit den Schrecken atomarer Vernichtung? Wer ist heute imstande, die feierliche und vertraute, bebende und kecke und manchmal sogar scherzhaft-burschikose Beziehung mit ihm zu pflegen, die bis vor wenigen Generationen noch natürlicher Bestandteil unserer Tradition war? Heute hat der Tod kein Antlitz und kein Prestige mehr, und seine demütigsten Diener – eben die Totengräber – sind nur noch anachronistische Figuren wie Hufschmiede oder Hofschreiber.

Mit dem Unterschied allerdings, daß an ihnen stets und auf Dauer Bedarf besteht. Was kann man also tun? Eine von einer renommierten Werbefirma durchgeführte Imagepflegekampagne, der Sarg hochglanzpoliert zwischen Babywindeln, Shampoos, Enthaarungscremes, Waschpulver und sonstige unverzichtbare Gegenstände des täglichen Lebens drapiert, vielleicht. Oder einen technologischen Sprung nach vorn, der das komplett dehumanisierte Begräbnis möglich macht, ferngesteuert aus einer unsichtbaren Kabine voller Schalter und Monitore, ein Vorgang wie Erbsen- oder Bonbonsverpacken. Aber vielleicht genügt es ja auch, sie einfach nur nicht allein zu lassen, die bedauernswerten Totengräber, sondern sie spüren zu lassen: Wir sind bei euch und solidarisch mit euch und fühlen dasselbe wie ihr – auch wir mit all unseren trostlosen Berufen hätten gern die »Demütigungszulage« im Tal der Tränen.

Spaghettiessen
auf der Piazza di Spagna

Am liebsten würden wir diese Bemerkungen in Latein abfassen und müßten das eigentlich auch, nämlich in dem direkten und dramatischen Latein des Marcus Tullius Cicero, der seinem Freund Atticus im Jahre 40 v. Chr. brieflich gestand, wie schwer oder vielmehr unmöglich es für ihn sei, eine Wahl zwischen Cäsar und Pompeius zu treffen.

»Mich gemeinmachen mit dieser widerlichen Horde? Aber wenn ich das nicht täte, befände ich mich in Gesellschaft jenes anderen schändlichen Haufens!«

Es sind verzweifelte Briefe voller Pein, und sie passen gut zu einem Dilemma, das dieser Tage anläßlich der Eröffnung eines Fast-food-Restaurants auf der römischen Piazza di Spagna aufgetreten ist. Die Lizenz für das Lokal war vor Jahren noch von der roten Stadtregierung erteilt worden; um die heutige Regierung dazu zu bringen, sie wieder rückgängig zu machen, hat ein Komitee »Rettet Rom« am vergangenen Samstag eine Demonstration mit abschließendem kolossalen Spaghettiessen auf dem Platz organisiert.

»Stop den neuen Barbaren!«, »Verteidigen wir unsere Kultur!« und *»Wer schneller ißt, stirbt auch schneller«* – so besagten die von den Demonstranten aufgepflanzten Schilder. Von der Bühne dröhnten Leute herab, die sich als »Persönlichkeiten aus Kultur und Unterhaltung« zu bezeichnen pflegen. Auch der damalige kommunistische Stadtrat Nicolini, der *pontifex* jenes peinlichen patriotischen Gelages, war gekommen.

Nieder mit dem ausländischen Hamburger, es lebe die italienische Pizza! So der einmütige Aufschrei.

Nun, teurer Atticus, es ist nicht etwa so, daß wir diese grellbunten Lokale, in denen es Klopse mit Fritten und Cola gibt, mögen, noch finden wir den jugendlichen Pöbel, der aus den verrufenen Stadtvierteln dorthin zusammenströmt, besonders anheimelnd. Aber warum kommt Protest erst jetzt auf? Die zierlichen Stufen der Spanischen Treppe sind doch seit Jahren nur noch Marktplatz für unanständigen Plunder, und im letzten Sommer haben wir dort sogar ein Subjekt mit Eimer und Waschschüssel hantieren und Touristen für hundert Lire die Füße waschen sehen. Seit Jahren ist die ganze Stadt Rom brechend voll von Gestank, Krach, Veranstaltungen und Menschenmassen, die rein gar nichts mit Kultur und Zivilisation zu schaffen haben. Ganz zu schweigen von Denkmälern, Palästen, Museen und all den anderen Meisterwerken der Kunst, die dem Verfall preisgegeben sind, ohne daß irgendein Komitee auch nur den kleinen Finger rührt.

Und die einheimische Pizza? Das Mehl kommt aus Kanada, die Oliven aus Griechenland, die Sardellen aus Japan, die Mozzarella wird zwar in Mailand gemacht, aber aus französischer oder dänischer Milch. Sie liegt entschieden schwerer im Magen als ein Hamburger, außerdem produziert sie, wo sie hergestellt wird, Schwaden und Gestank von atemberaubender Anhänglichkeit. Und die barbarische, unverdauliche Cola? Tja, dann wollen wir mal einen gesunden Schluck Rotwein aus unserer methanolverarbeitenden Industrie zu uns nehmen.

Nein, teurer Atticus, wer immer sich als überlegen erweisen wird, Cäsar oder Pompeius, die Zukunft ist in jedem Fall abscheulich. Und eine Chance hat nur, wer sich vom Fastfood-Restaurant auf der Piazza di Spagna und am besten *tout court* von der gesamten Piazza di Spagna fernhält. Aber deshalb empfinden wir noch lange keine Lust auf Spaghetti, die mit national-populistischer Sauce angerichtet und im Namen eines »Römertums« oder »Italienertums« serviert werden, die allesamt nicht weniger künstlich zusammengekleistert und hohltönend sind als die, die auch *Mussolini Dictator* mundeten.

Venedig:
Die Wiederkehr des Privilegs

Als er fertig ist mit dem Gitarreklimpern und sein Liedchen zu Ende gesungen hat, rollt der junge Mann aus Holland (oder Bergamo oder Finnland oder dem Aostatal) den Schlafsack auseinander, streckt sich aus, zieht den Reißverschluß hoch und entschlummert selig zu Füßen der Basilica di San Marco. Bald darauf jedoch beugt sich eine bedrohliche Gestalt über ihn: Es ist ein uniformierter Polizist, der ihn auf der Grundlage einer kürzlich vom Bürgermeister von Venedig erlassenen Verordnung auffordert, seinen Krempel zu packen und zu verschwinden.

Weder der eine noch der andere sind sich bewußt, daß sie geradezu caravaggieske Figuren sind und womöglich eines Tages dank einer zwischen Realismus und Symbolismus, Historien- und Legendenmalerei schwankenden Komposition unsterblich werden, die den Titel *Die Wiederkehr des Privilegs* trägt.

Denn darum geht es in der Tat. Das Problem liegt da unter dem Wasserspiegel wie ein riesiger Meeresdrachen, der hier und da schon den Kopf hervorreckt. Es genügt, daß unsere Welt einfach mehr oder weniger so weiterfunktioniert wie bisher, und in ein paar Jahren wird sich das Untier in seiner ganzen stachligen, schuppigen Penetranz erheben.

Immer einfacher reisen mit immer großräumigeren Flugzeugen oder immer verbreiteteren Zügen, Autos und Motorrädern bringt immer unaufhaltbarere Massen von »armen« Touristen in Umlauf. Zweifellos kann man Pizza und Dosengetränke, Brot und Fisch grenzenlos für sie vermehren. Nicht aber Venedig, Florenz, Capri, Pisa, Siena oder Taormina; von denen darf man endlich und ohne wegen Klischeehaftigkeit zu erröten behaupten, daß sie »einmalig« sind. Diese wunderbaren Städte sind schicksalhaft gezwungen – andernfalls droht ihre totale Zerstörung –, ein Privileg für Minderheiten zu werden. Minderheiten im streng physischen Sinn, wer reinkommt, ist dabei, wer nicht reinkommt, bleibt außen vor.

Das ist eine brutale und von unserer amortisationsverliebten Gesellschaft lange abgewehrte und verdrängte Wahrheit. Aber lange durchhalten können wir ohne sie nicht mehr. Filtersysteme und Richtlinien müssen erdacht, Entscheidungen gefällt und Beschlüsse wie die der Commune di Venezia gefaßt werden. Das ist keine Frage irgendeines Pro und Contra »Jugendliche«, wie bereits in demagogischer Absicht suggeriert wird: Nationale Megatreffen alpinistischer Veteranen oder torkelnder Bersaglieri, die nicht bloß drei Tage, sondern drei Monate am Stück dauert, könnte auch keine italienische Stadt verkraften. Hunderttausend Rentner, hunderttausend Zahnärzte, hunderttausend Nonnen, hunderttausend Klempner, die sich auf Dauer zwischen dem Palazzo Pitti und den Uffizien niederließen, würden nicht weniger Probleme schaffen als hunderttausend Twens.

Und wen soll man reinlassen? Erst mal alle und dann mal sehen, was passiert? Die alten Leute, die wenigstens einmal im Leben Venedig gesehen haben möchten? Die Begüterten, die nicht aus dem Haus gehen, sobald irgendwo Pöbel aufkreuzt? Die bewährten Liebhaber und Genießer der künstlerischen Schönheit? Scharen analphabetischer Affen, auf daß die Kunst sie erlöse? Oder soll man es dem Zufall überlassen: Die ersten Zehntausend rein nach Venedig, der Rest wird nach Mestre umgeleitet? Soll man den Zustrom quotieren nach Städten und Nationen – so und so viele aus Novara, so und so viele aus Dänemark? Oder den Touristen eine unermeßlich große Zeltstadt auf der halbverödeten Insel San Erasmo errichten (die dann im folgenden Jahr allerdings Pilger in doppelter Zahl anlocken würde)?

Es geht um Weichenstellungen von epochaler Bedeutung, die den Europäischen Rat eigentlich nächtelang beschäftigen müßten. Um fundamentale Fragen von Prinzip, Moral, Recht und Religion, die Plato und Augustinus, Luther und Kant schwer zu schaffen gemacht hätten.

Wir dagegen überlassen sie unseren sehr geehrten Beamten, Bürgermeistern, Präfekten, Polizeipräsidenten und Stadträten, als besäßen sie die Kompetenz des Wissens, wie man kämpft wie der heilige Georg und malt wie Caravaggio.

Ermittlung in Sachen Nacktheit

Es fällt einem wahrlich nicht schwer, sich auszumalen, was in Tropea passieren wird nach dem Beschluß des Gemeinderates, am örtlichen Strand Nacktheit vollständig zu untersagen, ausgenommen denjenigen weiblichen Badegästen, die »in der Lage sind, die Schönheit und Fraulichkeit des Körpers herausragend darzustellen«. Das sofort auftretende Problem für die Gemeinde wird sein: festzulegen, wer nach welchen Kriterien entscheiden darf über die entsprechenden Genehmigungen und Ausnahmen. Ein ziemlich dornenreiches Problem für kalabresische Parisse; sie müssen sich über praktische Anweisungen einigen, die sie ihren Schutzpolizisten, die den Beschluß durchsetzen sollen, anbieten können.

Was für Erkennungsmaterial sollen sie ihnen an die Hand geben? Ein *Playboy*-Heft? Eine Reproduktion der Venus von Milo? Einen Akt von Rubens oder Canova? Da werden spontan neue Mehrheiten für Tizian entstehen, Anti-Cranach-Listen, Gutachten pro Modigliani, Expertisen über Picasso. »Die Dicke da herausragend fraulich? Ach, geh doch los!« – »Du sei bloß still mit deiner herausragenden Vorliebe für Bügelbretter!«

Polemiken werden wütender, Beleidigungen blutiger, Rücktritts- und Krisendrohungen schärfer, sobald die öffentliche Gewalt anfängt, ihre Pflicht zu tun. »Tut mir wirklich leid, gnä' Frau, mich persönlich hat ein Hintern, der'n bißchen hängt, ja nie gestört, im Gegenteil. Aber Vorschriften sind Vorschriften. Kommen Sie mal bitte mit ins Rathaus, der Stadtrat kuckt sich das mal an.«

Es wird eine Kontrollkommission eingerichtet, eine Art Untersuchungsausschuß Nackte. Die Gattinnen der Ausschußmitglieder werden fürchterliche Eifersuchtsszenen machen (»Ich zeig' dir gleich dein manieristisches Schambein!«), eine Serie von Nötigungen, Einschüchterungs- und Erpressungsversuchen seitens Verwandten, Freunden, Freunden von Freunden bis hin zur unvermeidlichen 'ndrangheta wird losgehen. »So so, meine Cousine hat eurer Meinung nach zu viele Haare? Na, dann seht mal schön zu, daß eure Töchter nicht eines Tages zuviel TNT im BH haben!«

Ganz zu schweigen von den Randgruppen, die mit ihren jeweils gruppentypischen Slogans das Rathaus stürmen werden: »Hängetitten gegen rassistische Diskriminierung!«, »Hoch lebe der Riesenarsch!«, »Cellulitis is beautiful!«, »Schlaffe Backen für Demokratie!«

Endlich nach krampfhaften Telefonaten und hektischen Reisen nach Rom werden sich die Parteizentralen einschalten. Es wird wie üblich auf eine Quotenregelung hinauslaufen. Der Strand von Tropea wird einem freikörperkulturellen Fünfparteienkompromiß unterworfen und proporzgemäß Häßliche, Gräßliche, Hexenscheußliche und einfach Greuliche quotieren, jeweils so und so viele für die Christdemokraten, so und so viele für die Sozialisten, so und so viele für die Sozialdemokraten und so weiter, und angesichts des Häufleins kommunistischer Zwerginnen wird ein Auge zugedrückt.

Und wenn das Problem dann endlich geklärt ist, wird die Radikale Partei sagen: Ah so – und der männliche Körper? Hat der etwa nichts Herausragendes? Und alles wird von vorn losgehen.

Geschlecht und Malerei
Und wenn eine Nase drunter wäre?

D ie Blätter, mit denen Adams und Evas Nacktheit in der
Cappella Brancacci in Florenz überdeckt ist, sollen endlich
entfernt, abgenommen, abgelöst werden; aber ein leises Unbehagen, ein unerklärliches Zögern verbietet uns, diese gute
Nachricht – denn das ist sie, anders kann man sie nicht
nennen – begeistert aufzunehmen.

Es sind absurde gegenreformatorische Blätter – eine
Schamlosigkeit zur Verhüllung der »Scham« unserer Urel-
tern –, und es ist richtig, daß sie jetzt fallen, was immer uns
angesichts anderer restauratorischer Aktivitäten, angesichts
jedes bösartigen oder gutgemeinten Eingriffs in den Kunst-
bestand der Nation im allgemeinen bestürzen (sagen wir
ruhig: entsetzen) mag. In diesem Fall jedoch scheinen die
Restaurateure gar keine Pfuscher zu sein, die Restaurierung
der erogenen Zonen ist obendrein eine begrenzte Angelegenheit, und Masaccios Fresko wird unmittelbar davon profitieren.

Es handelt sich um Blätter ohne künstlerischen Wert, und
bis Federico Zeri uns Genaueres erklärt, gefällt uns die Vorstellung, die verschämte Verhüllung sei in bürokratischer
Schlichtheit im Vorzimmer eines überbeschäftigten Kardi-
nals beschlossen worden, der sich zwischen zwei Terminen
mit einem obskuren Monsignore darüber unterhalten hatte,
welcher seinerseits einen bescheidenen Handwerker rief, der
eines windigen Morgens zu Farben und Pinseln griff und für
ein paar Heller oder womöglich sogar umsonst die bigotte

Warum also nötigt uns die Wiederherstellung des Originals, die sakrosankte Rückgewinnung eines großen Meisters nicht wenigstens ein Händereiben ab?

Nun, wir fragen uns, ob unsere widerstrebende Haltung nicht genau mit dem zu tun hat, was diese Blätter jahrhundertelang verborgen hatten. Wenn »drunter« ein, sagen wir mal, Ellbogen wäre, ein Knöchel, ein Knie, würden wir hier möglicherweise nicht das Beckmesser wetzen. Vielleicht ist es die Vorstellung von dem, was danach kommt, was uns schaudern läßt: Besuchergruppen mit brennenden Äuglein, schlüpfrige Kommentare, Zweideutigkeiten, Bildreportagen in sämtlichen halbseriösen Wochenmagazinen, zotige Bildunterschriften – und schon rutscht das noble Kulturereignis in den Brei zahlloser anderer »Ereignisse« wie Modenschauen, Schönheitskonkurrenzen, Shows, Ausstellungen und zwischen andere ungezählte nackte Brüste, Schenkel, Gesäße, Flanken.

Ja, das muß es sein, was uns Angst macht: daß an die Stelle der abscheulichen Blätter nunmehr die abscheuliche, beliebige Vulgarität unserer Zeit tritt und Adams und Evas Lenden gürtet.

Ihr antiker Fluch und ihre verdrängte Scham sind unerbittlich angekommen bei uns, den Schöpfern und Bewohnern einer Welt, die eine gute Nachricht nicht mehr einfach als das nehmen kann, was sie ist, als gute Nachricht. Ach wäre doch wirklich eine Nase drunter!

Unser Platz ist nicht mehr hier

(Ein Brief der Autoren)

Lieber Chefredakteur,

wir fragen uns ernsthaft, ob unsere Mitarbeit an dieser Zeitung noch Sinn hat. Ein *commentator ridens,* also einer aus der Gattung, zu der auch wir gehören, braucht zum Überleben das Kräutlein der Übertreibung und das Wasser der Verdrehung; er nährt sich von paradoxen Hypothesen, sarkastischen Übersteigerungen, phantasiestrotzenden Extrapolationen; er hegt keineswegs die Erwartung, daß die surreale Realität, die er im Witz vorführt, mit seinen entfesseltsten Übertreibungen übereinstimmt; er empfindet sich nicht als Prophet und möchte auch keiner sein.

Vor ein paar Tagen haben wir in unserem Kommentar zur Cappella Brancacci nach altem Brauch mal wieder die Farbe etwas dicker aufgetragen. Wir waren zwar froh über die gute Nachricht, daß Adams und Evas Feigenblätter fallen sollten, aber unser Jubel war doch durch die Befürchtung gedämpft worden, die Vulgarität unserer Zeit könnte Masaccios Fresko mit einem neuen und viel gemeineren Blattwerk überranken.

Wir malten uns (einfach so, fast beschwörend) einen ganzen Plündervorgang mit kommerziellem Kitzel und eine multimediale Orgie aus Sauereien aus, in deren Mittelpunkt Adam stehen würde, nachdem er sich endlich von der gegenreformatorischen Prüderie hätte emanzipieren und seine rohe männliche Nacktheit zurückbekommen dürfen.

Da blendet uns gestern (29. Januar) eine Überschrift auf S. 16 des *Corriere della Sera* wie ein Blitz Jahwes. »DER

NACKTE ADAM NACH DREI JAHRHUNDERTEN
ZENSUR LIVE IM FERNSEHEN«. Zwar hatten die Fachleute ihre reflektographischen Untersuchungen noch gar
nicht abgeschlossen, aber ein Team des Frühstücksfernsehens
stand schon parat, um endlich in Adams Phallus den Phallus
Adams zu enttarnen. *Voll Saft und Kraft* sei der, läßt der
anonyme Berichterstatter uns wissen. Und er fährt fort mit
der Erläuterung, es handele sich bei der Restaurierung um
*»eine Revolution, nach der die Geschichte der Kunstkritik und der
Kunstbucheditionen umgeschrieben werden muß . . . Masaccios*
Vertreibung aus dem Paradies *ist in sämtlichen kunstgeschichtli-
chen Werken und Enzyklopädien abgebildet. Hunderte von Seiten
müssen jetzt ersetzt werden durch das neue Adam-Bild. Es sei noch
hinzugefügt, daß dieser neue Adam mit Zittern erwartet wird.
Durch ganz Florenz geht seit Tagen ein erregtes Beben, und schon
denken die ersten über Geschäfte nach, die sich damit machen lassen.
Die Postkartenhersteller jedenfalls haben sich auf den Druck von
Tausenden von Karten mit der* Vertreibung *in der vollständigen
Fassung eingestellt.*«
 Lieber Direktor, Ihnen ist sicher klar, daß unser Platz,
unser Business jetzt, wo die Dinge so stehen, nicht mehr hier
ist, sondern da unten an der Seite von Daniel und Jesaja, von
Jonas und Habakuk. Ein (mehr oder weniger) erregtes Beben
veranlaßt uns zu dem Versuch, Mitarbeiter des *Niniveer
Tagblatts* oder der *Gomorra Daily News* zu werden. Die
Anschrift unserer Grotte in der dortigen Wüste werden wir
Ihnen baldmöglichst zukommen lassen.

 Mit den herzlichsten Grüßen –
 Ihre F & L

Pflichtwohnsitz

In der Liste der Fragen, die uns am häufigsten gestellt werden, taucht gleich nach der, die an der Spitze steht (»Wie machen Sie das eigentlich, zu zweit zu schreiben?«), die andere auf, und zwar stets in Begleitung einer zwischen Bewunderung und Mitleid angesiedelten leisen Grimasse: »Wie machen Sie das eigentlich, in Turin zu leben?« Als wären wir zwei in irgendeinem mörderischen Sahara-Vorposten einquartierte Legionäre oder in irgendeine öde Suez-Botschaft strafversetzte Diplomaten.

Wir könnten solche Fragen übelnehmen und für taktlos und beleidigend halten. Wir könnten erwidern, daß wir unsererseits nicht begreifen, wie andere Schriftsteller es machen, in anderen italienischen Städten zu leben. Wir nehmen es aber nicht übel und sind auch nicht beleidigt. Denn wir wissen ja sehr gut, daß sich das Problem für unsere über die ganze Halbinsel verstreut lebenden Kollegen nicht stellt; es ist uns nur zu klar, und jedem anderen auch, wieso und warum sich ein Schriftsteller in jenem unerhörten Juwel namens Venedig oder im ewig aufgeregten Rom oder in Mailand, dem Tor Europas, oder in der Kulturmetropole Florenz glücklich niederläßt. Selbst Triest, Parma, Bologna, Neapel und Palermo haben unmittelbar einsichtige und akzeptable Begründungen zu bieten, und sogar das ligurische Städtchen oder das Dörfchen in Kalabrien, der Lombardei, dem Veneto werden sofort akzeptiert als »normaler« Wohnsitz für jemanden aus unserer Branche.

Ausgerechnet in Turin auf die Piste zu gehen dagegen, wenn man das Glück hat, in ein Land hineingeboren zu sein, in dem sich die Verlockungen und Versprechungen der Großen Kunst stärker ballen als in irgendeinem anderen Teil der Welt, das erscheint tatsächlich merkwürdig, um nicht zu sagen pervers.

Ein Schriftsteller, ein Künstler im allgemeinen – so versichert ein altes Klischee – könne nur gewinnen, wenn er seine schöne Seele einer Stadt aussetzt, die ihn mit herrlich anmutigen und vielgestaltigen Mauern und Monumenten zu bezaubern weiß; von Meisterwerken umgeben, gerate er unter ihren Einfluß und werde schon beim bloßen Zigarettenholen von ihr inspiriert. Ein zweites Klischee hebt hervor, von welch befruchtender Bedeutung Kontakte mit seinesgleichen seien. Ach ja, der anregend kreisende Klatsch (»Und dann sagt er, daß der ihm gesagt hat, sie hätten dir gesagt...«)! All die belebenden Buchpräsentationen, Ausstellungen, Werkschauen, Podiumsdiskussionen, Vorpremieren! Die Zugehörigkeit versichernden Umarmungen von Kollegen, die Projekte, Kränkungen, Preisverleihungen, Intrigen, die Begegnungen mit dem durchreisenden internationalen Genius! Ein drittes Klischee verordnet einem Schriftsteller ein Ambiente geeigneter sozialer Kontakte. Zwischen Elektronikmagnaten und Hochfinanziers, die ihn schon mal fragen, was er denn Schönes mache, zwischen Ministern und Regisseuren, die sich bei ihm einhaken, Schauspielerinnen, die sich zutraulich auf seinen Schoß setzen, Fußballspielern, Gewerkschaftsfunktionären und Sängern (Rock oder Oper), die ihn duzen, nämlich fühle sich ein Schriftsteller als unverzichtbarer Teil eines höchst lebendigen Ganzen. Und derart beachtet, gehört, verehrt, gratifiziert und integriert gebe er dann sein Bestes zur Freude von Zeitgenossen wie Nachwelt.

In Turin existiert keine dieser Idealbedingungen. Zwar ist die Stadt wunderschön, aber nicht in dem Sinn, in dem man das zum Beispiel von Lucca, Siena, Bergamo oder Mantua behauptet; die wenigen Literaten, die hier arbeiten, begegnen sich selten und dann eher zufällig unter den Kolonnaden und verabschieden sich auch schleunigst wieder mit ebenso warmen wie falschen Versprechungen, einander anzurufen (»Wir sollten uns zusammensetzen, wir müssen unbedingt mal einen Abend lang reden!«); und was die sozialen Kontakte anbelangt – es gibt in Turin keine alles vereinende und hätschelnde mondäne Gesellschaft, und das bißchen vorhandene Kultur steht allein mit dem Glas in der Hand herum und beobachtet Industrie, Politik, Aristokratie und Justiz, wie sie exakt dasselbe tun, ein jedes in seinem Eckchen.

Eine »schwierige« Stadt, zweifellos. Schwieriger – trotz der gegebenen gleichen Unzulänglichkeiten und Dummheiten in Landes-, Regional- und Stadtverwaltungen – als jede andere Stadt Italiens. Nun lehrt das Leben aber, daß man immer Möglichkeiten findet, etwas als wirklich unerträglich Empfundenes (Ehegatten, Arbeitsplatz, die Stadt selbst oder was auch immer) zu verlassen. Insofern müssen wir wohl den Schluß ziehen, daß uns Turin, so wie es ist, gut paßt.

Wir geben es zu: Über den albernen Flughafen, das deklassierte Opernhaus und die seit Jahren geschlossene Galerie für Moderne Kunst können wir uns kaum empören; die funkelnagelneuen Bahnhöfe der *Metropolitana Leggera* (so lautet der phantasievolle Name, den man sich für die Straßenbahn ausgedacht hat) dagegen mit ihren ambitioniert ins Nichts gehängten Schildern »Ausgang« und »Eingang« amüsieren uns doch sehr. Dank solcher Widersprüchlichkeiten und Absurditäten ist die savoyische Hauptstadt nicht nur weniger ausgestorben und monoton, als sie wirkt, sondern auf geheimnisvolle Weise im Einklang mit dem Wahn der Zeit. Das Stadion, in dem Italiens berühmteste Fußballmannschaft spielt, bröckelt vor sich hin, ist unbequem und buchstäblich jedem Unwetter weit aufgeschlossen; die elegante homogene

Architektur des Stadtzentrums wird von der verschrobenen Imposanz der Mole Antonelliana durchkreuzt; auf der ganzen Welt erlaubt sich kein Autokonzern oder sonst eine Firma derart grauenhafte Bürogebäude wie Fiat auf dem Corso Marconi; baumbestandene breite Verkehrsadern werden zu Parkplätzen umfunktioniert; der Kult um das Schweißtuch der Veronika koexistiert mit jeder Menge Schwarzer Messen und Teufelsriten, die von pensionierten grauen Büroboten praktiziert werden; ein beklagenswertes Gefühl von Ausgegrenztheit und Abstieg koexistiert mit leicht verdecktem Technologie-, Stil- und Rassendünkel; jede Initiative wird augenblicklich gedämpft durch Skepsis, jeder Erfolg ironisiert, jede Leidenschaft gebremst durch eine unsichtbare Hand, die einen am Revers packt. Halbkalt, halbprovinziell, halbmodern und halbitalienisch ist Turin auf die ihm eigene, unerklärliche Weise eine essentielle Stadt, in der nichts passiert, aber alles anfängt, zutage tritt, durchsickert, in aller Stille geboren wird.

Also – antworten wir – wie macht man es eigentlich, *nicht* in Turin zu leben. Für Schriftsteller ein Pflichtwohnsitz.

Kapitel 5

Opera Seria

Bleierne Zeit,
federleichte Zeit

Bestimmt ist der Preis verdient, richtig, gerechtfertigt, aber auf uns, die wir hier etwas verspätet im Ende September schon etwas kühlen Sand sitzen, wo nur gedämpfte Echos von Festival und Jurys und Intrigen und Klatsch und Applaus aus kleinen und großen Kinosälen hinkommen, auf uns, die wir keinen der Wettbewerbsfilme gesehen haben und nur das bißchen wissen, was Schirokko und Südwest, die uns die Zeitung aus der Hand fegen, uns zu wissen gestatten, auf uns, die wir laienhafte alte Kinogänger sind, nicht mehr, wirkt dieser »Löwe« für einen Film mit dem Titel *Die bleierne Zeit* wie ein bleischwerer Plumps zurück in eine eigentlich noch viel zu jüngste Vergangenheit. Himmel – ist unsere erste Reaktion –, da sind wir wieder beim Engagement, da geht's schon wieder los mit der Volkstrauertagstimmung.

Nehmen wir also unseren Mut zusammen. Der Titel? Ein bißchen gewichtig, in Ordnung. Aber denken wir mal dran, daß wir vor Jahren zufällig einen Film eines jungen englischen Regisseurs mit dem Titel *Bleak Moments* gesehen haben und daß der sehr schön war. Sehr schön war auch *Der Fangschuß* über den Krieg der Freikorps im Baltikum, gedreht vom – sieh an – Ehemann der Margarethe von Trotta (oder einer seiner Schauspielerinnen? Der Wind hat die Seite da unten hingeweht, an ein umgekipptes Boot). Vielleicht ist es große Schauspielkunst. Und wer weiß, wie die anderen Filme waren. Man kann nichts sagen, sagen wir uns, man kann nichts beurteilen, bevor man es nicht gesehen hat.

In Wirklichkeit ist es aber gar nicht dieser bestimmte Film, ob er nun wunderschön oder stinklangweilig ist oder diesen oder jenen Titel hat, was uns deprimiert. Es ist ein allgemeinerer Zweifel, ein komplizierterer Argwohn. Selbst wenn uns der Film in ein paar Monaten in irgendeinem normalen Kino faszinieren sollte (glaubst du wirklich? Mit diesen beiden Schwestern, die von Anfang bis Ende diskutieren? Und wir kriegen – das Raffinierteste vom Raffinierten – keine einzige terroristische Aktion zu sehen? Also bitte!), selbst wenn uns, alles ist möglich, diese *Bleierne Zeit* körperlich und intellektuell auf unseren Kunstledersitzen festnageln sollte, selbst in dem Fall würde ein Zweifel bleiben und ein Verdacht weiterbohren: Wenn dies Jahr in Venedig *Diebe haben's schwer* im Wettbewerb gelaufen wäre, hätten sie dem auch den »Goldenen Löwen« gegeben?

Furio Scarpelli, der gemeinsam mit Age das Drehbuch für dieses Juwel geschrieben hat und hier mit uns am Strand sitzt, weicht unserer provozierenden Frage lächelnd aus. Das ist keine mögliche Hypothese. *Diebe haben's schwer* ist nicht wiederholbar. Damals waren andere Zeiten, ein anderes Klima. Immer mal wieder will irgend jemand es noch einmal versuchen, schreibt, kontaktiert, hat es eilig mit einer Musical-Fassung, einer Version, die in Harlem spielt, einer Aktualisierung, einem *remake*. Auf dem Papier ist der Plot perfekt, hat die Geschichte jener Bande von in jeder Hinsicht zu kurz gekommenen kleinen Dieben die Klarheit und Schlichtheit einer klassischen Komödie, vergleichbar den vertauschten Zwillingen oder dem prahlerischen Soldaten.

Dann aber merkt man, typisch bei Klassikern, daß man das Ganze lieber nicht anfaßt – jeder Verjüngungsversuch wird sich als unrealisierbar erweisen.

1957 ging es noch, Ganoven liebevoll darzustellen, sagt

Scarpelli, und in einem amüsierten Ton von ihren Aktionen zu erzählen. Im Grunde war der Film eine Metapher für das damalige Italien; es stand schon auf der Schwelle zur »modernen Zivilisation«, hatte aber noch einen riesigen rückständigen Hunger zu stillen und die Lumpen und Flicken erst vor nicht allzu langer Zeit abgelegt. Es ist hochinteressant, eine wie große Rolle Hunger in der italienischen Filmkomödie jener Jahre gespielt hat, in keinem Film fehlte eine Szene mit Riesenbrötchen oder gigantischen Spaghettiportionen, in keinem der Held, der Arbeit und Zukunft aufs Spiel setzte oder eine ausgesprochen herausfordernde Blondine sitzen ließ für eine Schüssel voll *pasta e fagioli* oder eine Pizza monumentalen Durchmessers.

Heute funktioniert Hunger als Hebel für Komik nicht mehr. Und wie sollte man Übeltäter glaubwürdig als Sympathieträger in Szene setzen? Kein Zuschauer, der nicht schon einmal direkt oder indirekt Opfer großer und kleiner Verbrecher geworden wäre; er hat Angst vor ihnen, er geht abends nicht mehr aus dem Haus, verbarrikadiert seine Wohnungstür, weiß, daß ihm Prügel, Messerstechereien, der Verlust von Hab und Gut drohen. Eine Bande ungeschickter Gangster, die nicht an Mafia oder Camorra angeschlossen ist, müßte heute, um glaubwürdig zu sein, aus Junkies oder Terroristen mit rasendem Herzschlag und ewig ballernden Revolvern bestehen. Wie könnte man mit so etwas Scherz treiben?

Dem Scherz und dem Witz hat Scarpelli sein Leben gewidmet, wie andere ihrs den Leprakranken widmen. Angefangen hat er, so erzählt er uns, in humoristischen Blättern. Als kleiner Junge zeichnete und schrieb er für *Marc' Aurelio*. Nach dem Krieg war er sogar Chefredakteur des antiklerikalen Blatts *Don Basilio*. Im *Avanti* (damals hieß der Chefredakteur Pertini) erschienen regelmäßig politische Karikaturen von ihm. Er war oft in der legendären Apotheke an der Piazza San

Silvestro in Rom, in der Garinei ein und aus ging, einem Ameisenhaufen aus Witzemachern, Humoristen der Studentenulk-Ecke, Karikaturisten, satirischen Zeitungsschreibern und Dichtern, *gagmen,* Schlager-, Illustrierten- und Vorprogrammautoren und Varietéregisseuren.

In dieser Umgebung, zwischen schmarotzendem Unterholz und Fischteich, in Unordnung, Krach und Improvisation, im Schmelztiegel aus Kalauereien und Respektlosigkeit, in vollkommener Spontaneität und Zufälligkeit, wurde die italienische Filmkomödie geboren, jenes größte Produkt kollektiver Kreativität und Genialität, das unsere Kultur nach der Commedia dell'arte und der Opera buffa hervorgebracht hat.

Natürlich hat es niemand gemerkt. Die Intellektuellen jener Ära mit ihrer Engagiertheit und ihrer Volkstrauertagstrübsal, die ihnen bereits den Blick trübten, suchten lieber *du coté de* Visconti nach dem national-populären Trüffel, und dieser edle Graf investierte sein Engagement in die filmische Verflachung jenes höchst raffinierten Avantgarderomans *I Malavoglia.* Niemand hat etwas begriffen, wie üblich.

Aber Scarpelli lacht hinter seinen dicken Brillengläsern. Er nimmt nicht übel, er klagt nicht ein, er hat keine Statusprobleme und braucht keine Anerkennung. Die Bescheidenheit klebt an ihm wie ein Taucheranzug.

Wir selbst, sagt er, haben uns sternenweit entfernt gefühlt vom »wahren« Kino, wie Ameisen auf der allseruntersten Stufe einer Marmortreppe. Wir haben unsere Farcen und Süppchen gekocht, wir haben unsere verrückten Figuren, unsere wahnwitzigen Extrapolationen konstruiert und immer nur aus dem geschöpft, was wir um uns herum sahen, unbewußt und verzückt. Wir haben gelacht und uns amüsiert, was wollte man mehr? Es waren bleierne Jahre. Uns kam es völlig normal vor, daß uns die Kritiker, die Intellektuellen, die Herolde des geschmackvollen Meisterwerks von oben herab anguckten und unsere Arbeit ignorierten.

Das übrigens war wohl unvermeidlich in einem Land, das in ernsthaften Dingen sozusagen unterentwickelt geblieben ist. Italiener kommen erschöpft aus dem Vortrag irgendeines Klugscheißers, sind aber voller Ehrfurcht, und letzten Endes schätzen sie ihn mehr als den *pagliaccio,* der sie zum Lachen gebracht hat. Sie haben panische Angst, als hohle, frivole, verantwortungslose, ignorante Filous zu erscheinen.

Vielleicht weil sie genau das sind?

Scarpelli ist nicht so streng, er hat sie so oft dargestellt, er liebt sie. Er weiß, daß sie vor dem, was sie für »seriös« halten, automatisch den Hut ziehen. Er weiß auch, daß in den bleiernen Jahren, als Filmmacher wie er Werke von wunderbarer Vitalität schufen, die Herolde des Seriösen nur den »Nachweis« humanitär-politisch-sozialer Nachdenklichkeit und Tiefe gern sahen, ganze aus dem Unterboden der Seele und dem Magma des Unbewußten gebaggerte U-Bahn-Netze zeigen wollten und Filme dafür in den Himmel hoben, daß sie mutig, problembewußt, anklagend, analysekräftig und ketzerisch waren und alles bloßstellten, von denen aber niemand oder kaum noch jemand etwas weiß.

Vor einigen Jahren gab es ein kurzes Aufflackern der Vitalität. Die Herolde setzten die Trompeten der Seriosität ab und sahen sich verblüfft um. Wie – konnte das italienische Kino etwa nicht mehr lachen? Wo waren Ironie, Satire, Sorglosigkeit, Gutmütigkeit? Urplötzlich wurden solche vernachlässigten Qualitäten bedeutend, ja unabdingbar. Also Schluß mit Spiel und Verführung, Schluß mit Retrospektiven und Wiederanknüpfungsversuchen. Es genügt, daß zwanzig, dreißig Jahre vergehen, und man kann wieder den Hut ziehen vor einer antiquarischen Schnurre, einem ausgegrabenen Schwank.

Es ist bestimmt nur ein Zufall, behaupten wir, aber kaum erscheinen drei, vier neue komische Talente auf der Bühne und füllt eine Welle neuer Witze die Kinosäle, da gehen die

Herolde hin und prämieren in Venedig einmütig einen Film, der *Die bleierne Zeit* heißt.

Scarpelli aber sagt, gleichmütig, man weiß es ja nicht, man muß ihn sich erst mal ansehen.

Und – geht er ihn sich wirklich ansehen?

Aber klar! Und dazu lächelt er maliziös und sieht aus wie eine seiner unnachahmlichen Figuren aus der bleiernen Zeit.

Diogenes in Italien

Unter dem donnernden Gewölbe des Mailänder Hauptbahnhofs sind wir am Anfang dieses Sommers endlich für ein paar kurze Minuten dem Turiner Emigranten und Einsiedler Guido Ceronetti begegnet, mit dem wir seit Jahren sporadisch Solidaritätsbillets austauschen. Ein gemeinsamer Freund holte ihn vom selben Zug (aus Turin) ab, aus dem auch wir stiegen, und wir blieben stehen, um auf ihn zu warten. Kurz danach tauchte aus der unterschiedslos strömenden Menschenmenge die unverwechselbare Figur des Reisenden auf, ein Wanderer, Pilger, etwas verloren in einer Mischung aus Staubmantel und Überrock, mit geschulterter Reisetasche, Baskenmütze auf dem Kopf und leicht dantesken langen Haaren, die ein sehr hageres, sehr empfindsames und auf sanfte, ironische Weise wachsames Gesicht flankieren.

Sein Buch *Italienische Reise* war noch nicht erschienen, aber nachdem wir es jetzt, mit dieser Momentaufnahme seines Autors (oder besser: Protagonisten) vor Augen, den wir sozusagen in Maske und Aktion ertappen durften, gelesen haben, fragen wir uns, wie Ceronetti an jenem Tag eigentlich wirklich von Turin nach Mailand gereist ist. An die Puffer eines Waggons geklammert, möchte man glauben, oder zusammengekauert zwischen Gepäckbergen oder vielleicht eingezwängt ins Häuschen des Lokomotivführers, mit dem er über Kräuter und Tees debattierte. Jedenfalls sind wir sicher, daß er während der Fahrt nicht gesehen hat, was wir gesehen haben, passive, banale Mitreisende; er hat bestimmt vom Plafond aus einen einsamen alten Maulbeerbaum geschützt, einen Hofhund in ein kostbares Zitat gehüllt, ist beinah von einem Schornstein erstochen und durch den Anblick eines kleinen Mädchens in einem Fenster von Livorno Ferraris gerade noch einmal ins Leben zurückgeholt worden.

Etwas Klandestines, Unbefugtes geht mit ihm um durch seine höchst persönliche Halbinsel, von Pontelagoscuro bis nach Neapel, von Andezeno bis nach Catania, vorbei an berühmten Bildern und Skulpturen und Fassaden und mitten durch die verzweifeltsten Vororte und vergessensten Dörfer. Zweifellos hängt dieser Eindruck zu einem guten Teil mit der Tatsache zusammen, daß Ceronetti die Benutzung von Autos verschmäht, ja ignoriert. Auf seinen Wanderungen gibt es kein »Super, voll«, keine platten Reifen, keine Unannehmlichkeiten mit der Kupplung, sondern langes Warten auf Busse und Anschlüsse, mickrige Kleinstbahnhöfe voller Grillen, Fußmärsche durch den Regen, Gräben, Hecken, Mäuerchen, Weiler, in denen der Wanderer einkehrt und um ein Glas Wasser, ein Ei bittet.

Der Status des Fußgängers provoziert automatisch Zwischenfälle und Mißtrauen. Was ist das für einer, der da mitten im lärmenden Reich der Motoren auf seinen eigenen blasphemischen Sohlen umhergeht? Ein Spion? Ein Dieb? Ein Brandstifter? Ein pestverbreitender Giftmischer? Zumindest ein anachronistischer Spielverderber, der in den vollen Teller des modernen Lebens spuckt. Dichter! Dichter! schreien sie aus einem fahrenden Auto hinter ihm her; bei anderen Gelegenheiten sind sie noch unfreundlicher, in Cuneo sperren sie ihn auf dem Friedhof ein, in San Remo scheuchen sie ihn aus dem Kasino, in Kneipen und Schenken fahren sie ihn rüde an, wollen seinen Ausweis sehen, ziehen ihn auf wie seinerzeit Jean-Jacques.

Wie dieser vegetarische Kräuterfreak sich ernährt, ist obendrein auch nicht angetan, ihm die Sympathie von Gastwirten einzutragen: Rübenkohl, Kichererbsen, Suppen, Quark, Honig, getrocknete Feigen und verschiedenste Tees sind ein Affront gegen das übliche Touristenmenü, ein gefährlicher, subversiver Akt. Wenn das alle machten! raunzt ihn der Hotelbesitzer angesichts seiner mageren Bestellung wutbebend an.

Feindseligkeit, Widerwillen, Abscheu vergilt der geschundene Voyeur mitleidlos. »Im Zug wechsle ich das Abteil, weil mir die Leute Übelkeit verursachen...«, gesteht er. Oder: »Ein Tag ohne jeden menschlichen Kontakt. Aber ist an diesen Leuten da auf den Straßen überhaupt etwas Menschliches? Sie haben allesamt die Tristesse von Recycling-Papier« (in Florenz). »Zwanzig, dreißig in Stumpfsinn verfallene Brasilianer tanzen und singen in ihrem abscheulichen Kauderwelsch vor dem Bahnhof herum. Viele Füße, keiner geruchlos. Ein schielendes Monstrum mit einem Stock fixiert mich, bestimmt will er mir schöne Augen machen. Ich lasse durchblicken, daß er für mich eine Votze ist« (in Venedig). »In Taormina kann man nicht anders als verzweifeln. Der absolut böse Fluch des Tourismus löscht jede Beziehung zur Wirklichkeit aus: Im Tourismus existiert weder das Leben noch der Tod noch das Glück noch der Schmerz; es gibt nur Tourismus, und der ist nicht Gegenwart von etwas, sondern bezahlter Diebstahl an allem.«

Der Marsch dieses Wallfahrers (»Und wenn ich der LETZTE literarische Reisende in Italien wäre?«) ist folglich stets mühselig und gegen den Strom; eine *via crucis* mehr als eine Reise, vorbei an Stationen von immer schlimmerer Vulgarität, Grausamkeit, Lautstärke und Häßlichkeit, die (immerhin) Ceronettis Genius zur hitzigen Invektive, zum sarkastischen Hieb mit der Pranke, zur provokatorischen Maßlosigkeit anregen. Wie sollte man ihm nicht dankbar sein dafür, daß er samstags abends in den Telefonzellen eine mimische Aufführung von Conte Ugolinos »Kinderfresser-mahl« entdeckt, weil die Telefonierenden aussehen, als wollten sie die Sprechmuscheln verschlingen wie Totenköpfe? Oder wenn er höhnisch beobachtet: »Daß es ein bißchen brenzlig riecht, ist normal in einem Krematorium.« Oder triumphierend notiert: »Gestern zwischen Piacenza und der Straße zum Po ein frischer Haufen Pferdeäpfel auf dem Asphalt! Eine Erscheinung... Es waren keine Autos da, und wo war das Pferd? Der Haufen war von Engeln mitgebracht und dort hingelegt worden, zur Erinnerung an das wahre Leben?«

Das »wahre Leben«, das Ceronetti im Lauf seiner Reise kreuz und quer durch Italien überall heraufbeschwört, sucht und manchmal findet, hat mittelalterlich-romantisierende Umrisse: Uralte, seltene und durch die Technik überlebte Berufe, Grabsteine, Hospitäler und Irrenanstalten, Beinhäuser, Kerker, Nonnen, Exorzisten, Zigeuner, Irre, Gemüsegärten, Katen, Gassen, hin und wieder ein Dorffest mit »Tanzreigen«, hin und wieder eine Prozession. Eine Welt aus Entbehrungen und Mühsal voller demütiger Helden, die von der Aufopferung gebeugt sind und sich den immergleichen Lebenszyklen ergeben haben, scheint er der schnurgeraden Verdammnis der Geschichte und der Neurose des Fortschritts vorzuziehen. Er kann sich begeistern für das Kleine Haus der Göttlichen Vorsehung, liebäugelt damit, sich den Kranken, Alten, Leidenden zu widmen (nur wer leidet, kann sich vor dem allgemeinen Delirium des Unechten retten), er gerät sogar in Versuchung, sich als Asket in irgendeine Klause zurückzuziehen (aber gleich kommt ihm der Zweifel: »Wo findet man noch ein *stilles* Kloster, ohne Fernseher?«).

Gegen eine solche leidenschaftlich negative Optik ließe sich (»wir wollen nicht übertreiben!«) einwenden, daß sie eine bewußte Parteinahme ist; daß die sozialen Errungenschaften, das Produktions- und Konsumwachstum, die Verteilung des Wohlstands, kurz die ganze »phantastische Lage« des modernen Italien doch eine etwas differenziertere Beurteilung verdient haben, und so weiter.

Gegen diesen Einwand wiederum ließe sich einwenden, daß Ceronetti übertreiben muß, denn er ist praktisch der einzige Rufer in einer Wüste aus flüchtigen Befriedigungen; und daß seine Stimme ohnehin auch von denen nicht gehört werden wird, die Bruchstücke erkennen, den Einzelkämpfern gegen die tausend Kaputtheiten, die tausend Übel unseres Landes. Fest steht, daß Ceronetti das Übel in seinem ganzen Zusammenhang betrachtet und es als grundschlecht, unheilbar und endgültig beurteilt. Die Katastrophe ist längst passiert, und wir sind alle nur Überlebende, ob bewußt oder unbewußt.

»Dieses ganze schiffbrüchige Wrack mit dem alten Namen Italien dient uns dank seiner Restbestände an Schönheit und Lebendigkeit noch immer bei dem Bemühen, die Welt zu denken«, gesteht uns der allzu bewußt italienische Apemantus zu. Und mahnt uns dann: »Nicht für alle, nur für die Edlen schreibe ich, um sie ein wenig von der Mühe abzulenken. Die Edlen des Schmerzes, des Denkens, der Krankheit, der *Zerbrechlichkeit*... Für sie werde ich nach hier und da gegangen sein, auf der Suche nach einem Italien, das ein Zeichen wäre und einen für Menschen wahrnehmbaren Ton aussenden könnte.«

Dann kauft er sich eine Rose, eine Chrysantheme, die er in seiner Pension in ein Wasserglas stellen und betrachten kann, während er sich seinen Rübenkohl und seine drei Trockenfeigen zubereitet.

Unser Mann auf dem Deneb

Im achtundsechzigsten seiner *Briefe an eine Prinzessin* hat der große Mathematiker Euler die Gravitation als Resultat einer spezifischen Lust oder »Begierde« der Materie erklärt. Kepler hatte mehr als ein Jahrhundert zuvor in seiner *Neuen Astronomie* nahegelegt, daß die Planeten, um so unfehlbar auf ihren Umlaufbahnen bleiben zu können, irgendein intellektuelles Licht besitzen müssen. Eine primitive Sensibilität und elementare perzeptive Fähigkeiten haben sowohl Francis Bacon als auch unser Landsmann Campanella allen Körpern attestiert. Wir glauben, eine solche ursprüngliche Form der Intelligenz kennzeichnet auch Italo Calvino, den Verstörung auslösenden Autor und – als Qfwfq – Protagonisten der *Cosmicomics*.

Der erste dunkle Verdacht kam uns eines Nachmittags vor fünfundzwanzig, dreißig Jahren, als wir noch alle drei bei Einaudi arbeiteten. Er hatte seit kurzem ein Auto, rühmte sich eines höchst gewissenhaften Fahrstils und fuhr spazieren. Von diesem Ausflug kam er bestürzt und mit aufgerissener Haut und Quetschwunden zurück, lehnte aber kategorisch jede Versorgung ab, bevor er uns nicht haargenau und mit seiner Manie für das kleinste Detail erklärt hatte, wie sich die Sache zugetragen hatte.

Er war auf dem Rückweg, erzählte er, und klemmte in einem vielspurigen, überfüllten Kreisverkehr, aus dem er an einer der letzten Abfahrten herausgemußt hätte.

»Also setze ich das Blinkerchen«, sagte er (und versuchte,

wie er es immer tut, den Zwischenfall verbal abzufedern), »gucke in den Rückspiegel und fange an, ganz allmählich nach rechts rüberzuwechseln...«

Als er dann zwar an seiner Ausfahrt, aber noch nicht auf der richtigen äußeren Fahrspur angekommen war, hielt er es für vorsichtiger, weiterzufahren und den ganzen Kreisel noch einmal zu umrunden. Nach diesem Orbit hatte er die richtige Position zum Abbiegen.

»Also setze ich wieder mein Blinkerchen«, sagte er, »gucke sorgfältig in den Rückspiegel und ... Bang! Crash!«

Nun hat Calvino, obwohl er unermüdlicher Beobachter des Kosmos ist, überhaupt nichts von jenem griechischen Philosophen an sich, der zum Gespött eines Waschweibs wurde, weil er, die Nase gen Himmel gereckt, die Sterne betrachtend, in einen Wassergraben plumpste. Seine Zerstreutheit ist eher ein Exzeß an Aufmerksamkeit: In dem Sinn, daß er zum Beispiel (wie im Fall der »Implosion«, der letzten seiner bei Garzanti erschienenen *Cosmicomics*) durch die Milchstraße spaziert und auf die schwarzen Löcher achtet und dabei anfängt, automatisch und so tiefschürfend über diese Löcher, ihr wahres Wesen und die Gefahr, die sie womöglich darstellen, nachzudenken, daß er, wenn es nur eins im Umkreis von tausend Lichtjahren gäbe, unweigerlich hineintappen würde (und hinterher erzählen würde, er habe es mit Absicht gemacht, »um zu sehen, wie das ist«).

In jener Situation erschien uns sein Automalheur also normal. Aber seine Dickköpfigkeit, den Kreisverkehrspuren zu folgen, seine planeten- oder besser elektronenhafte Hartnäckigkeit in Sachen Gravitation mitsamt den eigentümlichen orbitalen »Sprüngen« und der schließlichen Ionisation »durch Aufprall«, verschafften uns den Eindruck, er sei ein auf der Evolutionsleiter weit von uns entferntes Wesen; oder vielmehr, stellt man auch die gewählten Affinitäten und kosmischen Zwiste in Rechnung, die uns andererseits mit ihm verbinden, ein Wesen, das jene Leiter kontinuierlich, aber mit einer deutlich erkennbaren Vorliebe für die Anfangsstufen und -rampen hinauf- und hinabsteigt: Von den subatomaren Teilchen über die ersten Wasserstoff- und Heliumatome bis zu den Gasnebeln, aus denen später unsere Milchstraße geboren wurde, und – als unser Sonnensystem dann endlich da war – den ersten Formen von Leben auf der Erde.

Nachdem wir diesen Verdacht geschöpft hatten, wurde uns nach und nach auch der Sinn anderer denkwürdiger Abenteuer oder Aussagen verständlich, zum Beispiel die mit dem Löffel. Auf einer der allmittwöchlichen Verlagssitzungen stand eine Autobiographie zur Debatte, die, jedenfalls für die damalige Zeit, sexuell höchst gewagt war, die er jedoch für trostlos beschränkte erotische Veduten hielt (was stimmte).

»Kein Mensch erzählt einem mal ein bißchen was anderes«, befand er gereizt, »sagen wir mal, über die Liebe zwischen einem Mann und einem Löffel.«

Alle hielten das für einen geistreichen Witz. Wir dagegen begriffen gut, daß er mit seiner primitiven Mentalität unter »Liebe« eben jene Begierde verstand, die nach Euler alle Körper vereint und die er selbst später autobiographisch beschwören sollte in seinen *Cosmicomics.*

In einer der Erzählungen wird diese einzigartige erotische Beziehung innerhalb der Gleichung des Gravitationsfelds beschrieben, und sie spielt sich zwischen drei Molekülen ab: zwischen Calvino selbst (Qfwfq), einer seiner üblichen unorganischen Liebeleien (Ursula H'x) und einem Rivalen in Gestalt des Oberleutnants Fenimore.

In einer anderen findet das Techtelmechtel sogar zwischen ihm, nachdem er eben als Lepton oder Mesotron aus dem Nichts hervorgegangen ist, und einem anderen Teilchen statt, einer gewissen Ngukta, die eine undefinierbare Quantenzahl aufweist, ihm aber – wie er sagt – mit Triebladungen gerüstet scheint, die seinen eigenen komplementär sind.

Zur Zeit des Löffels ging Calvino noch nicht einmal schwanger mit den *Cosmicomics*. Der zukünftige Qfwfq jedoch war für uns inzwischen ein offenes Buch, und so überraschte es uns nicht, daß er uns um 1963 herum von einem Onkel erzählte, der sich noch im fischigen Zustand befand, ihm aber die Braut weggeschnappt hatte, obwohl er selbst damals bereits amphibisch, wenn nicht gar ein Reptil gewesen war. Im übrigen, das wußten wir noch aus der Schulzeit, ist die Ontogenese die Rekapitulation der Phylogenese: Jeder von uns durchschreitet während der embryonalen Entwicklung alle Stufen des Evolutionsprozesses. Deshalb konnte Calvino diesen Fisch-Onkel (ebenso wie eine Proto-Säugerin, mit der er, wie er prahlte, eine Affäre hatte, als er noch Dinosaurier war) sehr wohl aus den Erinnerungen an sein intrauterines Leben herausgefiltert haben.

Außerdem war er ein Freund und überhaupt, aber als Erzähler (falls er je einer gewesen war) war er am Ende; seine vielgerühmte scharfsinnig-witzige und wunderliche Ader (»Kobold der italienischen Literatur«) war leergepumpt; womöglich hatte er sogar als erster die Nase voll von diesem Ruf. Nichts war also natürlicher, als sich, wie so viele, dreinzuschicken und in seinen Erinnerungen zu kramen, um den Mangel an Phantasie und Erfindungsgabe wettzumachen.

»Jetzt mal raus damit«, fingen wir an zu sticheln, »wie war das, als du dich im Sonnensystem niedergelassen hast? Warst du da schon ein Mikroorganismus oder was?«

Und er erzählte uns augenblicklich, wie er mitsamt seiner Familie (»Papa, Mama, Oma B'bb, ein paar Tanten und Onkel, die gerade auf Besuch waren, Herr Hnw, aus dem später ein Pferd geworden ist, und wir Kleinsten«) aus einem Sternennebel in unser System umgezogen war, das sich gerade erst stabilisierte. Oder wie er mit seinem Opa Eggg und seiner anderen Oma Ggge eine aus Versehen auf dem Sirius verbliebene Großtante suchen ging.

Die narrative Lebendigkeit überwog das Zuviel an Autobiographischem, und Treuherzigkeit und Naivität machten diese seine Erinnerungen zu wissenschaftlichen Kostbarkeiten. Wir fragten ihn aus über biochemische, astronomische und kosmologische Probleme wie ein Ethnologenteam einen Eingeborenen der Tonga-Inseln ausgefragt hätte – was kannst du uns über die Nebel der Magellanstraße berichten? Was weißt du über die zwischenmenschlichen Beziehungen von Mollusken? Warst du mal auf dem Deneb? Was immer uns interessierte, er war »unser Mann auf dem Deneb« und konnte uns mit Informationen aus erster Hand versehen.

Nur über den Urknall war aus ihm nie auch nur eine einzige Silbe herauszuholen. Er wich aus, bestritt, daß das Universum je angefangen habe, und klammerte sich an das von Bondi, Gold und Hoyle ersonnene Unveränderlichkeitsmodell, nach dem Ausdehnung und Entropie durch kontinuierliches Entstehen neuer Wasserstoffatome kompensiert werden.

»Was denn für ein unveränderliches Universum, das ist doch Quatsch«, konterten wir und erläuterten ihm, warum so ein absurdes Universum ohne Anfang und Ende sofort auf den Müllhaufen der Kosmologie gehörte.

Nichts brachte ihn zum Reden.

»Eh, eh«, giggelte er nur auf seine typische Art albern, ohne auch nur den Versuch zu machen, uns irgendein logisch-mathematisches Argument entgegenzusetzen, irgendeine noch so entfernt plausible Gleichung.

Schließlich behauptete er, die fortgesetzte Schöpfung, auf der das Unveränderlichkeitsmodell beruht, sei unbezweifelbar, denn er und ein Freund von ihm seien als kleine Jungen immer an die Stellen gegangen, wo die neuen Atome aus dem Nichts geboren werden, und hätten sie aufgehoben und Ball mit ihnen gespielt.

Aber dann, genau in den Tagen, in denen die erste Serie der *Cosmicomics* als Rohmanuskript fertig war, platzte die Meldung über die »Urstrahlung« dazwischen, und die Unveränderlichkeitstheorie ging endgültig den Bach runter: Daß es einen Urknall gegeben hatte und das Universum zumindest oszillierte, war nachgewiesen.

»Und es waren *doch* neue Atome, ich *kann* mich nicht geirrt haben«, hörten wir ihn knurren. »Zwischen einem neuen und einem gebrauchten Atom ist ein Riesenunterschied!«

Jedenfalls setzte er sich sofort hin und schrieb seine Erinnerungen an den Urknall nieder, die ebenfalls in den Band aufgenommen wurden. Als er dann erschien, fanden wir zu unserer Überraschung auch die »Spiele ohne Ende« mit den neuen Atomen, die Calvino doch (so dachten wir) völlig frei aus der Luft der Unveränderlichkeitstheorie gegriffen hatte. Aber so war es nicht, und heute lächeln wir nachsichtig, wenn wir im Klappentext der italienischen Ausgabe lesen: »Frei von jeder Bindung an Modelle spielt Calvino mit den widersprüchlichsten Hypothesen.«

In Wirklichkeit hatte er jene neuen Atome tatsächlich gefunden. Er begriff nur nicht oder wollte nicht begreifen, daß sie nichts mit Bondis Modell zu tun hatten. Sie waren das Ergebnis von Quantenströmen, wie neuere Theorien behaupten, oder, was wahrscheinlicher ist, »akausale Quanten-Transaktionen«. Auf jeden Fall ist die Interpretation von Fakten etwas anderes als die Fakten selbst. Und was die Fakten angeht, vertrauen wir auch weiterhin auf »unseren Mann auf dem Deneb«. Ja mehr noch, uns gefällt die Vorstellung sehr, daß in einer fernen Zukunft, wenn die Entropie fast alles andere ausgelöscht haben wird, seine kosmischen

Erinnerungen noch immer dechiffrierbar und lesbar sein werden, mit demselben Gewinn und demselben Vergnügen wie heute.

Der einsame Ritter

Vor drei Jahren haben wir vor der Kirche San Luigi dei Francesi in Rom ein Schild für Touristen gesehen, auf dem stand (und noch immer steht): »Gemälde von Caravaggio – 1547«*. Wir traten ein, um uns die berühmten Bilder wieder einmal anzusehen, und klärten dann zwei Priester der Sakristei höflich über den Irrtum auf.

Das Schild habe die Kommune oder die Oberintendantur** aufgestellt, wehrten sie sofort ab. Außerdem, fügte der jüngere der beiden etwas anmaßend hinzu, sei Erbsenzählerei ja wohl nicht angebracht: Die Datierung jener Caravaggio-Gemälde sei sehr umstritten. Aber doch wohl nicht so, fragten wir zurück, daß man ihn schon sechsundzwanzig Jahre vor seiner Geburt malen läßt? So weit wir wissen, wurde Caravaggio 1573 geboren. Es sei jedenfalls nicht ihre Angelegenheit, schnitten sie uns das Wort ab; wenn wir darauf erpicht seien, eventuelle Irrtümer korrigieren zu lassen, mögen wir uns bitte an die Stadtverwaltung oder den Kirchenvorstand wenden.

Um unser Gewissen zu erleichtern, riefen wir bei der Stadtverwaltung an, die uns an diverse Staatsverwaltungen verwies, und die wiederum schickten uns, nachdem sie sich gegenseitig den Ball zugespielt hatten, zurück zur Stadtver-

* Erst nachdem dieser Artikel erschienen war, wurde das Datum auf dem Schild durch ein anderes, plausibleres ersetzt.
** Die staatliche »Oberintendantur für Altertumswesen und Kunst«

waltung. Ergebnis: Das groteske Schild steht immer noch da, und wir haben keine Ahnung, ob aus Gründen schierer Nachlässigkeit oder römischer Wurschtigkeit (obwohl die Kirche französisch ist) oder – weiß man's – als eine Art öffentliche Mahnung, als gemeinschaftliche Aufforderung seitens der städtischen und staatlichen Behörden, bloß keine Erbsen zu zählen.

Nichts ist wirksamer – und zwar in keinem Bereich, aber vor allem nicht im Bereich »städtebauliche und künstlerische Güter« – als diese Technik des Abratens, diese Abschreckungsmethode, die darin besteht, uns an die Idee, daß man sowieso nichts machen kann, zu gewöhnen. Ob es sich nun um ein Schild handelt oder ein Bild, eine Kirche, Villa, ein Museum, einen einzelnen Platz oder eine ganze Altstadt, warum soll man sich aufregen, warum soll man groß protestieren, anklagen, den Skandal hinausschreien, wo doch unbestritten ist, daß es sowieso nie hilft?

Darüber hinaus beinhaltet ein solches Abschreckungsmittel – zwar nicht für das Publikum im allgemeinen, wohl aber für die noch nicht gebändigten, noch nicht ganz »etablierten« Spezialisten – den diskreten Hinweis: »Wir schlagen keinen Krach und machen keinen Skandal daraus. Wenn euch diese Kirche (die sowieso nur noch eine Ruine ist) oder jene (längst kaputte) Villa oder diese (mittlerweile in alle Welt zerstreute) Gemäldesammlung wirklich am Herzen liegt, dann kommt zu uns, wir werden uns darüber schon irgendwie einig. Platz ist doch eigentlich für alle da. An Kirchen und Villen und Sammlungen fehlt's in Italien nicht. Und wenn nicht die, dann finden wir andere für euch, was? Man muß sich nur verständigen wollen, man muß die Dinge nur so angehen, wie sie angegangen werden müssen: mit etwas Takt, Fingerspitzengefühl und Diplomatie, nicht wahr?«

Federico Zeri antwortet auf so etwas stets mit einem brutalen Nein. *Mai di traverso* heißt die in diesen Tagen bei

Longanesi erschienene Sammlung seiner in den letzten vier Jahren im *Europeo* und in dieser Zeitung publizierten Beiträge. Jeder einzelne dieser Artikel war für sich genommen schon eine Ohrfeige mitten ins Gesicht, aber alle zusammen überziehen kommunale und überregionale Verwaltungen, zivile und religiöse Entscheidungsträger (vom ehemaligen Bürgermeister Argan bis zu Papst Paul VI.), ganz zu schweigen von Kunstkritikern und Universitätsprofessoren, mit einer solchen Sintflut von Fausthieben, Fußtritten und Nackenschlägen, daß der Leser in Bestürzung versinkt.

Zuerst macht Zeri den Eindruck, er sei ein verrücktgewordener Rasender Roland, der sein Schwert aufs Geratewohl und unterschiedslos auf Getreue und Ungetreue niedersausen läßt. Dann erkennt man, daß er sehr wohl Unterschiede macht, aber angesichts der mangelhaften oder gar nicht vorhandenen Reaktion seitens des angegriffenen Gegners kommt einem langsam das Bild eines Don Quichote im Kampf gegen die Windmühlenflügel. Am Ende begreift man, daß es Mühlen tatsächlich auch gibt, aber sie werden nicht vom Wind betrieben, sondern von einem Mahlwerk aus Inkompetenz, Ignoranz, Volksverdummung, Unredlichkeit, Zynismus und grauenhafter Unsensibilität, das in aller Ruhe immer weiter unser künstlerisches und städtebauliches Erbe zermalmt. Und man stellt fest, daß Zeri vielleicht wirklich ein Don Quichote ist – wir wollen das nicht bestreiten –, aber in dem Sinn, daß er auf wundersame Weise widerständig und stur bleibt, ohne je den Mut zu verlieren, ohne auch nur einen Moment daran zu denken, das Handtuch zu werfen und sich mit der Idee abzufinden, man könne ja doch nichts machen. »Wenn jemand guten Willens ist, dann braucht er keine Angst zu haben, die Wahrheit ist stärker als die Lüge und siegt am Ende immer«, schreibt er zusammenfassend in einem Artikel mit dem stoischen Titel »Roma Kaputt Mundi« und verweist damit auf den nächsten, nicht weniger grauenerregenden, mit dem Titel »Rom stirbt«.

Gewiß, dieser tapfere ideologische Pazifist – für den viel von unserem Unglück auch in Sachen Kunst anfängt mit der »Handvoll Halunken, die Italien 1915 in den Krieg getrieben haben« – läßt sich auch durch Kampflust und Schlachtgeruch entflammen. Zeri ist ein Kunstsachverständiger von internationalem Ruf (es gibt praktisch keinen Katalog irgendeines europäischen oder amerikanischen Museums, in dem er nicht zitiert, in dem ihm nicht gedankt wird für seine entscheidenden Hinweise auf Zuschreibungen); er ist ein unbestrittener Spezialist für bestimmte Perioden und Schulen der italienischen Malerei, aber auch außerordentlich beschlagen, stets gerüstet und bei Auseinandersetzungen gnadenlos, und er kennt sich in allen möglichen anderen Bereichen aus, zu denen eventuell gerade mal die Kunst der Baffin-Bay nicht gehören könnte, vorausgesetzt, es gibt dort eine. Man kann sich vorstellen, welchen Spaß es ihm macht, sich wie ein einsamer Ritter ohne Schulterharnisch und in Vabanquemanier gegen die Rüpelhorden zu werfen und sie niederzumetzeln.

Wer *Mai di traverso* jedoch genau liest und nicht nur den großen Kenner, den genialen Historiker und Forscher, den heldenhaften und unermüdlichen Polemiker im Auge hat, entdeckt, daß Zeri noch eine weitere große Begabung besitzt. Schon 1957, als sein Buch *Pittura e controriforma* bei Einaudi erschien, haben wir festgestellt, daß seine Freude an historischer und philologischer Recherche mit Erzählfreude gepaart ist, und zwar so, daß beide eins werden. Wie jeder wirklicher Historiker, ob er sich mit Kunst oder anderem beschäftigt, hatte auch Zeri vor allem auf das Ziel hin recherchiert, interpretiert und analysiert, »etwas erzählen« zu können. Trotzdem waren wir völlig verblüfft, als 1961 bei Einaudi die Ergebnisse von Zeris Recherchen über den bis dahin nicht sicher auszumachenden Maler der berühmten »Barberinischen Tafeln« erschienen: Dieses Buch war nicht nur eine meisterhafte kunstkritische und philologische Studie, es war der sensationellste Krimi, den wir je gelesen hatten, ein Stück *mystery*-Literatur, das bezüglich Plot und Suspense jeden Agatha-Christie-Roman, jede Geschichte vom 87. Revier weit hinter sich ließ. Das Buch nimmt seinen Gang weder geradlinig noch quer, sondern in weiten Kreisen, die sich nach und nach und ganz allmählich mit dem Vorwärtskommen der Recherche auf klassische Weise um den »Schuldigen« zusammenziehen; dessen Name (Giovanni Angelo di Antonio aus Camerino) taucht erst auf der letzten Seite auf, aber da ist die Wucht der Beweise bereits erdrückend.

Seine erzählerische Begabung hatte Zeri selbst in seinen *Diari di lavoro* (1976 bei Einaudi) vorgeführt; wir haben dieses Buch gerade nicht zur Hand, aber wir erinnern uns an eine Studie darin – über zwei merkwürdigerweise flügellose Engel auf einem Gemälde des vierzehnten oder fünfzehnten Jahrhunderts –, die dank der doppelten Überraschung am Ende ebenfalls jeden Thriller in den Schatten stellt.

In der soeben erschienenen Sammlung finden sich schließlich auch Stücke, in denen der Autor Stadt- und Staatsverwaltungen für einen Augenblick in Ruhe läßt und mit schierer Freude am Erzählen wahre Begebenheiten und Leute, die er kennengelernt hat, beschreibt. Aber selbst einige seiner wütendsten Polemiken sind in dieser Zusammenstellung wunderschöne und großzügig angelegte Erzählungen. Erwähnt sei hier nur die gräßliche Sache mit der »Madonna Cook«, das heißt der falsche Raffael, den die italienische Regierung angekauft hat und der noch immer (genau wie unser römisches Schild) protzig zur Schau gestellt wird, in der Galleria Nazionale delle Marche in Urbino nämlich.

Cioran und das Schlimmste

»Man ist den vom Schlimmsten Besessenen sogar noch in dem Augenblick böse, in dem man die Richtigkeit ihrer Befürchtungen und Warnungen erkennt. Man ist viel zu nachsichtig mit demjenigen, der sich getäuscht hat, weil man glaubt, daß seine Blindheit eine Folge von Begeisterung und Freigebigkeit war, während der andere, der Gefangene seiner Klarsichtigkeit, nur ein Feigling sein soll, nicht fähig, das Risiko einer Illusion auf sich zu nehmen.«

Auf wen bezieht sich eine solche Maxime? Auf den Griesgram etwa, der eine Einladung zum Essen ausschlägt, weil er voraussieht, daß er sich tödlich langweilen wird? Auf den Ängstlichen, der vom Sonntagsausflug abrückt aus lauter Furcht vor Regen, dem Verkehr, Dieben? Oder geht es vielleicht um ein weniger kleinkalibriges »Schlimmstes«, zum Beispiel bei jemandem, der auf eine Ehe verzichtet, weil er Bindung in vielerlei Hinsicht und die unvermeidliche Spirale aus Spannungen und Verschleiß befürchtet; oder um jemanden, der keine Kinder in die Welt setzt, da sie ihm garantiert Ängste verursachen und Verantwortung abverlangen? Oder, noch anders, um jemanden, der der Erstürmung der Bastille am Fenster beigewohnt und sich da schon Terreur, Guillotine und zwanzig Jahre napoleonische Kriege ausgemalt hat; jemanden, der schon bei der Lektüre des *Kapitals* unter Marxens menschenfreundlichem Vollbart Stalins mörderischen Schnauzbart hervorblitzen sehen hat?

Jeder von uns kennt so jemanden; jeder von uns ist zum

Teil selbst so jemand. Aber der Verfasser jener Maxime hat recht: Auf das Bewußtsein des Schlimmsten sind wir in all seinen Schattierungen böse. Das bekämpfen wir in uns und außerhalb von uns. Wir bemühen uns, es zu diskreditieren, lächerlich zu machen und per Exorzismus loszuwerden, und zwar aus dem einfachen Grund, weil unsere Zivilisation in den kleinen wie den großen Dingen insgesamt auf dem Glauben an das Beste gründet. Die Windel, die am besten am Po hält. Der Reifen, der sich am besten im Asphalt festbeißt. Die große Entdeckung, die uns vom Krebs heilt. Die große Reform, die uns des Elends enthebt. Die große Revolution, die uns allesamt gleich und glücklich macht.

Die erdrückende und feinstverzweigte wahre kulturelle Hoheit, unter der wir seit Jahrzehnten und Jahrhunderten leben, ist weder marxistisch noch bourgeois: Es ist die Hegemonie des Optimismus, und der ist mal vorsichtig und vernünftig, mal in Euphorie ausbrechend, mal wissenschaftlich, religiös, sexuell begründet, mal konsumgeil, libertär, autoritär. Die Hausfrau, die das neue Waschpulver kauft, erliegt ihm ebenso wie der Terrorist, der den Richter ermordet; der Atomingenieur ebenso wie der wütende Atomkraftgegner.

Scheinbar ohne jede Ähnlichkeit, ja unvereinbar, sind diese Personen dennoch vereint in ein und derselben Abwehr gegen jedermann, der ihnen einen Zweifel an ihrer eigenen Rolle einflößen könnte. Wehe dem, der mitten in der Theateraufführung das Licht anschaltet und Pappmaché und Perücken, Boote auf Rädern und Fenster ins Nichts sichtbar macht. Die Duellanten hören auf, sich zu schlagen, und werfen sich gemeinsam auf den Spielverderber, den Meckerfritzen mit seiner Galligkeit, den Unglücksraben. Handelt es sich bei jenem um einen Dichter, Philosophen oder Denker, wird er augenblicklich liquidiert als Neurotiker, Manisch-Depressiver, Egoist, Reaktionär, Defätist, als asozial.

Der Bann geschieht prophylaktisch und mittlerweile unbewußt. Wenn man Leopardi partout nicht herauslassen kann aus der Anthologie, zieht man bitteschön einen sicheren Stacheldrahtzaun um ihn herum: Er war bucklig und überhaupt gesundheitlich nicht auf der Höhe und bei Frauen unbeliebt, seine Mutter war eine Tyrannin, und er hat schon als Kind zuviel lernen müssen. Während er herumgesessen und traurig seine Sorbets (eine Marotte, ein Laster) geschlürft hat, haben andere für die Einheit Italiens, den Aufschwung des Welthandels, die Dampfmaschine gesorgt. Kinder, bewundert ruhig seine Lyrik, aber laßt euch bloß nicht von seiner Sicht des Lebens beeindrucken, er war ein bemitleidenswerter armer Hund, ein Unglücklicher, ein »Sonderfall«.

Der Liste solcher zu befürchtender »Sonderfälle«, die in Quarantäne gehören, ist jetzt ein Name hinzuzufügen, den die Leser dieser Zeitung bereits dank eines Interviews kennen, mit dem Guido Ceronetti ihn im vergangenen Jahr porträtiert hat. Gemeint ist E. M. Cioran, ein siebzigjähriger, in Paris lebender und französisch schreibender Rumäne, dessen erstes ins Italienische übersetzte Buch *Squartamento (Gevierteilt)* ebenfalls Ceronetti präsentiert hat. Es handelt sich um eine Sammlung von Aphorismen, Gedanken, Betrachtungen über Leben und Geschichte, autobiographische Notizen, blitzhelle Bannstrahlen, individuelle Schauder und Ausbrüche, deren makellose geschliffene Form sofort an die großen französischen Moralisten und an den von Cioran erklärtermaßen bewunderten Marc Aurel denken läßt. Hinter Cioran allerdings steht keine wohlstrukturierte Gesellschaft, keine Religion, keine ihrer selbst sichere Kultur und kein Hof mit seinen Regeln, seinen Traditionen, seiner Macht; Cioran ist ein Exilierter, ein Entwurzelter, ein Einsamer, der gelernt hat, meisterhaften Gebrauch von einer Sprache zu machen, die nicht die seine ist, der elegantesten und stilisiertesten Sprache des Westens, um Maßlosigkeiten in die Wüste hineinzurufen.

»Kaum geht man auf die Straße und sieht sich die Leute an, ist *Ausrottung* das erste Wort, das einem in den Kopf kommt.«

»All diese Passanten lassen an schlappe und ermüdete Gorillas denken, die genug davon haben, den Menschen nachzuahmen.«

»Der Beweis, daß der Mensch den Menschen verabscheut? Es genügt, sich mitten in einer Menschenmenge zu befinden, um sich sofort mit allen toten Planeten solidarisch zu fühlen.«

»Als diese Freundin, die ich anläßlich eines Spaziergangs getroffen hatte, sich den Kopf zerbrach, wie sie mich davon überzeugen könne, daß das ›Göttliche‹ in allen Geschöpfen ohne Ausnahme gegenwärtig sei, hielt ich ihr, indem ich auf eine Passantin von unerträglich vulgärem Aussehen zeigte, entgegen: ›Auch in dieser da?‹ Sie wußte nicht, was sie erwidern sollte...«

Solche Worte wollen wir nicht hören, sie sind die wahren Tabus unserer Zeit. Wer ist dieser Exzentriker, dieser Halbverrückte, der sich da wie Diogenes in der Tonne aufführt? Wie kommt er dazu, uns in unserem aufgeklärten zwanzigsten Jahrhundert Sätze aus der Schule der Zyniker verkaufen zu wollen?

Aber Cioran ist stur, stark gerade wegen seines Anachronismus, seiner Lage als a priori ungehörter Prediger, der von Anfang an übertönt wird durch Stimmen, Geschrei, Fanfaren, Predigten und Wortgeklingel von ganz anderer Reichweite.

»Jeder, der die Sprache der Utopie spricht, ist mir fremder als ein Reptil aus einem anderen Zeitalter.«

»Glücklich die vor der Wissenschaft Geborenen, denen es vergönnt war, gleich an ihrer ersten Krankheit zu sterben.«

»Die Hoffnung ist die *normale* Form des Deliriums.«

»Jedermann täuscht sich, jedermann lebt in der Illusion.

Man kann bestenfalls eine Rangordnung der Fiktionen, eine Hierarchie der Irrealitäten gelten lassen...«

»Begännen die Wellen nachzudenken, würden sie glauben, daß sie vorankommen, ein Ziel haben, Fortschritte machen, zum Wohl des Meeres arbeiten, und es nicht versäumen, eine Philosophie zu erarbeiten, die ebenso dämlich wäre wie ihr Eifer.«

Nicht daß ähnliche Ideen nicht auch bei uns umgingen, zumindest hierzulande seit ein paar Jahren. Das Desaster der Geschichte, der Zusammenbruch der Ideologien, die Krise der Naturwissenschaft und der Wahnwitz eines Wachstums um jeden Preis sind Probleme, die einem tagtäglich aus den Zeitungen und von den Bildschirmen entgegenspringen. Allerdings stets in »verantwortungsbewußten« Klammern, zwischen abschwächenden, beschwichtigenden Gänsefüßchen, im Rahmen der, angesichts des, ausgehend von.

Cioran spielt das Spiel nicht mit, er verweigert die wohlerzogene Debatte, das nachdenkliche Podium, das gravitätisch auf die Hand gestützte Kinn. Er ist ein echter Extremist, er übertreibt total, er ist wahrhaftig ein Geschundener. Das Hauptargument gegen höchst seltene Rufer, wie er einer ist, lautet: Was hast du denn aber statt dessen vorzuschlagen? Ein hinterhältiges Argument, denn der Weg eines Cioran kann nur von ihm selbst beschritten werden, die unermeßlich große Herde dagegen wird stets den schwärmerischsten Schäfern folgen und dem meistversprechenden Blendwerk nachjagen, bis an den Abgrund des Schlimmsten. Er ist der erste, der daran leidet, aber er kann nicht anders, als dessen schwindelerregende Nähe aufzuzeigen – sein funkelndes französisches Florett schwingend, das in einem bestimmten Licht und von einem bestimmten Winkel aus gesehen aufflammt wie das riesige Schwert des Predigers.

Common Decency |

Aus »natürlichem Anstand« ging George Orwell, wie er selbst erklärt hat, im Dezember 1936, wenige Monate nach Ausbruch des Spanischen Bürgerkriegs, nach Barcelona. Der Begriff *common decency,* der sehr häufig in seinen journalistischen und essayistischen Texten auftaucht, sagt uns viel über ihn: Typisch englisch und bewußt antirhetorisch, ist er die auf Hausfrauenmaß verkürzte Fassung eiserner Prinzipien und ritterlicher Imperative; und genau weil er so griffig und zum Anfassen nah ist, erlaubt der natürliche Anstand keine Entschuldigungen oder Ausflüchte, kann man seinen schlichten Appell nicht übergehen.

In diesem Fall schwingt in dem Begriff mit, daß der Spanische Bürgerkrieg sämtliche politischen und emotionalen Elemente enthielt, die einen Schriftsteller wie Orwell beschließen lassen müssen, daran teilzunehmen: Er bot die erste Gelegenheit, gegen den faschistischen Totalitarismus, der damals als unaufhaltsam, als *der* siegreiche Ausgang des Jahrhunderts erschien, zu handeln; dieser Krieg war ein Zusammenstoß zwischen den klassischen Kräften der Reaktion – Armee, Klerus und Großgrundbesitzer – und den nicht weniger klassischen Massen ausgebeuteter und unterdrückter Bauern und Arbeiter, mit denen die linke Intelligenzia seit Jahren in aller Geschwätzigkeit kokettierte. Orwell – dreiunddreißig Jahre alt, verheiratet, weder berühmt noch begütert – entschloß sich und fuhr los.

Er machte Halt in Paris und besuchte Henry Miller, den er

bewunderte und schätzte. Miller versuchte, ihm die Sache auszureden: Kriege seien absurd, Kriegsgründe immer unsinnig, ein Schriftsteller habe sich fernzuhalten und keine anderen Verpflichtungen als die gegenüber seiner eigenen Arbeit. Orwell ließ sich trotz seiner Sympathien mit dem libertären Pazifismus nicht abbringen; er nahm Millers Geschenk, eine Flanelljacke (von der jener behauptet, er hätte sie seinem Freund auch geschenkt, wenn der auf seiten Francos gestanden hätte), und traf endlich in der katalanischen Hauptstadt ein.

Damit beginnt *Mein Katalonien,* das Buch, das aus jener Erfahrung entstand und jetzt in Italien wiederaufgelegt wird. Auf seiner ersten Seite gibt es eine Art unfreiwilliges Selbstporträt. Der baumlange, magere und schon von der Schwindsucht geschwächte Orwell meldet sich als freiwilliger Milizionär in der chaotischen Kaserne des POUM (Partido Obrero de Unificación Marxista, eine der vielen kleinen, im revolutionären Klima geborenen Parteien) und lernt einen anderen Freiwilligen kennen, einen jungen, rothaarigen italienischen Arbeiter, der sofort menschliche und ideelle Sympathien in ihm weckt. Sie drücken sich die Hand und überspringen damit einen Augenblick lang den »Golfstrom aus Sprache und Tradition«, der sie voneinander trennt, dann geht jeder seiner Wege.

Die Szene wirkt rhetorisch, wie ein Propagandaplakat, aber sie ist in Wirklichkeit ein Knoten, auf den alle Fäden des Lebens dieses Schriftstellers hinführen: Die Jahre in den versnobtesten und exklusivsten englischen Schulen (die allerdings eine demütigende Umgebung für ihn als »Förderschüler« zu ermäßigtem Schulgeld waren) und seine geschärfte »Klassen«-Sensibilität, sein Haß auf jede Art gesellschaftlicher Diskriminierung, die Jahre bei der Polizei von Birma (Oxford und Cambridge waren für seine kleinbürgerliche Familie zu teuer) und die Entdeckung kolonialistischer, imperialistischer und rassistischer »Unanständigkeiten«; die Rückkehr ins Vaterland, die Entdeckung der armen Leute, der Alleingelassenen, der Arbeitslosen, der »Unanständigkeit« des Kapitalismus; die Hinwendung nicht zum Kommunismus – im Gegensatz zu einem großen Teil der englischen Intellektuellen jener Zeit –, sondern zu einem humanitären, volksnahen, ein bißchen anarchistischen, ein bißchen sentimentalen Sozialismus ohne Parteibücher und Dogmen, der im Grunde auf der Umarmung unter Brüdern und dem warmen Händedruck unter »Genossen« beruhte.

Aber sofort nach der überschwenglichen Begegnung mit jenem italienischen »Genossen« steht Orwell wieder auf dem Boden: »Ich wußte jedoch, daß ich, um meinen ersten Eindruck von ihm zu bewahren, ihn nie wiedersehen durfte; überflüssig, es zu sagen, ich sah ihn tatsächlich nie wieder.«

So erfahren wir, was für ein Buch wir da lesen: Sein Autor hat ein großes naives Herz, trägt aber die Klinge der Hellsichtigkeit stets in der Tasche bei sich; weder machen der Herzschlag der Gerührtheit und die Gefahr, ins Gefühlige abzurutschen, seine Fähigkeit zu Distanz und kritischer Ironie zunichte, noch verleitet ihn seine politische Überzeugung zu blinder Einfalt oder zur sektiererischen Lüge.

Mein Katalonien ist ein gewissenhaft autobiographisches Buch und erzählt vom Spanischen Bürgerkrieg, wie ihn der Milizionär Orwell an der Grenze zu Aragón erlebt hat, in einer relativ ruhigen und von den Milizen des POUM und der Anarchisten gehaltenen Gegend. Es ist ein Krieg im Schützengraben mit Sturmangriffen bei Tag und Nacht, Überfällen im Niemandsland, Hunger, Durst, Kälte, Hitze, Läusen und Angst. Geschrieben in einer schlichten Prosa, der Ton ist direkt und diskursiv, die Wörter fließen natürlich dahin, bewußt »schön geschrieben« ist nichts; aber nach und nach merkt man, jede Einzelheit – das Gewehr, die Olive, Zigarette, der Busch, Stiefel, Granateinschlag – ist mit denkwürdiger Klarheit und Schärfe gesetzt, jedes Gesicht, jede Person, jede Episode, jedes Gefühl und jedes politische Bekenntnis sind von absoluter Authentizität. Verglichen damit wirken die Bücher der beiden anderen berühmten Zeugen dieses Krieges, Hemingway und Malraux, wie die Werke von Gesellschaftsreportern.

Zu dieser Sprache, die so transparent ist, daß man sie nicht sieht, war Orwell aufgrund verbissener Arbeit und eines ganz bestimmten Ehrgeizes gekommen: politisch »engagierte« Prosa auf das Niveau des Kunstwerks zu heben. Klarheit, Einfachheit und Verständlichkeit waren für ihn eine Pflicht gegenüber seinem Publikum (von dem er meinte, es müsse »links« sein), und um sie zu erreichen, war es nötig, sich der »Unanständigkeit« von Klischees, abgedroschenen Bildern, naheliegenden, überflüssigen und koketten Adjektiven und dunklen oder bloß eleganten Satzkonstruktionen zu enthalten. Diese strenge Disziplin und die wachsame Verweigerung alles Schnörkelhaften geben Orwells Texten die ungewöhnliche Spannung; er ist ein Mann, der sich seinen Weg durch das Dickicht der Wörter bahnt, um den Kern der Wahrheit zu fassen zu kriegen.

Als er im Mai 1937 auf Urlaub nach Barcelona geschickt wurde, fiel ihm sofort auf, daß sich die Atmosphäre in der Stadt völlig verändert hatte. Verschwunden waren revolutionäre Glut und Egalitarismus und das »du«, mit dem man sich auch unter Unbekannten anredete, überall hörte man jetzt »Don« und »Señora« und roch man den Gestank von Schwarzmarkt, wiederbelebten Privilegien und einer verbürgerlichten Etappe, auf der Straße spürte man Gleichgültigkeit, wenn nicht sogar Überdruß angesichts der Arbeitskleidung der Proletarier, rotschwarzer Halstücher und abgerissener Kampfanzüge. Die jetzt regierende Koalition, die von den Kommunisten beherrscht wurde, beobachtete das anarchistische Katalanien mit Argwohn und trachtete danach, die beim

Ausbruch des Krieges spontan entstandenen Volksmilizen durch Eingliederung in die reguläre Armee und damit Zerstreuung unschädlich zu machen.

Nach spannungsgeladenen Tagen wurde schließlich von zwei Seiten geschossen. Orwell, der von der flauen Aragoner Front die Nase voll hatte und sich eigentlich nach Madrid hatte versetzen lassen wollen, zu den kommunistisch geführten Internationalen Brigaden, blieb aus »natürlichem Anstand« doch bei den Genossen des POUM, um zu verteidigen, was von seinem leidenschaftlichen und etwas wirren »Basis«-Sozialismus übriggeblieben war, obwohl er dessen Mängel und Irrtümer unvoreingenommen sah und mit Etonschem *fair-play* die Motive der besser organisierten und wirksameren Kommunisten anerkannte; aber schließlich verknappte er das Problem zu einer elementaren und für ihn definitiven Gleichung: Wer auf Arbeiter schießt, steht in jedem Fall auf der falschen Seite.

Als sich die Wogen geglättet hatten, kehrte er verbittert zurück an die Front; ein paar Tage danach wurde er von einem Heckenschützen getroffen (eine Kugel ging ihm durch den Hals, er überlebte um Haaresbreite), und so zog er während der nächsten Wochen von einem Lazarett zum anderen. Als er endlich den Fuß wieder nach Barcelona setzte, mußte er feststellen, daß er inzwischen ein Agent, ein Verräter, ein trotzkistischer Provokateur in Francos Sold war; der POUM war verboten, es hatte erste Massenverhaftungen und »Liquidierungen« gegeben, Orwells Genossen waren im Gefängnis oder als Partisanen im Untergrund, er selbst mußte sich tagelang verstecken, bis er endlich auf Umwegen die französische Grenze erreichte.

Die Version, in der die Kommunisten die Ereignisse von Barcelona darstellten, war eine schamlose Fälschung und niederträchtige Verleumdung; aber auch die »liberale«, »bürgerliche« Presse übernahm sie und verbreitete diesen und

jenen Teil davon. Durch die Reimkunst- und Salonmilitan-
ten, die ständige Teegäste irgendwelcher fortschrittlicher
Gräfinnen waren, und durch die Gattung der Intellektuellen,
»die den Hang haben, immer woanders zu sein als da, wo
gerade der Abzug gedrückt wird«, fühlte Orwell sich auf
brachiale Weise erpreßt: »Wenn du die Wahrheit sagst, spielst
du das Spiel der Faschisten und bist folglich objektiv selber
Faschist.«

Und so entdeckte der Faschist Orwell, ein Verwundeter
aus den republikanischen Schützengräben mit kaputten
Stimmbändern und einer Lunge in allerschlimmstem Zustand, daß es neben der einfachen Wahrheit noch eine »objektive« Wahrheit geben soll, die von Napoelon dem Schwein
und vom Großen Bruder. Er hat sich nur für die erste der
beiden entscheiden können, die einfache Wahrheit, und *Mein
Katalonien,* aus dem indirekt seine beiden berühmtesten Bücher hervorgegangen sind, aus »natürlichem Anstand« geschrieben.

Die Geschichte ist grausam umgesprungen mit diesem
freien Ritter der Linken, der durch *Die Farm der Tiere* und
1984 »objektiv« zum Recken für das reaktionäre und anti-
kommunistische Publikum wurde und heute, dank eines
bloßen Datums, obendrein unter einer Salve von Beachtung
und Würdigungen zu leiden hat, die in erster Linie aktuali-
tätsgebunden und oberflächlich sind. Wir stellen fest, daß in
dem ganzen Science-fiction-Getöse dieses Jahres 1984 nur
selten jemand an *Mein Katalonien* erinnert, obwohl dieses
Buch unserer Meinung nach von einer herben, tragischen
Schönheit ist, von zurückhaltender Leidenschaftlichkeit, bei-
spielhafter Konsequenz, maßvoll, aufrichtig; es ist, in einem
Wort, sein Meisterwerk. Das zu sagen, sind wir Orwell
schuldig – aus »natürlichem Anstand«.

Ritterlose Damen

Demjenigen, der das Interesse an dem, was einstmals »die schönen Wissenschaften« hieß, noch nicht verloren hat, möchten wir fünf Erzählungen von Ingeborg Bachmann ans Herz legen, die unter dem Titel *Tre sentieri per il lago* jüngst bei der Edizione Adelphi erschienen sind. Diese fünf Porträts stehen durch beinah nicht wahrnehmbare Koinzidenzen miteinander in Verbindung: Da taucht die Protagonistin einer Geschichte in einer anderen als Nebenfigur wieder auf, hier enthüllt uns ein Gespräch beiläufig, daß eine Frau, deren Ringen um eine unglückliche Liebe wir miterlebt haben, glücklich verheiratet ist, da ziehen ein Name, ein Stückchen Klatsch, eine Bosheit Spiralen über einen Unterboden aus gesellschaftlicher Vernetzung und Beziehungen, Erinnerungen, Begegnungen, Verstrickungen von Wiener Schicksalen.

Genau so bewegt sich jeder von uns unter den anderen, mit halboffenen Augen, zwischen Vergeßlichkeiten und Gedächtnislücken, zufälligem Wieder-Neugierigwerden, Taktlosigkeiten, grausamen oder oberflächlichen Urteilen und jenem beständigen informativen Gemurmel, jener Brandung aus du weißt ja, daß die sich scheiden lassen, daß er vor zwei Jahren gestorben ist, daß sie ihn dann doch nicht geheiratet hat, daß er nach Rom gezogen ist, daß sie nach dem zweiten Kind alles hingeschmissen hat, mit einem Journalisten lebt . . .

Man könnte so etwas Roman-Rohlinge nennen, und wir alle sind deren Produzenten und Konsumenten gleichzeitig. Von einer gewissen Distanz aus bekommen wir alle die

Würde von Romanfiguren; aber wir müssen uns mit der Idee abfinden, daß ein Urlaubsflirt und ein Leberkrebs, ein abenteuer- oder tragödienreiches Leben und ein absolut flaches Dasein im Blickfeld derer, die um uns herum sind, in letzter Instanz denselben geringen Raum am Rande einnehmen und daß es für die Mitteilung: »Sie lebt jetzt auf den Antillen und sucht nach den Schätzen spanischer Galionen«, einer etwa gleich großen Menge Wörter bedarf wie für die Mitteilung: »Er hat die Aufnahmeprüfung bestanden und arbeitet jetzt bei der INPS in Savona.«

Die Bachmann setzt dieses Gefühl des Flüchtigen, Nebensächlichen meisterlich ein, sie spielt auf der Klaviatur der ausgefransten Ränder und des Nebulösen, ja, sie macht sie in der Erzählung *Die glücklichen Augen* sogar explizit zum Thema. Miranda, eine bezaubernde Wienerin, hält sich die Welt buchstäblich fern aus ihrer defekten Sicht. Nichts kann diese kurzsichtige Frau, die ständig ihre Brille »vergißt« oder »verliert«, mehr kränken oder traurig machen. Miranda ist glücklich, denn die Wirklichkeit kommt nur noch durch einen Filter aus Unschärfe an sie heran, sie sieht die Scheußlichkeit der Plätze, Straßen, Restaurants und Schilder, die Dummheit und Bösartigkeit der Gesichter im Bus oder im Konzert nicht mehr, sie ist frei, sich Schönheit vorzustellen, wo keine ist.

Zwar werden auch die Unannehmlichkeiten nicht ausgespart. Miranda kränkt Bekannte und umarmt Fremde, poltert gegen Türen, Kanten, Laternenpfähle, riskiert Stürze und Zusammenstöße. Aber es lohnt sich, diesen Preis zu zahlen, um sich in eine optische Fremdheit zurückziehen zu dürfen, die soviel Sicherheit bietet und Heiterkeit, Wohlwollen und Optimismus mit sich bringt.

Von all dem begreift Josef, obwohl er in sie verliebt ist, absolut nichts. Er hält sie für ein schutzloses, selbstvergessenes, infantiles und oft lästiges armes Ding. Er hat sich in den

Kopf gesetzt, sie zu beschützen und für ihre Besserung zu sorgen. Er erzählt ihr mit typisch männlichem Pragmatismus von Brillen, Linsen und Terminen bei Spezialisten. Er merkt gar nicht, daß Miranda ihn in seinem eigenen Interesse auf eine andere Frau umlenkt, er bleibt bis zur letzten Szene bei den Salzburger Festspielen die klassische Figur des willigen, liebenswerten, aber unheilbar stumpfsinnigen Manipulationsobjekts.

Das gleiche Schema wiederholt sich in den anderen Erzählungen. Auf der einen Seite gibt es eine einfältige oder schlaue, ältere oder blutjunge Frau, die von unsichtbaren Kordons umgeben ist; auf der anderen einen Mann, einen Ehemann, Liebhaber, Vater, Sohn, Bruder, der wie ein trampeliger, ungeschlachter Tourist um sie kreist.

Absichtliche Polemik fehlt völlig in den Texten der Bachmann, die eine von der nachhabsburgischen Zeit und von Joseph Roth inspirierte Schriftstellerin ist, höchst bedacht, die Qualen, die winzigsten Resonanzen, die heimlichen Ironien und Beschädigungen des Lebens zu erfassen; um so mitleidloser sind deshalb ihre Männer-»Skizzen«. Der alte Schrei von Frauen: »Du verstehst mich nicht!« ertönt nicht mehr in diesen Stücken. Hier wird Männern nichts vorgeworfen, nichts von ihnen gefordert. Sie sind immer anwesend und immer fern wie eine Spezies von *aliens,* die keine Eroberer und keine Herrscher mehr sein können, sondern nur noch Sperrgut; gelegentlich niederträchtig, großzügig, egoistisch oder sogar intelligent, aber in jedem Fall inferior.

Es wäre ein leichtes, nachzuweisen, daß die Heldinnen der Bachmann Grenzfälle sind, neurotische, verkrachte, unbefriedigte chronische Nervensägen, in Resignation, Alter und Einsamkeit verfallene verlorene Seelen. Mit minutiöser Präzision werden uns außerdem ihre Wohnungen in Wien oder Paris, ihre Vorlieben, ihre Kleider, ihre Begierden und Geziertheiten, ihre Launen und Ängste, ihre Arbeit, ihre Vergangenheit beschrieben. Man kann sich ohne Einbußen beim Lesen auf diesen eleganten und glänzenden narrativen Schmelz konzentrieren, der heute praktisch nicht mehr zu finden ist.

Ein Text wie *Probleme, Probleme* zum Beispiel hat den unmittelbaren *appeal* eines Bravourstückchens. Beatrix, eine junge Frau aus dem Kleinbürgertum, weidet sich am Laster oder mehr noch, wie sie selbst erkennt, an der Perversion des Schlafens; Schlafen ist für sie der Gipfel der wollüstigen Genüsse. Wir sehen sie aufwachen, beobachten, wie ihr träger Geist Fetzen aus Gedanken, Reizen, Gelüsten, Erinnerungen und Plänen zusammenklaubt, und nach und nach erkennen wir, wie sich die schlaffen Windungen ihres Wesens formieren und zu dem Plan durchringen, zum Friseur zu gehen. Dieser Besuch bei »René« an einem verregneten und also unheilvollen Tag wird ganz allmählich durch immer entsetzlichere Frustrationen immer hitziger. Die Wartezeit dauert zu lange, die Friseurgehilfin ist neu und hat keine Ahnung, der Herr Karl mit seinen vertrauten Händen taucht nicht im richtigen Augenblick auf, die Haube wird zu heiß, der Nagellack ist verkehrt, das Make-up eine Katastrophe und so weiter, bis Beatrix schließlich verstört und schluchzend den Ort der Handlung verläßt, mit entgleisten Gesichtszügen und Haaren, die außer sich und tragisch verwurschtelt sind.

Wenn man so will, ist das ein Sittengemälde von einer verzogenen, kleinkarierten, müßiggehenden Schmarotzerin. Aber Beatrix ist gleichzeitig alle zum Friseur gehenden Frauen, alle Frauen, die nur auf sich selbst zählen können, alle Frauen von heute.

In diesem Buch sind sie noch Königstöchter in der Welt der Ritter und der Welt der Fabeln, die aus ihr hervorgegangen ist, Gefangene heimtückischer und stets flüchtiger Zauberer, feuerspeiender und fangarmbewehrter Drachen und so machtvoller Zauberformeln und Zauberstücke, wie man sie nie zuvor erlebt hatte. Sie schmachten zwar weiter einsam hinter undurchdringlichen Mauern, Schranken, Wäldern, Labyrinthen, aber sie haben verstanden, daß ihre traditionelle Unerreichbarkeit endgültig ist. Der Freier wird sie nicht befreien, der Retter wird die Probe nicht bestehen, der schöne Ritter wird unter ihrem Fenster vorbeireiten und sich erkundigen, ob das Schloß des Menschenfressers Zimmer mit Bad hat, der blonde Fischer wird ihnen, statt auf den Meeresgrund zu tauchen und den Ring zu suchen, einen Sonnenschirm und einen lauwarmen Drink anbieten. Nicht aus Gemeinheit oder Unfähigkeit, sondern aus schierer Gedankenlosigkeit.

Ingeborg Bachmann hat lange in Italien gelebt. Viele unserer Freunde gehörten zu ihrem engeren Bekanntenkreis, und daß wir sie nicht kennengelernt haben, ist ein Zufall, entweder war sie gerade weggefahren, oder sie kam erst am nächsten Tag zurück oder fühlte sich nicht gut oder wohnte doch bei jemand anderem. Man hat uns erzählt, daß sie eine unglückliche, verletzliche, hochmütige und schroffe Frau war, eine Gefangene bösartiger und unfaßbarer Phantasmen. Sie war sehr kurzsichtig. Sie starb 1973 in ihrer Wohnung in Rom. Sie schlief mit einer brennenden Zigarette zwischen den Fingern ein, und ihr Nylonnachthemd fing Feuer. Sie hatte keinen Ritter bei sich, der die Flammen hätte löschen können.

Wieder einmal |

Wieder einmal ist der Nobelpreis für Literatur nicht Jorge Luis Borges verliehen worden, wie viele erwartet hatten; erhalten hat ihn Gabriel García Márquez, auch er ein Südamerikaner und ein Schriftsteller von hohem Rang und großer Bekanntheit; mit dem blinden Dichter aus Buenos Aires kann er dennoch nicht ernsthaft auf eine Stufe gestellt werden.

Wer weiß, warum, fragen sich die Enttäuschten argwöhnisch. Márquez' Herz schlägt ausgesprochen links, und es mag ja sein, daß es unter den Mitgliedern der Stockholmer Kommission eine Mehrheit desselben Geistes gibt; oder Borges hat die achtzehn Tüchtigen, die stets sehr darauf bedacht sind, zum Frieden, zur Freiheit und zu anderen schönen Dingen zu ermuntern, mit seinem politisches Engagement verweigernden Skeptizismus und seiner aristokratischen Ironie irritiert; oder vielleicht hat der Argentinier einfach nicht in die abstruse geopolitische Alchimie gepaßt, die schon so oft in der Geschichte des Nobelpreises die Entscheidung für einen und gegen einen anderen Namen bestimmt hat. Möglich ist aber auch eine andere, einfachere und banalere Hypothese.

Wir sind keine Rassisten. Wenn wir an Schweden und die Schweden denken (was aus irgendeinem Grund nur selten vorkommt), dann fangen, wie jeder unvoreingenommene Beobachter zugeben müßte, unsere Augen an, vor Sympathie, Respekt und sogar Bewunderung zu leuchten. Zwar haben wir noch nie unseren Fuß in dieses kalte Land gesetzt, aber wir stellen es uns wunderschön vor, voller Wälder, Seen und zauberhafter Abenddämmerungen. Wir wissen, daß auch alle seine Einwohner wunderschön sind, die Männer groß und stattlich, die Frauen strotzend von gesunder Blondheit, aber wir kämen im Traum nicht darauf, derlei somatische Merkmale für Zeichen von Minderwertigkeit zu halten.

Schweden, so sagen wir uns ohne jeden Hauch Arroganz, sind anders als wir, das ist alles. Ihre ruhmreichen kriegerischen Wurzeln und ihre Wikingerepen und -sagen sind uns wohlbekannt, und wir schätzen auch den Beitrag zur menschlichen Kultur nicht gering, den sie in Gestalt von Sauna, Naturschutz, Sozialfürsorge, sexueller Emanzipation und finanzamtlicher Jagd auf Einkommen jeden Niveaus und Ursprungs geleistet haben. Wir können aus dem Stand mindestens ein Dutzend Frauen und Männer aufzählen, deren Wiege in Schweden stand: Linné, Greta Garbo, Gustaf Adolf, Strindberg, Karl XII., Swedenborg, Selma Lagerlöf, Königin Christine, Bergmans Ingmar und Bergmans Ingrid. Und Alfred Nobel, natürlich.

Aber wir hegen seit langem den Verdacht, daß der mit seinem Namen und mit Schweden verbundene Literaturpreis nur noch dank der großen Summe Geld bedeutend ist, die mit ihm verbunden ist. Losgelöst von diesem schönen Berg Kronen hätte die Jury, die alljährlich bestimmen darf, wer der größte lebende Schriftsteller ist, nicht das geringste Ansehen, und ihre hervorragenden Mitglieder kämen nicht einmal für die Jury der Verleihung der Silbernen Mettwurst von Valcamonica in Betracht.

Wer sind sie überhaupt? Gute Menschen zweifellos, ehrbare Bürger, vorbildliche Steuerzahler und Retter jedes lahmenden Vögelchens. Es fällt nicht schwer, sich ihre Sitzungen, ihre Debatten und ihre gedankenversunkenen Spaziergänge zwischen Tannen und Elchen vorzustellen. Erst recht nicht schwer fällt es, sich ihren Geschmack vorzustellen.

Unserer Meinung nach steckt hinter dem Dauerboykott gegen Borges kein Rätsel, keinerlei verborgene Absicht, keine Intrige, keine ideologische Scheuklappe, keine Rachsucht. Er gefällt ihnen einfach nicht, er sagt ihnen nichts, er läßt sie kalt. Sie »verstehen« ihn einfach nicht, so wie sie seinerzeit Valéry nicht »verstanden« haben und wie sie vormals Mallarmé, Poe, Baudelaire nicht verstanden hätten. Diese ganze literarische Schiene ist ihnen einfach gleichgültig, da sind sie einfach taub und eisig. Sind sie vielleicht einfach Schweden?

Borges' Ziffer

Die Ziffer, Borges' jüngste Gedichte (1981), immer exquisiter schwebend zwischen Luzidität und Verträumtheit, Schmerz und Ironie. Arabesken von einer so kühlen Perfektion, daß sie leicht und unmittelbar wirken, wie von einem Kinderfinger zufällig in den Sand gezeichnet. Die letzten Arbeiten von Picasso und Braque fallen einem ein, denen die wunderbare Beherrschung des Handwerks gestattet hat, sich zu Gipfeln des Vergnügens und der Spielfreude aufzuschwingen, als sie längst Greise waren. Und vor ein paar Jahren veröffentlichte merkwürdige Statistiken fallen einem ein, die besagen, daß Kreativität bei Physikern und Mathematikern sehr früh auftritt und nur von kurzer Dauer ist; sie erleben Intuitionsblitze als Heranwachsende und in den ersten jungen Jahren und leben danach glorreich von der Rendite, sozusagen. Im Durchschnitt nur wenig »dauerhafter« sind Juristen und Wirtschaftswissenschaftler, Romanciers und Philosophen dagegen reifen langsam und haben fünfzehn bis zwanzig Jahre Zeit, bevor sie ausgebrannt sind oder sich nur noch wiederholen. Allein bei Musikern, Malern und Dichtern soll die schöpferische Ader (wenn sie denn eine haben) unerschöpflich sein. Allein für diese Glückskinder legen sich die Musen ins Zeug als muntere Besucherinnen des »dritten Alters« und hauchen ihrem Genius bis ans Ende Atem ein.

Die mit einem Begleittext versehene Übersetzung ins Italienische ist von Domenico Porzio, einem leidenschaftlichen Kämpfer für Borges, der den Dichter gut kennt, ihn in

Buenos Aires besucht und ihn vor ein paar Jahren als liebevolle Eskorte kreuz und quer durch ganz Italien geführt hat. Er hatte auch uns eingeladen, an einem betimmten Nachmittag in Mailand bei einer Ausstellung über Labyrinthe dabeizusein, der der Meister des Labyrinths einen offiziellen Besuch abstatten sollte. Wir sind dann doch nicht hingefahren, uns hat die Vorstellung deprimiert, wie der blinde Dichter da durch die Räume geleitet wird, neben sich einen beflissenen Herrn von der Stadtverwaltung, der ihm die Titel vorliest und ihm Tafeln, Nachbildungen und Modelle erläutert. Wir haben auch andere Einladungen, bei denen wir ihn hätten kennenlernen können, abgelehnt, Einladungen von anderen Freunden, die uns Borges als zauberhaften, großherzigen Plauderer geschildert hatten, als äußerst seltenen Vertreter literarischer Prominenz, von dem man, wenn man ihn persönlich kennenlernte, nicht sagen mußte: »So eine Enttäuschung!« (»Ich habe nie auch nur eine banale Bemerkung von ihm gehört«, versicherte uns einer, der ihn gut kannte.)

Aber Kult ist Kult, und wir fanden, daß unser – sagen wir es so – Laientemperament in einem mit lauter Anbetern, denen der Mund offensteht, vollgestopften Salon leiden würde. Außerdem ist Borges, der vortreffliche Individualist, auch ein vortrefflicher Cartesianer (»Ich bin der einzige Mensch auf der Erde, und vielleicht gibt es weder Erde noch Mensch. / (...) Ich träume den Mond und träume meine Augen, die den Mond wahrnehmen«, heißt es in dem Gedicht »Descartes«). Niemand ist so unbekümmert mit seiner Identität umgegangen, niemand hat sie so oft wie er, in Vers- und Prosaform, in Zweifel gezogen. Warum soll man einen Mann kennenlernen, der nicht wirklich an seine eigene Existenz glaubt, einen *desaparecido* von eigener Hand, der imaginäre Bücher geschrieben hat? Man erweist ihm größere Ehre, wenn man sich ihn imaginiert.

Man darf schließlich getrost mutmaßen, daß in unserem

hochmütigen Benehmen (das wir eines Tages selbstverständlich noch bereuen werden) ein gewisser jugendlicher Snobismus weiterlebt, der des »Entdeckers«, sowie die romantische Furcht, das vor dreißig Jahren erlebte Wunder, die Lektüre der *Fiktionen* in einer billigen argentinischen Ausgabe, zu beschädigen.

Zu Zeiten der Vorherrschaft von Brecht und Sartre blieb dieser »mindere Dichter der südlichen Halbkugel«, wie er sich selbst beschrieb, lange ein mit Initiation und Elite verbundener Name. Heute ist er so berühmt, daß er in den Vorzimmern von Großhändlern und Zahnärzten ausliegt. »Die berühmten Ungewißheiten kennen: die Metaphysik. / Schwerter geehrt haben und vernünftig den Frieden wünschen. / Keine Inseln begehren. / Meine Bibliothek nicht verlassen haben. / (...) Irgendeinen Elfsilbler ersonnen haben. / (...) Bestechungsversuchen ausgewichen sein. / (...) Conrad verehren. / Das sein, was niemand definieren kann: Argentinier. / Blind sein. / Nichts von alle dem ist seltsam, und alles zusammen verschafft mir einen Ruhm, den ich noch immer nicht begreife.«

Was mag das wohl heißen: »Keine Inseln begehren«? Ist es eine Anspielung auf die Malvinen? Die Gedichte sind nicht einzeln datiert, und die knappen Anmerkungen des Autors bieten zwar Köstlichkeiten wie diese: »Philosophie und Theologie sind, so vermute ich, zwei Arten der phantastischen Literatur«, vermeiden aber jeden aktuellen Bezug.

Während des Falkland-Krieges haben Journalisten jeder Nationalität und jeden Rangs versucht, Borges irgendwelche Erklärungen und Kommentare zu entlocken, in der Hoffnung, diesen betrübten, allem entrückten und uneinnehmbaren Achtzigjährigen in die Zange nehmen und kompromittieren zu können. Wir haben ihn imaginiert, wie er in seiner Bibliothek sitzt und sich mit unerträglich banalen Fragen herumschlägt. Er, der sein Leben lang Buenos Aires, »diese schlechte Gewohnheit«, besungen und trotzdem England ein Gedicht gewidmet hat, das endet mit den Zeilen: »Hier sind wir beide, geheime Insel. / Niemand hört uns. / Zwischen den beiden Dämmerungen werden wir stillschweigend geliebte Dinge teilen.«

Über einen kybernetischen Abgrund, einen schwindelerregenden Abfalleimer gebeugt, hat Borges wie nur wenige das Gefühl der zertrümmerten Komplexität der Welt zum Ausdruck gebracht. Die Symbole, auf die er immer wieder zurückgreift, sind der Spiegel (zwei gegeneinandergestellte Spiegel), das Labyrinth, die Schatten, die Enzyklopädien, der Fluß und die Spirale der Zeit. (»Wir sind der Fluß, den du anriefst, Heraklit. / Wir sind die Zeit...«) Einem solchen Mann, der sich selbst in fünf Substantiven zusammenfaßt (»Echos, Dünung, Sand, Flechten, Träume. / Nichts anderes bin ich als diese Bilder, die der Zufall mischt und die Langeweile benennt.«), einem solchen Dichter, den die Ambiguität, das Elusive, die Nuance, das Multiple vor unendlichem lyrischen Verlangen haben vibrieren lassen können, ein »klares politisches Statement« abzufordern, ist schiere Idiotie.

Als Paris 1870 belagert war, hat Victor Hugo dem Arsenal der Stadt erlaubt, sein Urheberrecht für den Bau von Geschützen zu nutzen; und so wurden vielleicht zum ersten, aber sicher zum letzten Mal in der Geschichte der Literatur aus den Bastionen Kanonen abgefeuert, auf deren Bodenstück der Name eines Dichters eingraviert war. Aber Borges ist nicht Hugo, seine Feinde sind andere, seine Geschütze sind andere. »Wer eine Sanduhr betrachtet, sieht die Auflösung eines Imperiums. / Wer mit dem Dolch spielt, sagt Cäsars Tod voraus. / Wer schläft, ist alle Menschen. / In der Wüste sah ich die junge Sphinx, soeben aus dem Stein gehauen. / Es gibt nichts Altes unter der Sonne. / Alles geschieht zum ersten Mal, aber auf ewige Art. / Wer meine Wörter liest, erfindet sie.«

Belagert vom ganzen Universum, bedrängt von zahllosen schillernden Heerscharen, verteidigt sich der alte Artillerist stets mit seinen Kanonenschüssen, gedämpft, zwischen zwei Kommas geschoben, mit einem Adjektiv, einem Zitat, einem Paradox, einem Lächeln.

Becketts Geheimnis

Damals schien Frankreich am Vorabend des Bürgerkriegs, und Paris zählte täglich seine Plastikbombenanschläge, seine Toten und seine Verwundeten. Das Santé-Gefängnis war voll mit algerischen Terroristen und Guerilleros und französischen Intellektuellen, die mit ihrer Sache sympathisierten, und gegen Abend klangen die Rufe und Gesänge der Gefangenen durch die offenen Fenster in die kleine, sehr aufgeräumte Wohnung von Samuel Beckett.

Aber im Gegensatz zu Kant, der in einer vergleichbaren Lage von seinem Zuhause aus die preußische Bürokratie mobilisierte, um die singenden Bewohner des Königsberger Gefängnisses zum Schweigen zu bringen, schien Beckett sich von derlei Geräuschen weder belästigt noch gestört zu fühlen. Sehr groß und zerbrechlich und adlerhaft war er auch in seiner Mimik und der Art, sich zu bewegen und zu sprechen, ein vollendeter »Fremder«, der unbeirrbare Bewohner einer privaten Zeit, die die unsere eben streift. Niemandem wäre in den Sinn gekommen, ihn um eine Stellungnahme oder eine Unterschrift unter einen Protestaufruf zu bitten oder ihm auf einem öffentlichen Platz ein Mikrophon in die Hand zu drücken; nicht einmal umgekehrt, ihm seine strikte Zurückhaltung als Dichter anzukreiden. Im Gegenteil.

Zu den unzähligen Beschuldigungen, die unser Zeitalter verdient, wird der Vorwurf nicht gehören, den fern jeden Glamours liegenden Zauber von Becketts Stimme ignoriert oder seine diffizile, distanzierte Grandezza verkannt zu haben. Man kann in der Anerkennung und dem weltweiten Respekt, der ihn seit fast einem Vierteljahrhundert (seit *Warten auf Godot* zum ersten Mal auf einer winzigen und heute verschwundenen Pariser Bühne aufgeführt wurde) umgibt, jetzt aus der Distanz vielleicht eine Art Dankbarkeit für jemanden sehen, der den Versuchungen der Tagesaktualität widerstanden hat, jemanden, der sich nie in die Kontingenz hat hineinziehen lassen.

Unsere Zeit verbrennt alles mit erbarmungsloser Geschwindigkeit. Ein französischer Freund, der sich leidenschaftlich und mit einem gewissen Risiko in die Turbulenzen gestürzt hat, die mit der Befreiung Algeriens einhergingen, erzählt uns, gerade zurückgekehrt aus Algier, melancholische Geschichten über diese jetzt so ruhige Stadt. Die jungen und ganz jungen Kinder der Helden und Gefolterten und Bombenleger und Wüstenveteranen haben heute den Kopf voll mit japanischen Motorrädern, original-amerikanischen Jeans, mit der Frage, wie sie am schnellsten nach Paris kommen, und mit sonst gar nichts. Sie stellen fast vierzig Prozent der Bevölkerung, und ihnen etwas über Massu und die Schlacht um Algier zu erzählen, ist, als erzählte man einem jungen Franzosen etwas über Moltke oder die Marne-Schlacht. Die Erinnerungen der »Alten« langweilen sie, die Taten eines noch ganz nahen Gestern sind für sie schon verstaubt und bedeutungslos. Eine wirkliche Tradition von Heroismus, von Bürger- und Nationalstolz hat sich niemals entfaltet und ist somit auf diese Generation auch nicht übergegangen – sagt unser Freund deprimiert –, kein revolutionärer Mythos ist mehr imstande, die Phantasie und die Begeisterungsfähigkeit dieser Erben der Befreiung zu entzünden. Und vor allem erschreckend ist, daß eine so vollständige Klimaveränderung, für die einst Jahrzehnte allmählicher Verschiebungen und Transformationen nötig waren, in ein paar blitzschnellen Jahren zustande gekommen ist.

Wie bitte? In einem Augenblick ist alles schon vergessen? Ja, ja. Alles ist schon vergessen. In einem Augenblick. Man kann Beckett als jemanden sehen, den das nicht erschreckt, der sich darüber nicht abhanden kommt, weil er nie aufgehört hat, über eben jenen Augenblick, über das grausame und unausweichliche Vergehen jenes Augenblicks (eines jedweden Augenblicks) zu arbeiten. Durch die Fenster seiner Wohnung hat er weiter auf die graue Mauer der Santé geblickt und weiter mit einem Ohr anderen Liedern und anderen Kämpfern zugehört, ohne sich durch das Kommen und Gehen von Tagesereignissen und Geschichte ablenken zu lassen. Die OAS ist in der Vergessenheit versunken, de Gaulle ist tot, bittere fitzgeraldianische Wolken ziehen sich über den Protagonisten des Pariser Mai zusammen. Und das Dogma von der Diktatur des Proletariats ist beiseite gelegt worden. Alles vergeht.

Ist man also diesen (wer weiß?) im Aussterben begriffenen edlen Tieren noch dankbar, den einsamen Künstlern nämlich, die von ihren Umlaufbahnen um die Erde noch immer hartnäckig unveränderliche und kostbare Zeichen senden? Alles vergeht. Das Leben eines jeden ist nur ein kleineres Rätsel, ein kurzes, aber schmerzhaftes Herumgepfusche. Alles, was wir tun, ist nur ein pathetischer Notbehelf, um die Leere, die Sinnlosigkeit und die letztendliche Vergeblichkeit der Dinge von uns fernzuhalten.

Es muß mitten im Gedränge des arroganten und seichten Aktuellen und gegen die hysterischen Überfälle des Unmittelbaren jemanden geben, der durchhält in den alten Schützengräben der Poesie, in denen sich mit hochmütiger Verläßlichkeit Giacomo Leopardi und Emily Dickinson, Thomas Hardy und Eugenio Montale geschlagen haben.

Das letzte Stück von Beckett trägt den Titel *Damals* und dauert etwa eine halbe Stunde. Es gibt nur eine einzige Person, die nie den Mund aufmacht. Auf der vollkommen dunklen Bühne erscheint das Gesicht eines alten Mannes, dessen weiße Haare wie ein Strahlenkranz angeordnet sind und dessen Stimme in drei verschiedenen Tonhöhen von drei unterschiedlichen Punkten A, B und C aus spricht.

Der Alte (das heißt, seine drei Stimmen) erinnert sich an kleine Episoden aus der Vergangenheit, es sind immer die gleichen, sie wiederholen sich, werden reichhaltiger und genauer, verfangen sich ineinander, verschmelzen und verfliegen nach der Technik der Fuge. Diese absolut banalen und absolut einmaligen Bilder (ein in der Kindheit besuchter und im späteren Leben wieder aufgesuchter Garten voller Brennesseln, ein Museum voller alter Schinken, ein Weizenfeld in der Sonne in Begleitung eines Mädchens, eine auf dem Fluß treibende tote Ratte, ein Hügel, von dem die Straßenbahnschienen verschwunden sind), diese Fragmente, die so sehr den Erinnerungen von jedermann ähneln, sind jedoch nur scheinbar nostalgisch. Der Alte stöbert nicht wegen eines drückenden Gedächtnisverlusts, sondern getrieben von dem Willen und dem quälenden Bedürfnis, aus dem Sammelsurium die entscheidende, endgültige Erinnerung herauszufischen, das Mal, bei dem etwas von allerhöchster Wichtigkeit geschehen ist. Aber was? Und wann, damals?

Von A, B und C her ertönt eine brütende, obsessive Litanei, die Brennesseln im Garten tauchen wieder auf, das Weizenfeld, die Schienen, am Himmel fliegt ein Gleitflugzeug vorbei, auf dem Fluß treibt wieder die tote Ratte – oder ein toter Vogel? –, und der alte Mann wird, wie ein Astronaut, der den Strudel der Gestirne um sich herum schneller werden sieht, erfaßt von einem Gefühl des Schwindels und der Unbestimmtheit.

Es hat (das weiß er, das wiederholt er) einmal etwas Flüchtiges, Schicksalhaftes gegeben, einen mysteriösen Wendepunkt, den man nur erkennen müßte, um alles zu verstehen. Aber wann war das? Dieses Mal oder jenes andere oder jenes wieder andere?

A, B und C sprechen in einem allmählich immer drängenderen Rhythmus, sie hasten auf die inzwischen unvermeidliche Entdeckung zu: Der alte Mann ist tot, und jenes allerhöchste eine Mal, nach dem er verzweifelt gesucht hat, ist der Augenblick, in dem das Schweißtuch sich endlich über ihn senkt, die Leere endlich die Übermacht gewinnt.

Mit der formalen Meisterschaft und Genialität dieses Monologs (der die zahllosen und nicht immer üblen Nachahmer Becketts auf ihren Platz verweist) muß man sich kaum länger aufhalten. Und was den Protagonisten betrifft, er ist auf den ersten Blick der gewohnte gebrechliche alte Zottel, Becketts bekanntester und erkennbarster Beitrag zum Inventar der Theaterliteratur.

Dieser geifernde, abstoßende Alte hier aber, eingewickelt in seinen Wintermantel, modernd und faulend und vollgesogen mit Vergangenem, scheint mit einem neuen Akzent zu sprechen. Seine Angst ist weniger komisch, sein verworrener Zustand weniger grotesk, seine *tour de force* durch das Gedächtnis klingt schneidender und dringlicher. Die ironischen Spiralen haben sich zum großen Teil geschlossen, statt dessen bemächtigt sich eine außerordentliche poetische Spannung dieser mittlerweile klassischen »Maske«; so als hätte sich Beckett, nachdem er sie erahnt, modelliert und im Laufe vieler Jahre vervollkommnet hat, seiner eigenen Fiktion angenähert, als wäre er so dicht an sie herangekommen, daß er mit ihr zur Deckung kommt und sie annimmt als Instrument des Bekenntnisses, als Vehikel seines Abschiedspoems.

In London werden seit einigen Wochen sämtliche Beckett-Stücke wiederaufgeführt. Es ist eine Art Riesenjubiläum, an dem verschiedene Theater gleichzeitig beteiligt sind und das am Abend des 20. Mai im Royal Court Theatre seinen Höhepunkt erleben soll. Die Polizei wird die Täschchen der

Damen durchsuchen und die Herren durch den Metalldetektor gehen lassen (denn andere Terroristen sind unterwegs, Iren wie der Autor), und dann werden alle Platz nehmen und der Welturaufführung von *Damals* beiwohnen, das eigens für diesen Anlaß geschrieben worden ist.

Und Samuel Beckett ist siebzig Jahre alt geworden.*

* Wir schrieben das im Jahre 1976. Inzwischen ist Beckett tot und hinterläßt uns, Siegel seiner Existenz, ein schmales Werk körperloszarter Seiten (*Soubresauts,* Les Éditions de Minuit, Paris), die für immer zum Höchsten der Weltliteratur zählen werden. (Anm. d. Autoren)

Herrn Testes Schritt

»Ich habe ihn nie gesehen außer nachts. Einmal in einer Art von B..., oft im Theater. Man sagte mir, er lebe von unbedeutenden Wochenspekulationen an der Börse. Er nahm seine Mahlzeiten in einer kleinen Wirtschaft der rue Vivienne ein. (...) Gelegentlich bewilligte er sich anderswo ein gemächliches und feines Mahl.

Herr Teste war vielleicht vierzigjährig. Seine Sprechweise war außergewöhnlich rasch und seine Stimme klanglos. (...) Er hatte (...) soldatische Schultern, und sein Schritt war von einer Regelmäßigkeit, die verblüffte. Sprach er, so erhob er nie den Arm oder nur den Finger: *Er hatte die Marionette getötet.* Er lächelte nicht, sagte weder guten Tag noch guten Abend (...). Nie lachte er, nie streifte der Widerschein von Unglück sein Antlitz. Er haßte die Melancholie. (...) Er sprach, und ohne daß man Beweggründe noch Reichweite der Ächtung hätte bestimmen können, stellte man fest, daß eine große Zahl von Ausdrücken aus seiner Rede verbannt war. (...) Auf das, was er sagte, gab es nichts zu entgegnen.«

Herr Teste kehrt, Valérys Stil gemäß, in einer kleinen Auflage zurück; da ist er wieder, hinter einem diskret getönten Einband, schmächtig, kristallin und trotz allem unzerstörbar. Seit mehr als zehn Jahren war er verschwunden aus unseren Buchhandlungen und den von Marionetten überquellenden Straßen unserer Städte, und fast hatten wir die Hoffnung aufgegeben, ihn je wiederzusehen.

Dabei war er seit 1894, dem Jahr, seit welchem er umgeht,

beiseitegeschoben, ignoriert, begraben, vergessen und Gott weiß wie oft für tot erklärt worden. Aber diesmal war es schlimmer, diesmal schien er wirklich erledigt zu sein, vom Platz gewiesen. Wie nie zuvor bevölkerten jetzt Kultur-Tarzane, Stereo-Philosophen, Treibgas-Denker und Ideologen mit ungebremstem Schaum die Plätze und Theater und Hörsäle und Regale; nicht einmal eine Stecknadel hätte dazwischengepaßt.

Aber nein, da ist er wieder, der Herr Teste mit seiner Platinnadel. Der Verlag Il Saggiatore eröffnet mit ihm feierlich seine neue Kurzprosa-Reihe *Silerchie*. Offen gesagt, man weiß gar nicht, welches Schicksal man dem Bändchen wünschen soll. Vielleicht wäre es ratsam, es zu verschweigen und die ganze Sache so geheim wie möglich zu halten. Die Vulgarität und Schamlosigkeit, der barbarische Aktivismus, in den die Republik der Schönen Künste und der Literatur versunken ist, geben Anlaß zu den schlimmsten Befürchtungen, eingeschlossen die eines jähen massenhaften Revivals. Valéry selbst hatte schon vor einem halben Jahrhundert notiert, daß gewisse Leute geradezu die Pflicht haben, sich mit ihm *unwohl zu fühlen,* und sich gewundert, daß das nicht passierte. Aber wir sind heute soweit, daß irgendeine Stadtverwaltung hergehen und beschließen kann, einen 24-Stunden-Marathon mit Herrn Teste inklusive Spaghettiessen um Mitternacht zu organisieren, oder irgendeine Fernsehproduktion, eine zwölfteilige Serie mit Jean Paul Belmondo in der Titelrolle drehen kann. Niemand hält sie ab oder macht ihnen Angst, diesen bestialischen Schlächtern und Absahnern, die so gedankenlos unterhalb jeder Unwohlseinsschwelle verharren.

Aber vielleicht sind unsere Befürchtungen übertrieben. Herr Teste war nie ein Volksheld, kein leicht zugänglicher Mythos, nicht einmal zu Valérys Lebzeiten. Als er 1945 starb, schrieb Borges zwar: »Valéry hat Edmond Teste geschaffen;

diese Persönlichkeit wäre einer der Mythen unseres Jahrhunderts, wenn nicht wir alle im stillen einen bloßen *Doppelgänger* Valérys in ihm sähen. Für uns ist Valéry Edmond Teste.«

Heute jedoch erscheint uns die Identität zwischen Teste und seinem Autor ein bißchen fern, ein geringfügiges Hindernis. Gegenüber anderen Helden der Literatur, die man nachäffen kann, von Werther bis Des Esseintes, von D'Annunzio bis Hemingway hat Teste schlimmstenfalls einen Nachteil, den, ein ganz und gar inneres »Modell« zu sein, eine fanatisch jedermannhafte Erscheinung (»analog bis zur Allgemeingültigkeit von Theoremen«), jemand, der anstelle von Waffen, Liebschaften und Düften der abschüssigen, konzentrischen Disziplin der Intelligenz folgt.

Noch leben in Italien, Paris, London Menschen, die Gelegenheit hatten, Valéry kennenzulernen, und ein Bild der Eleganz, Liebenswürdigkeit, freundlicher Einfachheit und vollendeter Höflichkeit im Umgang von ihm bewahren. Valéry hat viele Leute empfangen und besucht, er ließ sich sanftmütig zu Festreden, Inaugurationen und Gelegenheitsgesprächen herbei. Er wies weder Sitz, Zweispitz und Degen der Académie française zurück noch die Sofas der Salons, die gerade *en vogue* waren.

Aber man hat von ihm auch behauptet, er sei nichtmenschlich, aus Eis, ein literarischer Robespierre, ein Asket, ein Monstrum. André Gide, der ihn seit frühester Jugend bewundert und oft besucht hat, hinterläßt uns ein beunruhigendes Porträt: Sein *Journal* ist übervoll von Bemerkungen dieser Art: »Paul lädt mich zum Abendessen ein. Sehr spät nach Hause gekommen, erschöpft.« – »Nachmittags bei P. V. Langes Gespräch, das mich zerstört hat.« – »Mit großer Freude V. wiedergesehen, zwei Stunden lang, zwischen zwei Zügen. Fahre gebrochen weiter, der Kopf in Flammen.«

Valérys legendärer Charme war lediglich ein Schneckenhaus, ein nonchalant über die Schultern geworfener Wettermantel, ein Gesicht, das darauf vorbereitet war, »Gesichtern zu begegnen, die sich begegnen.« Dahinter, das wußten seine engsten Freunde sehr gut, lag immer ein Profil aus Stahl, ein Schatten ohne Lächeln, ein Mr. Hyde, ein Double, ein wachsamer, scharfer, unerbittlicher Beobachter. Eben Herr Teste.

Und was ist *Herr Teste,* dieses schwierige schmale Buch? Es ist die Geschichte einer Begegnung, eines Theaterabends, eines Spaziergangs zu einer »reinen und banalen« Unterkunft, einer kurzen Unterhaltung. Ein paar wenige Seiten und akkurate, unendlich flüchtige Angaben zur Beschreibung dessen, was der junge Valéry sein wollte und sich sein Leben lang bemühen würde zu sein. (»Teste ist mein Schreckbild«, schrieb er Jahre später, »wenn ich mich schlecht benehme, denke ich an ihn.«) Ein Richtungspfeil. Eine Grenze. Der Entwurf einer Geometrie. Oder, um einen Begriff von 1894 zu benutzen, ein Ideal.

Damit ist er ein Antipode der heutzutage unter unruhigen Hausfrauen, ewigen Studenten, anerkannten Akademikern und Revolutionären im Ruhestand grassierenden »Identitätskrise«. Valérys »Privatheit« ist nackt und karg, ein Mittelding zwischen der Zelle in einer Kartause und der Dekompressionsschleuse eines Raumschiffs. Er hat sich darin bewegt wie ein Fremder: An seinem Geist, seinem Bewußtsein, seiner Sensibilität interessierte ihn deren *Funktionieren,* die subatomare unaufhörliche Tätigkeit, die Sprünge, die Ausfälle, die Leerstellen, die Verkrustungen, Risse, Ausbrüche. Er definierte sich als Robinson des Intellekts: Es hatte ihn da auf die Insel verschlagen, und er nahm sich vor, sie zu erforschen, zu kartographieren, zu kultivieren und zu beherrschen, von oben bis unten und einschließlich der winzigsten Schluchten.

Man kann *Herr Teste* lesen wie das Manifest eines Schiffbrüchigen, der die Ärmel hochkrempelt und sich mit dem arrangiert, was er in Händen hat. Das ist selbstverständlich nicht zur Nachahmung empfohlen, und man muß auch nicht erwägen, dieses grandiose, quälende Experiment auf unseren armseligen Postkarteninseln zu wiederholen. Als Mystiker ohne Gott, als mikroskopbewehrter Narziß, als metaphysischer Detektiv, ein Kind »von Edgar Allan Poe und des unbegreiflichen Gottes der Theologen«, steht Valéry ganz sicher nicht für das, was die Scharlatane der Engagiertheit noch immer als »wirksame Alternative« bezeichnen.

Dabei war er Zeuge der Dreyfus-Affäre und zweier Weltkriege, des Nazismus und des Stalinismus und erlitt die Idiotien und Brutalitäten seiner Zeit wie alle; er verkehrte mit den Zeitläuften und geriet in Versuchung, wie alle, das Rückgrat einzubüßen und der Bequemlichkeit nachzugeben, dem Dunklen, Eingeweidetiefen, Hypnotisierenden, Begeisternden.

»Manch einer hat mir Komplimente über meine ›Intelligenz‹ gemacht«, schrieb er. »Sie wissen ja nicht, was so etwas kostet, wie wenig es einbringt. Ein sehr schlechtes Geschäft.«

Er hätte irgendein Sartre, irgendein Marcuse, irgendeiner der von Proselyten umgebenen tausend Schwätzer sein können. Er hat es mit hochmütiger Strenge vorgezogen, »den Menschen die Klarheit des Geistes vorzuführen in einer heruntergekommenen romantischen Ära«. Und er hinterläßt uns, wie Borges fortfährt, »das Symbol eines für jede Tatsache unendlich empfänglichen Menschen, eines Menschen, für den jede Tatsache ein Anreiz ist, der eine unendliche Gedankenfolge auslösen kann. (...) Eines Menschen, der in einem Jahrhundert, das die chaotischen Götzen des Blutes, des Bodens und der Leidenschaft anbetet, immer die klaren Freuden des Denkens und der geheimen Abenteuer der Ordnung vorzog.«

Herr Teste ist kein kommodes Symbol und kein triumphaler Held, dem man in Reih und Glied Slogans skandierend nachfolgen kann. Er war in einem gewissen Sinn stets der Besiegte. Aber wer will, kann ihn – in langen Abständen und wenn sich die Bürgersteige für einen Augenblick von dem Geschrei geleert haben – wahrnehmen mit seinem regelmäßigen und unbeirrbar einsamen nächtlichen Schritt.

Kapitel 6

Encyclopädie der philosophischen Wissenschaften im Grundrisse

Kantianische Probleme: Hatte Kant einen Führerschein? [1]

In *Kants Privatleben*[*] führt Dindorf als eine der Extravaganzen des großen Philosophen auch die an, daß er nie einen Führerschein hat machen wollen. Pingeligere Biographen haben dagegengehalten, daß Kant auch gar keinen gebraucht hätte, da er zur Universität zu Fuß gegangen sei und sich aus Königsberg insgesamt praktisch nie fortbewegt habe. Dies könnte man wiederum mit der Replik versehen, der Umstand, daß der Kritiker der reinen Vernunft stets wie ein Gefangener in seiner Geburtsstadt blieb, verdanke sich eben dem Fehlen eines Führerscheins und nicht umgekehrt.

In Wirklichkeit aber muß man, wie Brunschvicg in »Philosophie du permis de conduire«[**] exakt nachgewiesen hat, das ganze Problem bis an die Wurzeln des kantianischen Denkens zurückverfolgen. »Gibt es die äußere Welt? Und wenn ja, ist es möglich, von ihr eine angemessene Vorstellung zu haben?« Bekanntermaßen beantwortet Kants kritischer Idealismus im Gegensatz zum späteren absoluten Idealismus die erste Frage mit ja und die zweite mit nein. Mit Sicherheit existiert die äußere Welt (»Eine Binsenweisheit«, sagte Kant wörtlich), sie ist jedoch ganz und gar nicht erkennbar für uns. Die angemessenen Vorstellungen, die wir von ihr zu haben glauben, die – sei es schwarz-weißen, sei es farbigen – Bilder geben unsere vermeintlichen »Objektive« uns ein, sie spiegeln nicht die objektive Wirklichkeit außer

[*] Stuttgart 1877
[**] in: *Révue de Métaphysique*, XII, 1924

uns, sondern »das Innerste unseres Verstandes oder unserer Camera«.

Verständlich, daß es der junge Kant, wenn er solche Ideen bereits im Kopf hatte, ablehnte, auch nur in die kurzen, anspruchslosen Ferien mitzufahren, die seine Eltern in Italien zu verbringen pflegten. »Wenn ich nicht einmal Königsberg wirklich kennen kann«, sagte er, »wozu sollte ich 1600 Kilometer★ weit reisen, um Cesenatico kennenzulernen?«

Nicht verhindern konnte er allerdings, daß ihm Freunde und Verwandte Dutzende von Ansichtskarten schickten (von der Sorte »Souvenir du Mont St. Michel« oder »Grüße aus Cortina d'Ampezzo« oder »Salutissimi da Bordighera«), denen seine kritische Strenge jede Glaubwürdigkeit und jeden Zusammenhang mit mutmaßlichen wirklichen Ortschaften außerhalb der Kartenverschicker absprach. »Kratz an diesem Turm«, vermerkte er irritiert auf einer Postkarte aus Pisa (die Abbagnano in seinem 1962 in Bari erschienenen Werk *Importanza dei ›saluti da Pisa‹ nello sviluppo del criticismo* zurecht als ›ersten Schritt‹ zu Kants *Dissertation* von 1770 erachtet), »und was ist dahinter? Vetter Ottos Namenszug!«

Das größte Ungemach aber bereitete ihm die Rückkehr der Königsberger aus ihren Ferien, wenn zu den Postkarten noch Hunderte, Tausende von Fotografien kamen, die in der Mehrzahl in Riccione aufgenommen worden waren und die von sich behaupteten, die äußere Welt getreulich abzubilden. In diesem Zusammenhang muß man Kants Disput mit Pastor Niemöller einordnen, einem Fanatiker der Kamera, der im Kantschen Kritizismus in erster Linie eine Beleidigung seiner eigenen Farbfotos sah.

Dieser Disput wirft auch auf die *vexata quaestio* des Führerscheins ein scharfes Licht. Tatsächlich scheint Niemöller an

★ An dieser Stelle scheint der Übersetzerin die Nachrichtensicherheit nicht garantiert – zu Kants Zeiten wurde in ganz Europa in Meilen gereist, nicht in Kilometern. (A. d. Ü.)

einer bestimmten Stelle, als er ein Foto zeigte, das ihn zusammen mit anderen Kirchenmännern vor der Peterskirche porträtierte, aufgebracht geschrien zu haben: »Na schön, lassen wir die Peterskirche beiseite! Aber wollen Sie etwa auch negieren, daß der Dritte von links wirklich ich bin?« Kant scheint sich darauf beschränkt zu haben, fein zu lächeln.

Riehl bezweifelt, daß diese Episode wahr ist, aber sie erscheint höchst plausibel, da für Kant einerseits die Erkenntnis der äußeren Welt unmöglich, die der inneren Welt andererseits relativ ist. Unsere Sinne und unsere Fotos geben uns zwar sehr wohl eine wirkliche Vorstellung von uns selbst, es handelt sich aber um eine empirische Wirklichkeit, die keinerlei Beziehung zu unserem wahren, echten »Ich« aufweist, von dem wir nichts wissen noch je wissen können.

Nehmen wir also an, Kant habe sich trotz allem für einen Führerschein anmelden wollen. Mit welchem Gesicht hätte er die Fotos von sich machen lassen, die die örtliche Polizei ausdrücklich vorschreibt und von denen eins als echt beglaubigt sein muß? Mit welchem Bewußtsein hätte er es unterzeichnet? Riehl beurteilt einen solchen möglichen Fall als undenkbar und kommt zu dem richtigen Schluß: »Zwischen einer Fahrschule und dem Moralgesetz, zwischen einem Führerschein und dem kategorischen Imperativ hätte Kant nur eine einzige Wahl treffen können.«

Jacke wie Hose: Buch wie Sex

Die erste Buchmesse, die demnächst in Turin eröffnet werden soll, hat uns zu einem verrückten strukturalistisch-linguistischen Experiment animiert, ja, in einem gewissen Sinn sogar genötigt. Seit Wochen hören wir jedermann und auf jede Art darüber reden, und zwar nicht nur in Turin und auch nicht nur in Italien; und was darüber mit welchen Akzenten und welchem Wortschatz geredet wird, hat uns vage, aber hartnäckig an irgend etwas anderes erinnert. All die Ratlosigkeit, Aufgeregtheit, Spitzfindigkeit, der Moralismus, die Verschämtheit, das Tadelnde und Plädoyerhafte und der Rigorismus klangen in unseren Ohren wie »schon mal gehört« und zogen ihre anspielungsreichen und festlegungsarmen Gesprächs-Kreise um das Problem, und uns lag das Bezugsraster auf der Zunge wie jemandem, der sich müht, eine Gebärde auf einer Bühne zu identifizieren.

Und dann plötzlich: die Erleuchtung. Wir haben probehalber das Wort »Buch« durch das Wort »Sex« ersetzt, und alles wurde klar.

»Meine liebe Kleine, das Buch (Sex) ist etwas ungemein bedeutendes, Fundamentales, etwas die ganze Persönlichkeit Betreffendes!«

»Sie wissen ja, wie das ist, Arbeit, politisches Engagement ... da findet man am Ende nicht mal mehr Zeit für ein Buch (für Sex), leider.«

»Tagsüber ist ja notgedrungen immer viel anderes zu tun, womit ich mich beschäftigen muß, aber abends kann ich noch so müde sein, ein Buch (Sex) ist für mich un-be-dingt notwendig für Zerstreuung und Entspannung und Einschlafenkönnen.«

»Schauen Sie, wenn ich, nehmen wir mal an, ab morgen ohne Bücher (ohne Sex) auskommen müßte, ich würde mich erschießen, und das meine ich ganz ernst.«

»Machen wir's doch nicht komplizierter, als es ist: Ein Buch (Sex) ist schlußendlich eine Ware wie jede andere.«

»Für mich, und das ist nicht übertrieben, ist das Buch (Sex) eine Leidenschaft, die alles erfaßt, daraus habe ich jeden Anreiz, jede Neugier, alle Abenteuer und jede wahre Befriedigung im Leben bezogen.«

»Das klingt vielleicht zynisch und verkürzt, aber ein Buch (Sex) ist die beste Art und Weise, ein paar angenehme Stunden zu verbringen.«

»Es ist halt so, je älter man wird, desto anstrengender wird ein Buch (Sex), Fernsehen macht einfach weniger müde.«

»Also, ich verstehe eigentlich das ganze Bohei um Bücher (um Sex) nicht, ich persönlich komme ganz gut ohne aus.«

»Schulen haben in diesem Bereich eine sehr große Verantwortung. Nur in der Schule bekommen junge Menschen Orientierungshilfen und Rat, nur die Schule kann ihnen zur richtigen Haltung gegenüber dem Buch (Sex) verhelfen.«

»Echtes Interesse an Büchern (an Sex) muß jeder selbst entwickeln, und zwar außerhalb jeder Schulmeinung, ganz für sich allein, gemäß dem eigenen Drang, auch wenn dabei Fehler passieren, jedenfalls in aller Freiheit.«

»Das Buch (Sex) gehört ganz grundsätzlich in die Sphäre des Spiels, des Hedonismus, der feierlich-erhabene und elitäre Klang in diesem Zusammenhang, wie bei einer Initiation, ist absurd.«

»Das Buch (Sex) gehört essentiell zur Sphäre der prägenden intimen, um nicht zu sagen heiligen Erfahrungen, und es ist eine Schande, mitansehen zu müssen, wie es um des

Konsums willen, allerorten degradiert wird und sich prostituieren muß.«

»Es wird viel zuviel geredet über Bücher (über Sex) und viel zu oberflächlich, zu vulgär, kenntnislos.«

»Alle reden darüber, aber ich möchte mal wissen, wie viele wirklich praktische Erfahrungen mit Büchern (mit Sex) haben.«

»Es kann einem heute noch und nicht selten passieren, daß man in irgendeiner Umgebung von Büchern (von Sex) redet und merkt, es ist allen peinlich.«

»Eine Messe für Bücher (für Sex)?«

»Na ja, ich weiß ja nicht, wie es Ihnen geht, aber bei mir ist das so: Alles, was mit Büchern (mit Sex) zu tun hat, reizt (langweilt) mich, macht mir Spaß (deprimiert mich), macht mich neugierig (sagt mir wenig), begeistert mich (finde ich ekelhaft), sagen wir mal so, erinnert mich auf irgendwie undefinierbare Weise an Sex (an Bücher).«

Gastronomie nach Proust

Es kommt gelegentlich vor, daß man unverdientermaßen zu Festessen bei Feinschmeckern eingeladen wird, zu Zeremonien also, die mehr der Feierlichkeit als den Tafelfreuden verpflichtet sind und den verschüchterten Laien fast erwarten lassen, er werde von zwei Karabinieri in Galauniform in den Saal geführt und suche dort automatisch nach dem Wandspruch »Vor dem Gesetz sind alle gleich«.

Die Angeklagten (die Gänge) werden einer nach dem anderen in den zum Restaurant umgewidmeten Gerichtssaal geführt, sodann vorgestellt, gekostet, analysiert, kommentiert, diskutiert und schließlich mit einem Urteil versehen, und alles mit einem Ernst, der die inkompetente Kauerei von unsereinem nur demütigen kann. Gespannte Gesichter, versunkene Mienen. Hin und wieder fällt ein nachsichtiger Blick auf uns, als wären wir zwei zwar gebetene Gäste, denen man alles nachsieht und verzeiht, die dieser elitären Religion aber hoffnungslos fremd bleiben müssen. Nicht anders müssen sich die Jesuiten-Patres gefühlt haben, die im siebzehnten Jahrhundert zu Gast am Hof der liebenswürdigen, aber entrückten Kaiser von China waren.

Damen kommen immer nur sehr selten vor, der Grund dafür, so glauben wir, ist nicht gaumenfreudiger Männlichkeitswahn, sondern schlicht die Tatsache, daß ihre Anwesenheit zu Galanterie, Prahlerei, Gelüsten und Gockeleien der Sorte animieren könnte, die mit feinschmeckerischer Konzentration unvereinbar ist. Auf solcherart akademischem

Niveau speisen heißt, die Pflicht vor das Vergnügen zu stellen.

Ja, überhaupt, wo bleibt denn das Vergnügen? Keiner dieser gemessenen Tafelgäste sieht aus oder benimmt sich wie ein traditioneller Vielfraß. Kein Schmatzer, kein Glucksen ist zu hören. Lob wird ebenso wie Unschlüssigkeit und Tadel in ausgewogenen Worten ohne schwärmerische oder sarkastische Untertöne geäußert. Alles klingt wie nach innen gerichtet, verinnerlicht. Vielleicht muß das so sein, sagen wir uns und verscheuchen unsere schmerzlichen Reminiszenzen an Situationen à la Trimalchio, Rabelais, Breughel. Vielleicht ist es wirklich so, daß der Geruchs- und der Geschmackssinn nur, wenn man alle übrigen Sinne aussperrt, ihre Oberhoheit entfalten können und müssen.

Jemand neben uns berichtet von einer anderen Forelle, die aus einem anderen Fluß gefischt und mit anderen Kräutern zubereitet worden war. Und schon kommt ein zweiter Einwurf über ganz bestimmte *quenelles* aus einer ganz bestimmten französischen Kleinstadt. Jemand Drittes mischt sich ein und erwähnt einen exotischen Krebs. Und nach und nach prasseln die Vergleiche und dehnen sich aus über Zeit und Raum, und wir fühlen uns immer mehr als Außenstehende, ausgeschlossen von derlei Hochpräzisionsparametern und komplexen Rangordnungen, aus diesem ganzen Netz höchst erlesener multinationaler Bezüge. Es ist das Gefühl, mit einem Rechenschieber unterm Arm an einem Kongreß von Elektronikingenieuren teilzunehmen. Das, stellen wir verblüfft fest, ist Wissenschaft.

Die Blicke der Wissenschaftler um die Tafel herum jedoch – bemerken wir – werden jetzt verträumt, die Stimmen ganz allmählich milder, und die ersten emphatischen Adjektive sind zu hören. Ah, dieser superbe Küchenchef des Hôtel de la Poste! Ah, sublim, dieser Aal! Ah, die Pastete – unnachahmlich! Ah, ein märchenhaftes *gigot*!

Ein neuer Ton, den wir nicht sofort erkennen, hat sich wie eine Natter in die Gespräche geschlichen. Waren es die Weine, die Saucen, die köstlichen Speisen, was unsere schmallippigen Experten so aufgelockert hat? Woher kommt solche Gesprächigkeit, diese gelöst-hingebungsvolle Atmosphäre?

Und dann ist uns plötzlich alles klar. Diese Stimmen, die da wunderbare kulinarische Erfahrungen, unvergeßliche Tunken, vorzügliche Leckerbissen und paradiesische Geschmackskompositionen heraufbeschwören, haben das gleiche Timbre wie die Stimme von Villon, wenn er die schönen Damen der Vergangenheit besingt, *les neiges d'antan*. Der Geschmack kann, wie Proust mit seiner *madeleine* gezeigt hat, auf wundersame Weise Erinnerungen aktivieren, und um uns herum – das erkennen wir jetzt endlich – findet ein Bankett statt, dessen wahrer Zweck nicht der kurze gastronomische Genuß ist, sondern unendliche genießerische Nostalgie. Erst in sechs Monaten, in zwei Jahren, in fünf Jahren wird dieses Essen all seine prächtigen Geschmacksteilchen entfalten. Erst in der Erinnerung wird es wirklich ausgekostet, wird es unvergeßlich geworden sein.

Selbstverständlich – jedem seine *madeleine*, jedem seinen bestimmten Geschmack zum Wiederfinden der verlorenen Zeit. Wir waren letztes Jahr bei einem befreundeten jungen Paar eingeladen, er und sie mit Hingabe in der bildenden Kunst tätig und beide leidenschaftliche Kämpfer an allen Fronten gegen den großen Feind unserer Zeit: das Unechte. Ergo: Krieg der raffiniert-komplizierten Küche und allergrößte Wachsamkeit bezüglich des *Ursprungs* dessen, was gegessen wird.

Ein sinnloser Krieg, den schon Leopardi vor beinah zwei Jahrhunderten für verloren erklären mußte. Wir persönlich glauben an solche und ähnliche Absolutheiten nicht mehr, wir haben, ehrlich gesagt, nie daran geglaubt; aber Rigorismus weckt, wenn er auf naive, heitere Weise und wie eine Art fanatismusfreie Herausforderung betrieben wird, doch Sympathien. Er ist letztendlich wie ein spielerisches Überlebenstraining in einer feindseligen Umgebung und hat eine gewisse Verbindung zu einem der uns teuersten (und »echtesten«) Romane, nämlich Defoes *Robinson Crusoe.*

So bekamen wir an der ausladenden Tafel in der geräumigen Küche ein Nudelgericht angekündigt, das ganz besondere Sorgfalt erfordert und alle Ingredienzien der reinsten, wenn auch etwas groben Echtheit zu bieten hatte: *bigoli* aus Vollkornmehl mit Sardellen. Es klang einladend. Es sah appetitlich aus. Nur wie es schmeckte, versetzte uns einen Schlag von schwindelerregender Wucht.

Die beiden jungen Menschen ließen genüßlich die Gabeln tanzen, wir dagegen wechselten einen tragischen Blick voller plötzlich wieder höchst lebendiger, ätzender Bilder: eingestürzte *palazzi,* umgekippte Straßenbahnen, Soldatenkolonnen in Feldgrau, Rauch, Flammen, Viehwaggons, Maschinengewehrfeuer aus dem Himmel, Sperren, eiskalte Luftschutzkeller, Schuhe mit Korksohlen, fadenscheinige Stoffe und die Marken der Lebensmittelkarten, diese elenden kleinen Vierecke, die einem das Recht auf verdammt ungenießbare, bittere braune Nudeln verschafften.

»Noch zwei *bigoli?*«

»Danke, nein, wirklich nicht.«

»Gut, nicht? Die kannten Sie gar nicht, oder?«

»Nein, essen wir zum ersten Mal. Sind wirklich ganz toll, eine echte Überraschung.«

Wie hätten wir diesen beiden freundlichen Jüngern der Reinheit die Wahrheit sagen können. Zumal uns beiden alten Heuchlern das Lügen ohnehin nicht schwerfällt.

Zweifel über den Kometen

Im Gegensatz zum Schnellzug aus Bari trifft der Halleysche
Komet mit zunehmender Geschwindigkeit und vollkommen
pünktlich auf seinem himmlischen Gleis ein: In ein paar
Monaten wird er hier sein. Aber niemand macht sich darum
noch große Sorgen. Gerade seine Pünktlichkeit im Dienst
bewahrt uns heutzutage vor der abergläubischen Panik und
dem übernatürlichen Schrecken, die das gleiche Ereignis
1682 auslöste und den Philosophen Bayle zu seinen berühmten *Gedanken über den Kometen* inspirierte.

Trotzdem macht – wie wir vor ein paar Wochenenden in
einem beißenden Beitrag zur »Meinung zum Sonntag« lesen
durften – ein Komet noch keinen Sommer. Noch immer
gehen finstere Ängste und Aberglauben um. Weshalb die
Kritik, die Bayle gegen »*Weissagungen, Astrologie, glückliche
oder unheilvolle Tage*« und andere Glaubensinhalte dieser
Sorte gerichtet hatte, auch heute noch immer »*vor allem
nützlich und heilsam*« sei.

Wir mögen das nicht recht verneinen, allerdings auch nicht
bejahen. Die ganze Sache läßt uns, sagen wir mal, im Unge-
wissen.

Wir persönlich frönen keinem hergebrachten Aberglauben. Verstreutes Salz oder zerbrochene Spiegel, ein Hut
auf dem Bett, Freitag der siebzehnte, Zimmer Nr. 13, ein
Hund, der den Mond anbellt, oder ein schwarzer Kater, der
über die Straße geht, sind uns vollkommen schnuppe. Auch
Träume mit Vorahnungen und Horoskope, Handlesen und

Kristallkugeln sagen uns nichts. Wir glauben nicht an Geister, auch nicht an den Poltergeist, oder den bösen Blick noch an Levitationen, Wahrsagerei, Telepathie oder sonstige »übersinnliche Wahrnehmungen«. Wir wissen genau, daß sich niemals ein Tisch von selbst verrückt hat.

Dennoch haben wir, wenn man einmal davon absieht, daß es an sich eine Diffamierung ist, Hinz und Kunz mit unheilbringenden Fähigkeiten zu versehen, keinerlei Aversion gegen solche bescheidenen Formen von Irrationalität. Es schleicht sich höchstens eine gewisse Verdrießlichkeit (oder vielmehr: eine unbezwingbare Langeweile) ein, wenn uns mal wieder jemand mit »logischen« Argumenten überzeugen will. Auf die müssen wir, obwohl von Natur aus geduldig und konziliant, dann doch deutlich mit Valérys grimmigem Satz antworten: »Ich möchte gern glauben, was Sie mir da sagen, lieber Herr. Aber tatsächlich sagen Sie mir *nichts*.«

Noch verdrießlicher sind Glaubensformen, die sich bereits im Keim als wissenschaftliche oder gar mathematische Wahrheit gebärden. So im Fall der inzwischen in ganz Italien geglaubten Theorie, nach der Lottozahlen um so wahrscheinlicher kommen, je länger sie – wochen-, monate- oder jahrelang – nicht gekommen waren. Diese sogenannte Theorie ist um nichts fundierter als die Kabbala oder das Buch der Träume. Aber abgesehen davon, daß sie nicht fundiert ist, es läßt sich auch zeigen, daß sie falsch ist, nämlich ein Widerspruch in sich, und das gilt für das Buch der Träume nicht. Was schlicht heißt, daß der neue Aberglauben verglichen mit dem alten einen Rückschritt sowohl an Intelligenz als auch an Phantasie bedeutet.

Was ist eigentlich Aberglauben? Wo fängt er an, und wo hört er auf? Was bedeutet dieses Wort genau? Ein sehr verbreitetes Wörterbuch der italienischen Sprache gibt folgende Definition: »Ein von Unwissenheit und Suggestion geprägter

Glaube, nach welchem okkulten oder übernatürlichen Ursachen Ereignisse zugeordnet werden, die als natürliche Ursachen erklärbar sind.« Diese Definition hinkt jedoch. Die Wahrsagerin, die uns Glück in der Liebe und Pech im Geschäftsleben vorhersagt, behauptet lediglich, unsere Zukunft zu erkennen, nicht etwa, sie mit okkulten Ursachen erklären zu können. Und Poltergeist- und Ektoplasmaspezialisten oder Tischchenrücker sind die ersten, die sich bei derlei angeblichen Erscheinungen auf natürliche Ursachen berufen.

Im Synonym-Tommaseo lesen wir ferner: »Aberglauben: falscher oder übertriebener Glauben an Gegenstände im Zusammenhang mit übernatürlichen Wesen.«

Aber wo fängt Übertreibung an? Und wie legt man die Wahrheit oder Falschheit von Dingen fest, die im Zusammenhang mit übernatürlichen Wesen stehen? Das große Lexikon von Tommaseo und Bellini ergänzt die zitierte um eine weitere, entschiedenere Definition: »Aberglauben: falsche und unbegründete Religion«, und führt Beispiele dafür an: Judäer, Mohammedaner, Mathematiker (will sagen: Astrologen), Athener (die Paulus getadelt hatte), das Jahrhundert des Aberglaubens (nämlich, wie Tertullian ausführt, das dritte Jahrhundert n. Chr.) sowie andere ähnliche Glaubensformen, die insbesondere »zur Zeit der falschen und lügnerischen Götter« virulent waren.

Klar, daß der Aberglauben, wenn er erst in einen solchen Ideenkreis einsortiert ist, keine andere Definition mehr erlaubt als diese: »jeder Glauben, der sich von unserem unterscheidet.« Falls wir überhaupt einen haben. Oder: »jeder Glauben im allgemeinen.« Falls wir skeptisch genug sind, keinen zu haben.

Francis Bacon dagegen warnt in seinem ausgewogenen Essay *Of Superstition,* daß »there is a superstition in avoiding superstition«, daß also die Vermeidung jeden Aberglaubens selbst abergläubisch sein kann. Und Goethe bekräftigt in einem Aphorismus: »Der Aberglaube gehört zum Wesen des Menschen und flüchtet sich, wenn man ihn ganz und gar zu verdrängen denkt, in die wunderlichsten Ecken und Winkel, von wo er auf einmal, wenn er einigermaßen sicher zu sein glaubt, wieder hervortritt.« Derselbe Goethe sagt dann etwas wohlwollender: »Der Aberglaube ist die Poesie des Lebens; deswegen schadet's dem Dichter nicht, abergläubisch zu sein.«

Angesichts solcher toleranten Weisheit nehmen sich ein Bayle, ein Diderot, ein Voltaire – Aufklärer und glühendste Verkünder der Freiheit des Denkens – eigentümlich, ja wie intolerante Dogmatiker aus, die noch auf die kleinsten und harmlosesten Formen des Aberglaubens beleidigt reagieren. Eigentümlich, aber verständlich. Sie hatten ja in der Tat die Idee, privater Aberglauben nähre den öffentlichen, und beide gemeinsam führen zu den schlimmsten Katastrophen.

»Aberglauben«, tönt Voltaire, »entfacht Brände in der ganzen Welt. Philosophie löscht sie.«

Und welche Philosophie? Vielleicht ist es heute angebracht, sich zu fragen, ob ein bescheidener Aberglauben mit seiner individuellen Variationsbreite nicht womöglich als Rückzugsmöglichkeit oder wie eine Impfung gegen die sehr viel gefährlicheren, aggressiveren und fanatischeren Arten von Aberglauben brauchbar ist, die einfach immer weiter sprudeln – aus Philosophien und Religionen von sogenanntem »höheren Rang«.

Das Problem des Lärms /

Eins von Napoleons Regierungsprinzipien, das er selbst freimütig kundtat, lautete, man müsse »der Masse lärmende Feste bieten, denn die Dummen lieben den Lärm, und die Masse besteht aus Dummen«. Das Prinzip ist jedoch so nicht vollständig. Inzwischen haben Anthropologen und Stadträte nämlich herausgefunden, daß der Idiot, der *minus habens*, zwar sehr wohl Lärm liebt und Krach genießt, aber nicht rundum zufrieden ist, solange der »Beteiligungsfaktor« fehlt, will sagen, seine festlichen Dezibel nicht gleichzeitig anderer Leute Trommelfelle zerfetzen und Nerven zersägen.

»Karnevalspfiffe und -trompeten«, so bekräftigt ein Soziologe der Frankfurter Schule, »klingen nirgends so laut wie in den Ohren des unfreiwillig anwesenden Passanten.« Und die Silvesterknaller, so möchten wir ergänzen, brauchen Menschen, die damit um den Schlaf gebracht werden können; mit viel Trara durch die Straßen fahrende Hochzeitsprozessionen werden still, sobald sie außerhalb bewohnter Gebiete ankommen; und die Autocorsos der Anhänger irgendeines siegreichen Fußballvereins mit ihren höchst wirkungsvollen Hupen hätten draußen auf dem Land auch keinen Sinn.

So erklärt sich die Ausbreitung von Festen in unseren Altstädten, das Gedröhn aus Lautsprechern, die auf dichtbesiedelten, aber (mittels Straßensperren und Plazierung einiger Zierbüsche und -sträucher in Töpfen) leicht umzufunktionierenden Straßen und Plätzen angebracht worden sind, den hier sogenannten »Grünzonen«, angesichts deren jeder

Protest der Anwohner im Keim erstickt. Eine Grünzone ist tabu, eine Grünzone gehört nämlich allen. Daß der »Beteiligungsfaktor« hierbei für die Anwohner neben steuerlicher auch noch akustische Beteiligung bedeutet, würzt die ganze Angelegenheit nur noch mit etwas Schärfe. Krawall und sinnloser Krach sind eine nationale Serviceleistung, zu der jeder nach seinen Mitteln beizutragen aufgerufen ist.

Für Menschen, die solchen Dingen fremd gegenüberstehen, haben Lärm und Krach zusätzlich zu allem anderen immer auch schwierige Gewissensfragen sowie komplexe und gelegentlich unlösbare moralische Probleme hervorgerufen. Nehmen wir beispielsweise den Fall Kant und die singenden Gefängnisinsassen.

Der vortreffliche Philosoph wohnte genau gegenüber dem Königsberger Gefängnis, dessen Gäste sich insbesondere im Sommer bei weit offenen Fenstern von morgens bis abends in Gestalt von ordinären Gesängen und Chören die Kehle aus dem Leib sangen. Wie soll man sich unter solchen Bedingungen konzentrieren und zusammenhängend oder überhaupt *denken?* Jemand, der auf den Sommer rechnen mußte, weil da die Universität geschlossen war, um seine Forschungen über die *Vernunft* weitertreiben zu können, ging eigentlich nur das Risiko ein, den Verstand zu verlieren.

Die Möglichkeit eines Wohnungswechsels scheint jedenfalls damals in Königsberg nicht leichter machbar gewesen zu sein als heutzutage in Mailand oder Rom. Überdies mußte Kant in seinem ethischen Rigorismus (andere nennen es Einseitigkeit oder gar klassenspezifischen Legalismus) zu dem Urteil kommen, daß es gleichermaßen unmoralisch war, eine derartige Tortur auf lange Sicht ebenso unmoralisch zu erleiden wie zuzufügen. Jedenfalls begab er sich zum Gefängnisdirektor und verlangte, die Insassen sollten entweder aufhören zu singen oder wenigstens die Fenster zumachen.

Können wir ihm darin vernünftigerweise zustimmen? Oder müssen wir sagen: unvernünftig? Uns scheint, der Philosoph hatte recht, gegen den geräuschvollsten und oberflächlichsten Gefängnispietismus Stille einzufordern, aber unrecht, die Schließung der Fenster zu verlangen. Wer sagt denn, daß es unter »diesen armen Sträflingen, die mit ihrem Gesang ihre Ausgrenzung zu kompensieren versuchten«, nicht auch etliche genauso arme und genauso ausgegrenzte gab, die genauso wie Kant von dem bestialischen Krach gepeinigt waren? Ja, Kant hätte sogar darauf kommen müssen, daß es sie mit Sicherheit gab; und es wäre seine Pflicht gewesen, seine Rechte auch für sie geltend zu machen, und nicht die armen Teufel auch noch dem Hitzetod auszuliefern.

Was bei solchen Fällen alles noch komplizierter macht, ist, daß das Prinzip der Reziprozität keine Bedeutung hat, also kein Talionsystem zur Anwendung gebracht werden kann. Man kann eben, wenn einen jemand unter dem eigenen Fenster mit Lärm belästigt – ob das nun eine Hochzeitsfeier oder ein sportlicher Sieg, ein Rock-Konzert, das Festival des Türkischen Honigs, ein Ballett von Tschaikowsky oder das Fest der Winzer des Aostatals ist –, nicht einfach sagen: »Ich mache dasselbe bei dir vor dem Haus.« Abschreckung nach der Methode »Auge um Auge« ist im Fall von Ohren wirkungslos.

»Der Lärm«, schreibt Schopenhauer, »ist die impertinenteste aller Unterbrechungen, da er sogar unsere eigenen Gedanken unterbricht, ja, zerbricht. Wo jedoch nichts zu unterbrechen ist, da wird er freilich nicht sonderlich empfunden werden.«

Und weiter in einem kleinen Kapitel der *Parerga und Paralipomena* mit dem Titel »Über Lärm und Geräusch«: »Soll denn, bei der so allgemeinen Zärtlichkeit für den Leib und alle seine Befriedigungen, der denkende Geist der Einzige sein, was nie die geringste Berücksichtigung noch Schutz, geschweige Respekt erfährt?«

Auch Schopenhauer hat, obwohl er seine Moral auf dem Mitgefühl für alle gründete, einmal – so jedenfalls wird berichtet – seinen Scharfblick eingebüßt, und zwar so sehr, daß er eine Mitbewohnerin tätlich angriff. Diese Pensionärin wohnte auf derselben Etage wie er und hatte eine gemütliche Wohnung zur Verfügung, zog es aber vor, den ganzen Tag im Treppenhaus zu verbringen, die anderen Mitbewohnerinnen abzufangen und sie mit endlosen und spitzen Klatschgeschichten zu unterhalten. Eine der Kantschen sehr ähnliche Situation also, aber noch erschwert durch das Fehlen einer Autorität, auf die man hätte zurückgreifen können (ein lascher Hausverwalter, ein Pilatus wie alle Hausverwalter, hatte nach ein, zwei eingeschriebenen Briefen beschlossen, seine Hände in Unschuld zu waschen). Es endete damit, daß der Philosoph eines Morgens wutentbrannt aus seiner Wohnung schoß, sich auf die Störenfriedin stürzte und ihr einen solchen Schlag versetzte, daß sie die Treppe hinunterkollerte und sich ein Bein brach.

Zustimmen oder für falsch halten fällt auch hier schwer. Es ist unmöglich, den Richter, der Schopenhauer über die Zahlung einer weiteren Pension an die Geschädigte hinaus zu einer Geldbuße verurteilt hat, zu kritisieren. Andererseits läßt sich nur schwerlich leugnen, daß letztere es nicht anders gewollt hat. Aber wie soll man das Essen billigen, das der Philosoph – wir erwähnen es nur ungern – für seine Freunde gab, als die Doppel-Pensionärin gestorben war?

Das zitierte Kapitel aus den *Parerga* (das diesen Vorfall übrigens verschweigt) rät Lärmopfern durchaus nicht zur Selbstjustiz; es ermutigt sie aber selbstverständlich auch nicht zur Hoffnung auf die göttliche Gerechtigkeit oder zukünftige Fortschritte der Menschheit. Für Schopenhauer bleibt das

Leben wie für Macbeth ein Märchen, »erzählt von einem Tollen, voller Klang und Wut«. Der einzige Trost, den uns sein Beitrag mit der lebendigen, realistischen Schilderung des Lärms in einer deutschen Stadt um die Mitte des neunzehnten Jahrhunderts bieten kann, ist die Erkenntnis, daß der Krach von einst dem heutigen in nichts nachsteht.

Aber einen solchen Trost soll man nicht wegwerfen. Schopenhauer selbst empfahl als tröstende Lektüre das Gedichtchen »De' rumori« unseres Malers und Poeten Bronzino, und das beschreibt in lebhaften Terzinen den Lärm in einer italienischen Stadt um die Mitte des sechzehnten Jahrhunderts.

Musik in der Kirche

Wenn man sich nach der Herkunft des Wortes *profan* erkundigt, erfährt man als erstes, daß ein *fanum* (es hat dieselbe Wurzel wie *fabula, fatum, fata morgana* und *Prophet*) ein heiliger Ort war, und zwar in dem Sinn, daß er reserviert war für Prophezeiungen und Orakel einer Gottheit. Der *Fanatiker* seinerseits, also der Verbindungsmann zu diesen Orakeln, konnte sowohl ein Priester als auch ein Baum *(arbor fanatica)* sein, denn ein von einem Blitz getroffener Baum war aufgeladen mit *fatum*. Das *carmen fanaticum,* von dem Livius berichtet, unterscheidet sich in diesem Punkt nicht von den prophetischen Büchern der Bibel.

Ursprünglich bedeutete *profanus* also geweiht, einem Gott geweiht, und das daraus abgeleitete Verb bezeichnete den Vorgang der Weihung. Aufgrund der klassischen Ambivalenz sakraler Begriffe allerdings bekamen sowohl Verb als auch Adjektiv später die genau entgegengesetzte Bedeutung. »Profan« war schon für Cicero etwas, das keine heiligen Eigenschaften mehr besaß oder niemals welche besessen hatte; und »profanieren« erhielt die Bedeutung von entheiligen.

Die Stadt Fano (in den Marken) zum Beispiel ist heute »profaniert«, insofern sie nicht mehr Ort des Sanktuariums der Göttin Fortuna ist (es hieß *Fanum Fortunae*), das ihr einst den Namen gegeben hatte. Das antike *Sacrum Fanum,* das elendiglich zu Scrofano (bei Rom) geschrumpft wurde, hat sich zwar bemüht, wenigstens etwas touristische Würde zurückzugewinnen, indem es sich in Sacrofano umbenannte, aber deshalb ist es nicht weniger entweiht. Und so geht es etlichen anderen Orten, unter anderem *Fanum Vacunae* in Sabina, das sogar in Reiseführern vergessen wird, obwohl Vacuna – wie der Name schon sagt – niemand anderes als die Ferien- und Freizeit-Göttin gewesen ist.

Hier stellt sich jetzt die Frage, ob das Spielen nicht-sakraler Musikstücke an einem heiligen Ort eine Profanierung des Ortes bewirkt. Die Bischöfe der Region Emilia-Romagna haben das offenbar so gesehen. So erklärt es sich, daß sie die Veranstaltung von »Konzerten mit klassischer oder volkstümlicher Musik von profanem Ursprung und Wesen« nicht mehr zulassen wollen. Kirchen sollen wieder Orte des Kultus sein und keine »Theater- oder Konzertsäle«, besagt ein bischöfliches Schreiben an die Gemeinden, und es stellt gleichzeitig klar, daß »in ihnen sakrale Musik ihren natürlichen Ort hat, Musik, die ausdrücklich für die Durchführung liturgischer Handlungen komponiert wurde«.

Etliche und nicht nur laizistische Kritiker haben diese Maßnahme ironisch kommentieren zu müssen gemeint. »Also nie wieder Mozart, nie wieder Beethoven in der Kirche?«, haben sie sich empört, im Namen der Kultur natürlich (und dem der Ignoranz übrigens, denn von Mozart gibt es soviel sakrale Musik, daß man sämtliche Kirchen der Emilia damit füllen könnte, während die in der Romagna, falls sie gern Beethoven ins Programm nähmen, auf die beiden herrlichen Messen op. 86 und op. 123 zurückgreifen könnten, ganz abgesehen von seinem Oratorium *Christus auf dem Ölberg,* op. 85).

Andere waren der – man weiß nicht recht, in welchem Maß ehrlichen – Meinung, in eine Kirche zu gehen, um ein Rock-Konzert zu hören, sei »immer noch besser, als überhaupt nicht in die Kirche zu gehen«.

Vor allem aber hat die Unterstellung, nicht nur Duran

Duran, sondern selbst die *Eroica* oder *Peter und der Wolf* zum Beispiel könnten Orte des Kultus entweihen, das tödliche Gequassel wieder losgetreten, daß das Schöne, wenn es wahrhaft schön, die Kunst, wenn sie wahre Kunst sei, keine Schranken haben und keine Grenzen gesetzt bekommen dürfe, sondern allüberall Bürgerrecht genieße und »immer und von jedermann genutzt« werden können müsse und so weiter in der öden, abgeschmackten Leier. Wenn es etwas gibt, an dem das Schöne und die Kunst gerade nicht leiden, dann sind es doch Schluderei und Durcheinander, Promiskuität, unpassendes Nebeneinander und wohlfeiles, verschrobenes Beiwerk.

In diesem Sinn entspricht das Prinzip des »natürlichen Orts« (Sakralmusik in Kirchen, profane Musik in Theatern und Konzertsälen) einem ästhetischen Kriterium, das von Gläubigen wie von Nichtgläubigen akzeptiert wird. Sie könnten davon sogar beide profitieren, in Form eines *gentlemen's agreement*. Fort mit profanen Werken aus den Kirchen, gut. Aber dann auch fort mit gewissen sakralen Musikstücken und Hymnen neuerer Bauart, die vielleicht wirklich (von frommen Bruderschaften, wie es scheint) »ausdrücklich für die Durchführung liturgischer Handlungen« komponiert worden sind, auf deren honigsüßen Wellen, die wir seit fünfzehn Jahren bis heute plätschern und glucksen hören, allerdings nichts daherkommt, was irgendwie dem »Geist Gottes« ähnelte. Es ähnelt – sowohl instrumental wie auch stimmlich – dem magenunfreundlichen, anmaßenden Geist von San Remo.

Nun gut. Dann gehen wir, Gläubige und Nichtgläubige vereint, doch mal in (sagen wir) den prächtigen Dom von Modena zu einem abendlichen Konzert. Die Werke für Solostimmen, Chor und Orchester sind allesamt Sakralmusiken und im Stil »ernst und streng«, das heißt weit entfernt von jeder gegenwärtigen oder vergangenen Mode. Orchester- und Chormitglieder tragen gemäß den Anweisungen des Episkopats »würdevolle Kleidung« und sind genau so postiert, daß sie »Altar und Kanzel weder antasten noch verbergen«. Die Solisten haben den besten Leumund.

Abgesehen von größeren Touristenströmen (aber Touristen an sich gab es auch seinerzeit, unter anderem den eigens aus Arnstadt angereisten J. S. Bach) unterscheidet sich so ein Ereignis in Modena in nichts von den *Abendmusiken,* die der große Buxtehude 1693 auf Bitten der Lübecker Patrizier in der dortigen Marienkirche zur festen Einrichtung gemacht hatte. Der einzige Unterschied könnte im mehr oder weniger würdevollen Benehmen der Anwesenden liegen. (Im später von Bomben zerstörten, damals halbdunklen Lübecker Kirchenschiff störten offenbar Kinder, die herumliefen, und einige der Kaufleute, wozu ist man schließlich da, fingen sogar an, über Geschäftliches zu tuscheln und mußten zum Schweigen gebracht werden.)

In diesem Moment beginnt der erste Teil des Konzerts. Es ist das *Magnificat anima mea* von Buxtehude (zum Gedenken an eben jene Abende in der Marienkirche), dann folgt das *Magnificat* von Bach in der zweiten, glanzvollen Fassung in D-Dur. Wie kann man auf die Idee kommen, eine solche Musik vermöchte den Glauben der Gläubigen auch außerhalb von Ritus und Zeremonie *nicht* zu stärken? Sie vermöchte *nicht* die Ungläubigkeit des einen oder anderen Nichtgläubigen anzukratzen? Wie kommt man vor allem auf die fernliegende Vorstellung, der Dom von Modena würde durch sie tatsächlich entweiht? Auf den Gesichtern selbst der ernsten, unnachgiebigen Bischöfe der Emilia sehen wir in Wirklichkeit einen Ausdruck lebhafter, gutmütiger Zufriedenheit.

Da fällt uns plötzlich Guido Ceronetti mit seiner Schultertasche ein, der gern päpstlicher als der Papst ist, und einer seiner jüngst erschienenen, höchst inspirierten *Pensieri del té*

bringt etwas auf den Punkt: »Ein sicherer Weg, jede Erinnerung an Heiliges aus einem heiligen Ort (dem Innern von
Kathedralen, Vorhallen, Kirchplätzen, Krypten, Säulengän-
gen und so weiter) zu tilgen, ist, ihn zum Resonanzkasten für
Sakralmusik-Konzerte zu machen und damit die Teilnehmer
zu *Publikum*.«

Kann das stimmen?

Uns kommt es, offen gesagt, übertrieben vor, ja, wir
würden sogar sagen, schlicht paradox. Aber glücklicherweise halten wir uns gerade noch zurück. Und dann kommt
auch schon nach dem mystischen Ceronetti der gottlose
Valéry mit einem seiner kategorischsten (und unanfechtbar-
sten) *Mauvaises Pensées*: »Ich habe bis heute niemanden getroffen, der das Wort *paradox* im Sinn eines Einwands gebraucht hätte und kein Trottel gewesen wäre.«

Wir überlassen deshalb aus Gründen der Vorsicht das
Problem der Konzerte sakraler Musik an sakralen Orten dem
Leser. Möge er selbst entscheiden, ob er, wann immer er auch
als Gläubiger Kathedralen, Vorhallen, Kirchplätze und so
weiter besucht, riskiert, sie zu entweihen, indem er aus dem
Stand des »Teilnehmenden« in den reinen und schlichten
Stand des Publikums« abrutscht.

Brekekekex, koax, koax!

Wir sind in London im Jahr 1895. Der junge Algernon hat gerade eine Plauderei mit seinem Freund Jack/Ernst – in Oscar Wildes berühmter Komödie *Bunbury* –, als er es heftig an der Tür läuten hört. »Oh«, sagt Algernon, »das muß Tante Augusta sein! Nur Blutsverwandte oder Gläubiger läuten so wagnerianisch.«

Und jetzt sind wir in Athen im Jahr 405 v. Chr., 2390 Jahre zurück. Herkules ist endlich einmal in aller Ruhe allein zu Haus – in Aristophanes' *Die Frösche* –, als er es heftig klopfen hört. »Wer mag denn das sein«, fragt er sich, »der hier wie ein Zentaur schlägt und sich draufstürzt?«

Die Situation ist die gleiche, wie man sieht, und die beiden Witze entsprechen sich auf eigentümliche Weise. Aber nur der erste konnte sich seinen komischen Gehalt unverändert bewahren. Der andere stellt uns heute, im Abstand von Jahrtausenden, eher vor ein Geheimnis, eins jener veritablen Rätsel, von denen für uns Heutige jede Komödie, jede Seite, beinah jede Zeile von Aristophanes wimmelt.

Jemand klopft mit Gewalt, gut. In Ermangelung von Szenenanweisungen, die es in der antiken Komödie nicht gab, ist die Art des Hereinwollens bereits in den beiden Verben ausgedrückt. Aber warum dieses »wie ein Zentaur« (wörtlich übrigens »zentaurisch«)? Worauf könnte diese ungewöhnliche adverbiale Bestimmung, die Aristophanes für den Anlaß prägte, anspielen? Die Erklärung eines byzantinischen Lexikographen aus dem zehnten Jahrhundert, nach der *kentaurikós* ein Synonym für »bäuerlich-derb« ist, paßt zwar zur primitiven Roheit der Zentauren, erklärt aber nichts. Moderne italienische Sprachforscher sind deshalb zu der Ansicht gekommen, daß der Besucher gar nicht geklopft, sondern gegen die Tür getreten hat.

»*Da centauro scalcia, chiunque sia!*« (»Er schlägt aus wie ein Zentaur, wer immer es sei!«), so hat Romagnoli den Text im Jahr 1909 übersetzt. Ihm folgt etwas später Marzullo mit: »*Neanche un centauro spara calci così!*« (»Nicht einmal ein Zentaur läßt solche Tritte los!«), und heute Dario Del Corno mit: »*Che modi da centauro! Come scalcia!*« (»Welche Zentaurenart! Wie schlägt er aus!«). Seine Übersetzung steht neben dem Original zusammen mit einer ausführlichen Einleitung und einem reichen Anmerkungsapparat in der Neuausgabe der *Frösche,* die die von der Fondazione Lorenzo Valla geplante Gesamtausgabe der Werke von Aristophanes eröffnet.

Del Corno, der sich – sowohl in seiner fast immer wörtlichen Übersetzung wie in seinen Anmerkungen – sehr bemüht, »die zahlreichen Facetten und Hintergründigkeiten« zu erfassen, kommt dennoch zu dem Schluß, daß die »Tritt«-Interpretation zwar denkbar, aber nicht besonders befriedigend ist, und fügt eine andere hinzu. Demnach sollten wir die Sache nicht aus Herkules' Blickwinkel hinter der Tür, von dem aus er den Besucher nicht sehen kann, betrachten, sondern aus dem des Zuschauers, der ihn sehr wohl sieht.

Der Besucher ist Bacchus (oder Dionysos, wenn man will), der Gott des Weins und des Theaters, der mit einem schwerbepackten und auf einem Esel reitenden Diener zu Herkules (oder Herakles, wenn man das vorzieht) kommt, um nach dem Weg in die Unterwelt zu fragen. Herkules war tatsächlich anläßlich einer seiner Heldentaten schon einmal da, Bacchus nicht. Jetzt möchte er hin, um Euripides herauszuholen und nach Athen zurückzubringen, denn dort ist unterdessen Sophokles gestorben und niemand mehr da, der die Fahne der Tragödie hochhalten könnte.

Aber Bacchus hat so gar nichts Herkulisches, weder physisch noch moralisch. Als Theatergott – Rausch beiseite – ist er eher ein selbstgefälliger, bibbernder *sophisticated* Intellektueller (Aristophanes ist mit Intellektuellen bekanntlich nicht sehr sanft umgesprungen). Folglich würde er nicht wagen, seinen Fuß in die Hölle zu setzen, er hätte nicht die Kühnheit, sich mit Charon, dem Fährmann, oder gar mit Aiakos, dem Schlüsselbewahrer der Unterwelt, auseinanderzusetzen, hätte sich nicht Herkules (sein Halbbruder) gegen diese Rasenden schon einmal erfolgreich durchgesetzt. Deshalb kommt er nicht nur zu ihm, um sich nach dem Weg zu erkundigen, sondern er hat sich groteskerweise auch als Herkules verkleidet, mitsamt Keule und Löwenfell über der Schulter. Hinter ihm folgt, wie erwähnt, der Diener auf einem Esel.

In dieser Situation hört Herkules angeblich »Tritte wie von einem Zentaur«; dabei steht er hinter der Tür, und der Übersetzer merkt hierzu an: »Man ist versucht, in der Anspielung auf jene mythischen Wesen, die halb Pferd und halb Mensch sind, wieder einmal eins von Herakles' womöglich unbewußten Spielchen über das Paar Diener–Esel zu sehen.«

Na ja? Bei Aristophanes ist alles drin. Nur daß der falsche Herkules, der »tritt«, keinen Sinn ergeben soll, das können wir so nicht sehen. Sehen tun wir statt dessen – dank einer glücklichen Fügung – eine 1920 von M. Bieber in Kampanien gefundene griechische Vase, auf der diese Szene so deutlich dargestellt ist, daß sich das Rätsel augenblicklich löst. Man muß dazu nicht unbedingt wissen, ob die Szene auf der Vase aus unseren *Fröschen* oder einer großgriechischen Farce über ein ähnliches Thema stammt, was angesichts des Fundorts wahrscheinlicher ist. Jedenfalls gibt es die Tür, den klopfenden »Herkules« und hinter ihm den Diener auf dem Esel. Und »Herkules«, dem ein Löwenfell über die Schulter hängt, tritt in der Tat nicht. Er klopft nämlich mit heftigen *Keulenschlägen,* und daß er das tut, ist einfach logisch bei seinem großspurigen Aufzug und Benehmen.

Nun führten Zentauren nicht exakt Keulen als Waffen, allerdings etwas, das ihnen sehr ähnlich sah: entweder einen knotigen Ast (wenn nicht gar, wie Hesiod in *Der Schild des Herakles* prahlt, einen ganzen Baumstamm) oder einen steinzeitlich-primitiven Rammschlegel aus Stein. Das zeigen uns heute Funde, und dem Publikum des Aristophanes zeigten es schon damals, nur wenig vom Theater entfernt, die Zentauromachien auf dem Theseion und auf dem Parthenon.

Aber das ist noch nicht alles. Herkules hatte bei seinen überlieferten Kämpfen gegen die Zentauren (wie Apollodorus minutiös berichtet) deren Knüppel schmerzlich-schwer auf dem eigenen Kopf zu spüren bekommen. Weshalb sich, wenn er es schlagen und draufstürzen hört, die Erinnerung daran von selbst einstellt. Wie hätte er auf die Idee kommen sollen, daß hinter der Tür ein anderer Herkules mit einer anderen Keule steht? Es handelt sich also um jene Art von typischem theatralischem *quid pro quo,* das Bergson in seinem Essay über das Lachen analysiert hat, und dessen Komik entsteht aus »der Überschneidung und dem Widerstreit zweier Serien«, nämlich dem, was der Schauspieler *imaginiert,* und dem, was das Publikum *sieht.*

Nachdem wir diesen kleinen »Krimi« gelöst haben und in der Hoffnung, daß wir – zwei eingefleischte Übersetzer, die allerdings keine Gräzisten sind – der herkulischen Schlagfertigkeit ihren Sinn zurückgeben konnten, möchten wir uns bei Del Corno dafür entschuldigen, daß wir uns aus seinem akkuraten und höchst gebildeten Werk ausgerechnet das Detail herausgefischt haben, das uns am wenigsten geglückt

schien. Getan haben wir das vor allem aufgrund von Rivali-
tätsgefühlen – oder Neid – angesichts der tausend anderen
Rätsel, die Del Corno selbst gelöst oder deren plausibelste
Lösungsmöglichkeiten er auf den hundert eng gedruckten
Anmerkungsseiten zitiert hat. Und außerdem, weil wir auf-
zeigen wollten, welche Art Können einem diese *Frösche*
abverlangen, wenn man sie wirklich quaken hören
möchte.

Sagen wir es so: Wir müssen mindestens gut dreißig Seiten – bis der vermeintliche Herkules Charons Fähre bestie-
gen hat – weniger lesen, als vielmehr dechiffrieren, indem
wir Zeile für Zeile mit Hilfe der Anmerkungen die wörtli-
che Übersetzung untersuchen und von Zeit zu Zeit – falls
wir es ein bißchen können – auch einen Blick auf das Griechische werfen oder – falls nicht – wenigstens das Alphabet
lernen.
   Der letzte Vorschlag ist kein Paradox. Eine Übersetzung,
in der es nicht wenige geniale Lösungen gibt (die allerdings kein Gräzist zitiert oder auch nur in Erinnerung hat),
verdanken wir einem dilettierenden Frosch-Freund. Selbiger
hatte sich – im fortgeschrittenen Alter und ohne ein Wort
Griechisch zu können, aber fasziniert von Aristophanes –
hingesetzt und ihn gelesen, »Bröckchen für Bröckchen in
wörtlicher Übersetzung, welche ordentlich neben dem
Originaltext steht«.
   Für dieses Studium rüstete er sich – wie man in *La vita di
Vittorio Alfieri da Asti scritta da esso,* denn um ihn handelt es
sich, nachlesen kann – »mit einem einfachen griechischen
Alphabet mit Groß- und Kleinschrift, welches ich auf ein
loses Blatt geschrieben hatte, nur um von Zeit zu Zeit einen
Blick auf die Reihen griechischer Buchstaben zu werfen und
herauszufinden, ob ich mir damit den Klang irgendeines
Wortes zusammenreimen konnte ... Und wirklich starrte ich

ab und an auf diese Buchstabenkolonnen, mit scheelem Blick und erregt, wie der Fuchs in der Fabel die vergeblich ersehnten Trauben anstarrte...«

Kurz, die Alfierische Fassung der *Frösche* stammt aus dem folgenden, dem Jahr 1797. Und noch kürzer:

Βρεκεκεκξ, κοὰξ, κοὰξ!

Auf Seite 32 der griechischen »Kolonnen«, auf Seite 33 der italienischen beginnt tatsächlich der urkomische, berauschende, wunderbare kleine Chor der Frösche, der der Komödie den Titel gegeben hat und das Übersetzen der Fähre über den Styx begleitet. Und für den brauchen wir keine losen Blätter mehr und müssen auch nicht mehr »mit scheelem Blick und erregt« ins griechische Alphabet gucken: Dieses fröhliche *brekekekex* und dieses heitere *koax* gehören zum klassischen Froschwortschatz, den wir einfach im Original lesen können. Und das ist nicht wenig bei den Schriften eines Aristophanes, des größten komischen Genies und eines der größten Dichter der Menschheit.

Michael Psellos ist wieder da

Zu den wenigen Büchern, die man gern im Haus hat und die – aufgereiht in einem Regal – immer wieder einen angenehmen Besitzerstolz hervorrufen, gehören die griechischen und lateinischen Schriftsteller, die die Fondazione Lorenzo Valla bei Mondadori herausbringt. Nach zehn Jahren sind es gut dreißig zweisprachige Ausgaben, versehen mit jeweils auf den neuesten Stand gebrachten Anmerkungsapparaten und herausgegeben von den besten italienischen und auswärtigen Experten der Gegenwart. Graue Buchrücken mit einem Stich ins Grüne, Tafeln und Illustrationen, wo nötig, die Preise mehr als vernünftig, wenn man bedenkt, wieviel »Handarbeit« in diesen Produkten der kulturellen Hochtechnologie steckt, die zweifellos einen Platz auf dem Rücksitz eines BMW oder eines Lancia verdient hätten, in werbewirksamer Nonchalance zwischen einen Burberry-Schirm und ein Gucci-Köfferchen geworfen.

Aber die Reichen und insbesondere die Neureichen sind noch nicht zu solchen *must* vorgedrungen, wie man weiß. Weiter als bis zur Scala, Premio Strega und Art deco reicht es bei ihnen nicht. Wer kauft eigentlich die edlen Bände der genannten Reihe?

Potentiell ist die Kundschaft enorm, wenn man ausgeht von all den Italienern, die sich auf die eine oder andere Weise die »Kultur«-Feder an den Hut stecken. Lehrer, Journalisten, Operateure, Animateure, Weichensteller, Windeier und Beauftragte aller Art in den Rängen von staatlicher, regionaler und städtischer Verwaltung sowie unzähliger Behörden und Institutionen, die ganz direkt mit »Kulturaufgaben« befaßt sind. Wie viele mögen es sein? Der Geist weicht zurück vor dem Abgrund. Mindestens eine Million. Anderthalb. Lauter krampfhaft bei der großen kulturellen Kletterpartie engagierte Leute, die in unserem Land seit Jahren im Gange ist: Männer und Frauen, die dazu berufen sind, deutschen Expressionismus ins Cilento und tibetanisches Kino in die Bassa Padana zu tragen. Keine demoskopische Studie hat je zu erheben versucht, wie viele und welche Bücher sich in ihren Privatbibliotheken finden, aber der Schluß liegt nahe, daß griechische und lateinische Schriftsteller nicht zu ihren eventuell höchst eklektizistischen Interessengebieten gehören. Wenn nur zehn Prozent unserer nationalen Kulturträger die Texte der Fondazione Valla kaufen würden, wären sie sämtlich Bestseller, von Platon bis Grégoire de Tours, von Heraklit bis Pausanias. Von den Verlagsverantwortlichen dagegen erfahren wir, daß die Verkaufszahlen sehr viel niedriger sind, sie gehen je nach Titel von sechs- bis fünfzehntausend. Und das ist anscheinend nicht einmal wenig. Im Gegenteil, man kann sogar sagen, daß der gesamte Markt für Klassiker nach einer langen Lähmungsphase endlich in Bewegung kommt.

Einer unserer belesenen Freunde schenkt uns das typische Lächeln von jemandem, der mit dem Umgang mit der Zeit in Jahrtausendbrocken vertraut ist. Klassiker – bedeutet er uns geduldig – waren niemals »bewegungslos«, sie haben unendlich viele Metamorphosen während ihrer langen Karriere durchmachen müssen.

Unter den Trümmern des römischen Reichs begraben, waren sie jahrhundertelang nichts als Namen, an die sich kaum jemand erinnerte. Die Christen hielten sie lange Zeit für schädliche Verbreiter von Heidentum und Materialismus und fürchteten sogar noch ihre hinreißende stilistische Eleganz. Als sie, nachdem der schlimmste Teil des Mittelalters vorbei war, wieder ausgegraben wurden, erregten sie Erstaunen und Verblüffung, sie erschienen ein bißchen so wie ein im Keller entdecktes Skelett eines Außerirdischen. Und dann wurden sie Maßstäbe, Vorbilder, denen nichts gleichkommt und die jeden armen »Modernen« klein machen. Bewundert bis zur Schwärmerei, nachgeahmt bis zur Lächerlichkeit, wechselten sie aus den Gelehrtenzirkeln über in die Universitäten und von da aus weiter in Lyzeen und Gymnasien und mutierten dabei zu sadistischen Fallen und Fangfragen für Generationen von Schülern.

Mit knapper Not dem Zweiten Weltkrieg entronnen, schienen sie schließlich endgültig an den Rand gedrängt durch den Anbruch des Konsum-, Kommunikations- und Massenschulzeitalters, den Triumphzug der englischen Sprache und der Informatik. Was hatten sie uns noch zu sagen, diese fernen Autoren mit ihren zu Ausgrabungsarbeiten verpflichtenden Texten? Lediglich manch karikaturhafter, weißhaariger Professor oder ein paar Priester und Provinzadvokaten zitierten sie eigensinnig und nicht selten völlig unpassend immer noch, mit dem Ergebnis, daß sie bald schlimmer als antik wirkten, nämlich »altbacken«.

Aber das waren sie nicht, und unser Freund reibt sich zufrieden die Hände: Diese verstaubten, gebrechlichen Büsten erwachen zu neuem Leben, die Leute stellen fest, daß man auf die »Meister« nicht verzichten kann, daß Griechisch und Latein sehr lebendige Sprachen sind, daß der entsprechende Unterricht eine unabdingbare Grundlage ist für...

Wir mögen seinen restaurativen Feuereifer nicht mitmachen. Uns scheint, es gibt andere Gründe dafür, daß die Klassiker womöglich wieder in unser Gesichtsfeld rücken und Jugurtha wieder durch die numidische Wüste galoppiert, Catull sich vor Liebe zerfleischt, Agrippina mit dem kleinen

Caligula an der Hand tapfer durch das Lager der Meuterer schreitet oder sich die ausgehungerten Söldner Xenophons auf Honigwaben stürzen und an Verstopfung sterben.

Bei Rotationen dieser Sorte geht es kaum »zurück«, sondern man stellt irgendwann fest, daß man nie wirklich »vorwärts« gekommen ist. Aus dem »Vorankommen« allerdings hat unsere Kultur vor allem in den letzten Jahren fast so etwas wie eine Religion gemacht: Da wurde allenthalben rasant überholt und zufriedenstellend beschleunigt auf den breiten marxistischen, technologischen, naturwissenschaftlichen, dem Fortschritt und der Befreiung dienenden Autobahnspuren, auf denen Geschichte von Mauthäuschen zu Mauthäuschen säuberlich zerschnitten wurde. Hinten am Horizont zeichneten sich zwar verworrene Trümmer und unbewegliche Ruinen aus der Vergangenheit ab, aber wir in unserer rasenden Fahrt hielten, sobald wir sie sahen, die Augen fest auf die vielversprechenden Autobahnschilder gerichtet: Gleichheit 87 km, Wohlstand 22 km, Bauarbeiten am Glück, Paradies auf Erden Abzweig Nord.

Unvorhergesehene (aber vorhersehbare) Ausfahrten haben uns mittlerweile in den guten alten Riesensumpf geführt, in dem man sich nicht mehr auf Pfeile und Richtungsangaben, eindeutige Schilder und Raststätten verlassen kann. Eine Kurve, und schon umfängt uns die Stille der Thebais. Eine Brücke, und wir finden uns zwischen den Grabhügeln von Karthago wieder.

Alles grenzt an alles in diesem magischen *aleph* der Zivilisation, der Völker, der berühmten Ahnen. Und plötzlich erleben die Klassiker eine neue Metamorphose und erscheinen uns faszinierend, nicht weil sie uns so fern, sondern weil sie uns sehr nah, geradezu wie Brüder sind. Mit ihren untergegangenen Erlebnissen verknüpft sich das Gefühl (das heute als neoromantisch gilt, das der gesunde Menschenverstand jedoch nie aufgegeben hat zu pflegen), daß auch unsere

Zivilisation vergänglich und zum Sterben verurteilt ist, daß auch wir – auf atomaren Wegen, durch ökologischen Leichtsinn oder aufgrund der Bevölkerungsexplosion – eines Tages Beute der Brennesseln und Skorpione aus der Bibel werden, aber doch wenigstens nicht ohne eine gewisse Grandezza.

Es steckt fast so etwas wie antizipatorische Neugier, ein Science-fiction-hafter Appetit hinter dem Blättern in Zeugnissen von vor ein- oder zweitausend Jahren. Viel sensationeller als jedes stellare Imperium finden wir deshalb wohl das byzantinische Weltreich der beiden letzten in der Fondazione Valla veröffentlichten Bände. Ihr Verfasser ist Michael Psellos, er lebte von 1018 bis 1081 und war Philosoph, Gelehrter, Redner, ein Mann des Hofes und der Macht. Vor allem aber war er ein außergewöhnlich begabter Schriftsteller und der Chronist von Palastintrigen, Schlachten zu Wasser und Lande, pompösen Zeremonien, tödlichen Invasionen, Epidemien, Aufständen, Belagerungen, Attentaten und schändlichen oder überspannten Liebschaften.

Zwanzig Jahre lang diente er unter einem Dutzend Kaiser, und man kann angesichts seines Umfelds, das er selbst als »erhitzt« bezeichnet, nicht anders als ihn bewundern für seine Fähigkeit, auch unter den schlimmsten Bedingungen seine Haut und seinen Blick zu retten. Extrem ehrgeizig und listig, hochintelligent, glänzend, zynisch und versnobt, wie er ist, sehen wir ihn zwischen die Kulissen des Throns schlüpfen, zwischen die Laken im Sterben liegender oder lüsterner Herrscher und Herrscherinnen, in die Zelte putschender Generäle, unter die tobende Menge im Hippodrom und mitten zwischen die von immer neuen barbarischen oder einheimischen Feinden abgeschossenen Pfeile.

Normalerweise werden politisch Gescheiterte mit Blendung oder Vertreibung bedacht (Psellos schildert die Martern in Beispielen von grausamer Drastik), ihm dagegen gelingt es stets, einen Augenblick vor den anderen Wind davon zu bekommen und unterzutauchen, einen neuen Gönner zu finden, sich in einem Kloster zu verbergen und sich dem neuen Regenten als noch unersetzlicher anzubieten.

Als Minister, Berater, graue Eminenz, Stratege, Botschafter oder Hauslehrer der kleinen Prinzen steht er immer in der ersten Reihe und kann über byzantinischen Wahnwitz Bericht erstatten: über verrückt gewordene, verschwendungssüchtige Kaiserinnen, verhaßte, aber höchst potente Eunuchen, einen stotternden Fürsten, der eben deshalb Favorit eines Monarchen wird, einen anderen, im Bad ermordeten Monarchen, über Tempel und Paläste und wunderschöne Gärten, die aus einer Laune heraus in ein paar Tagen geschaffen und aufgrund einer anderen Laune wieder zerstört werden, und über allem schwebt ein Gefühl, als blutete das große stolze Reich aus, der Schatten einer neurotischen, fatalen Hinfälligkeit.

Man darf in der Erkenntnis, daß Byzanz danach noch ein paar Jahrhunderte weiterbestanden hat, eine gewisse Erleichterung finden. Man darf sich auch darüber wundern, daß Psellos' Meisterwerk nie zuvor ins Italienische übersetzt worden ist. Und man darf mutmaßen, daß es erst heute ein – hoffentlich möglichst großes – Lesepublikum für ihn gibt, unseren offensichtlichen Zeitgenossen.

Die Phänomenologie /
der Zweierbeziehung

Mit nichts sind sie zufrieden, nie geben sie Ruhe, immer wollen sie etwas anderes oder weinen einer anderen Situation, einer anderen Bluse, einem anderen Sommer, einem anderen Friseur nach. Du nimmst sie nach New York mit, und sofort vergleichen sie es mit Positano, das sei ja viel sanfter und erholsamer. Du machst mit ihnen eine Fahrt auf dem Nil, und sie kriegen Sehnsucht nach irgendeinem Bächlein in Schottland, das ja so viel sauberer und erfrischender war. Bei Maxim's finden sie die vielen Kellner und die (ihrer Meinung nach) hinterfotzige Schnöseligkeit des *maître* störend. In einer Pizzeria halten sie jeden Fleck auf dem karierten Tischtuch für eine Beleidigung und den Dunst, der in den Haaren hängenbleibt, erst recht.

Sind sie groß, empfinden sie sich als Storch, sind sie klein, als Korken. Die Mageren haben das Problem, daß der Busen nicht reicht, die Dicken, daß die Hüften zu breit sind. Sind sie hübsch, wollen sie schön sein. Sind sie schön, wollen sie wunderschön sein. Und wenn sie das sind, fragen sie den Spiegel: Schönheit kann doch wohl nicht alles sein?

Dabei hat Schönheit ohnehin so viele verschiedene Spielarten, daß sie ständig von bohrenden Zweifeln geplagt werden. Sind sie auffällig schön und sexy (»Was guckt denn dieser Affe da dauernd?«), fühlen sie sich gleich ordinär; leicht verträumte, geheimnisvolle Schönheit ist nicht besonders praktisch; aristokratische schüchtert ein oder entmutigt gar; und die, die aussehen wie die Schönheiten aus den

Modezeitschriften, haben ja doch wohl etwas Gekünsteltes und Flaches, oder?

Außerdem sind unterschiedslos alle Frauen etwa so phantasievoll wie Kitschromane, in ihrem Kopf laufen Einzelbilder und Sequenzen von zehn verschiedenen Storys gleichzeitig pausenlos nebeneinander und gegeneinander. Die Milliardärin, die nackt von der Yacht ins Meer springt, und gleichzeitig die sizilianische Witwe, die zwölf Kinder auf das bewundernswerteste aufgezogen hat. Die attraktive Ausländerin mit dem afghanischen Windspiel an der Leine und gleichzeitig die Naturwissenschaftlerin (Nobelpreis), die ihr Leben der DNS gewidmet hat. Die Bandenchefin oder Terroristin, die die Flucht ihres Liebhabers mit dem Maschinengewehr in der Hand deckt, und gleichzeitig die Diakonisse, die mit einem engelsgleichen Lächeln auf den Lippen Leprakranke pflegt. Und so drehen und wenden sie die Glasperlen all der Vorbilder und Wünsche und sind immer auf der Suche ... Was sie suchen, weiß kein Mensch, am wenigsten sie selbst. Mit dem praktischen Ergebnis, daß man es ihnen mit nichts recht machen kann, nicht einmal (wie es die Genesis belegt) mit dem Paradies auf Erden.

Der Mann, der so über Frauen urteilt, ist zwischen fünfzig und sechzig, groß, sehr mager und schlaksig, trägt eine zerrissene, aus der Form geratene leichte Kaschmirjacke und steckt sich alle fünf Minuten eine neue Zigarette zwischen die nikotingelben Finger. Die Freunde, die uns zu ihm mitgenommen haben, haben sich beeilt, uns zu warnen: Man muß den gesehen haben; ein Typ voller fixer Ideen und uralter Klischees, völlig isoliert, überlebt, ein entsetzlicher Reaktionär.

Statt eines Reaktionärs erkennen wir sofort das Musterexemplar eines Exzentrikers, jener Gattung also, die seit dem achtzehnten Jahrhundert in Europa häufig vorkam, heute aber fast ausgestorben ist. Einem Exzentriker ist Reichtum zwar gleichgültig, er sollte jedoch über eine ziemliche Menge Geld verfügen können, ohne es durch Arbeit verdienen zu müssen. Es wäre zwar denkbar, daß neue Formen von Exzentrik aus der im Entstehen begriffenen großen Klasse der Kurzarbeiter, Arbeitslosen, Randgruppenmitglieder oder sonstwie Sozialunterstützten hervorgehen (es gibt schon den einen oder anderen Hinweis), die traditionelle Schicht der Couponschneider jedoch ist verschwunden, und mit ihr sind auch deren nicht ganz so langweilige Kinder verschwunden, eben die Exzentriker.

Unser Exemplar lebt fast demonstrativ am Rand seines inzwischen verkauften Besitzes: im Park einer großen Villa mit Blick auf den Lago Maggiore. Er hat sich im ehemaligen Gärtnerhaus niedergelassen, einer respektablen Kleinvilla, und bewirtschaftet einen Gemüsegarten, züchtet Blumen und versorgt diverse streunende Hunde und Katzen. Mit einem alten Fiat Giardinetta fährt er ins Dorf hinunter, wenn er einkaufen und im Café, in der Bank oder der Apotheke ein Schwätzchen halten will. Früher hat er in Paris und London gelebt, er war auch mal Zocker und starker Trinker. Er hat auf eigene Kosten ein paar Gedichtbändchen veröffentlicht, die wir nicht gelesen haben, und er malt Bilder, die wir nicht gesehen haben. Und dann hat er noch einen schüchternen Flirt mit Okkultismus und fernöstlicher Küche und nie geheiratet.

»Ich wollte keine Familie und keine Verantwortung«, erläutert er mit der für seine Gattung typischen, leicht aggressiven, leicht redseligen Offenherzigkeit. »Ich wollte keine Kinder, die mich eines Tages fragen, warum zum Teufel ich sie in die Welt gesetzt habe. Aber ein Hühnerfuchs, der Frauen sammelt, bin ich nicht. Eine Frau zu ›verführen‹, zu erobern, sie womöglich einem anderen Mann wegzunehmen, hat mich nie gereizt. Ich bin kein Wettkämpfer, und ich bin nicht hinter Besitz her. Sicher haben mir die Frauen gefallen, ich hatte auch immer welche um mich herum und im Haus. Aber immer jeweils eine. Intrigen mag ich nicht.«

Derzeit hat er eine afrikanische Haushälterin »um sich herum«, eine kleine, mollige junge Frau, deren Haut braun wie leicht gerösteter Kaffee und deren Zähne sehr weiß sind, die gern lächelt und kichert und die ihm vor Monaten von irgendwelchen Verwandten geschickt worden war.

»Sie hatte irgend etwas angestellt in Mailand, ich weiß nicht genau, was«, erzählt unser Exzentriker, »bei mir bleibt sie gern, hier gibt's nicht viel zu tun, ich bin nicht anspruchsvoll, und kochen tue ich auch oft selbst. Die Kleine hat ein grundgutes Wesen, ist immer fröhlich, sehr aufgeweckt und hat hervorragend Italienisch gelernt. Aber vor allem hatte ich die Nase voll von Frauen, die mir nach kurzer Zeit gesagt haben: Ich hab' keine Lust, für dich die Dienerin zu spielen. Die hier *ist* eine Dienerin, da gibt's kein Wenn und Aber.«

Wir tun, als ob uns daran nichts empört, da der Exzentriker, wenn man ihm widerspricht, zu Wiederholungen neigt, weniger aus Dickköpfigkeit als vielmehr aufgrund eines anderen Zeitbegriffs: Er hat ja nichts zu tun, also kann er Stunden damit zubringen, irgendeine übertriebene oder paradoxe Behauptung kampflustig immer wieder darzulegen.

»Junggesellen wie ich«, fährt er seufzend fort, »sind in einer sehr schwierigen Position. Frauen fühlen sich von einsamen Männern angezogen, aber nur weil sie sie klammheimlich für eine Herausforderung halten. Wenn sie zum erstenmal hier heraufkommen, sind sie hingerissen: Schon immer haben sie von so einem Haus und so einem Leben geträumt, mit See und Boot und Hortensien, die man pflegen, und Apfelbäumen, die man beschneiden kann. Frieden, Heiterkeit, Ruhe, ein gutes Buch, gute Musik. In einem Wort, Idylle. Sie bewundern mich, sehen mich als Idealmann, als Typ unbehauener, unabhängiger Mann, der vor aller Augen seine eigenen Sachen macht. Aber natürlich stimmt daran kein Wort. Es ist der übliche Kitschroman.

Kaum wohnen sie ein paar Monate bei mir, werden sie unruhig. Wenn sie ganz blöd sind, verlangen sie einfach, daß ich sie heirate und mit ihnen zurückgehe nach Mailand, in irgendein Dachgeschoß nahe dem Stadtzentrum mit zwei Bädern und Autostellplatz. Sind sie intelligent, drücken sie auf die Ehrgeiztube: Du verkaufst dich unter Wert, du müßtest dich mehr bekanntmachen, deine Bilder ausstellen, deine Verse in einem großen Verlag herausbringen, guck doch mal, wie viele Idioten rumlaufen und ernst genommen werden, und so weiter und immer hartnäckiger. Schluß mit der Idylle, sie sagt ihnen nichts mehr. Um die Hortensien muß ich mich wieder selbst kümmern. Gute Bücher finden sie langweilig. Das Schwätzchen mit dem Bootsmann, der am Anfang so ein sympathischer Mensch war, geht ihnen auf die Nerven. Das Kino unten im Dorf ist eine Zumutung. Warum machen wir nicht mal einen Trip nach Venedig? Rom? Einsamkeit schön und gut, aber man kann sich doch nicht von allem so abschotten. Was ist denn mit der Monet-Ausstellung? Oder Salzburg? Und dann kommt schließlich der allumfassende, vorwurfsvolle Peitschenhieb: Du gehst ja nirgends mit mir hin.«

Der Exzentriker zündet mit zitternden Händen die zwanzigste Zigarette an, und uns fällt spontan die Frage ein, was denn nun so vorteilhaft am Nichtverheiratetsein sei.

»Das ist es nur scheinbar«, räumt er beschämt ein. »Das ist, wie wenn man das Waschpulver wechselt oder die Benzinmarke. In Wirklichkeit sind alle Frauen im Zusammenleben gleich. Kaum kratzt man mal dran, kommt die Ehefrau zum Vorschein. Ob man nun dreißig Jahre mit derselben zusammen ist oder ein einziges mit dreißig verschiedenen Frauen, das ändert gar nichts.«

Und es gibt keine Ausnahmen? Frauen, die berufstätig sind, Künstlerinnen, Feministinnen?

»Die wird's wohl geben, und wenn es sie gibt, dann werden sie mir recht geben. Die weibliche Haupteigenschaft, das wesentliche Merkmal, das die Frau vom Mann unterscheidet, ist das Gejammer beziehungsweise die Unfähigkeit, nicht zu jammern. Man müßte das berücksichtigen bei diesen schematischen Zeichnungen, die wir in den Kosmos schicken, damit eventuelle *aliens* davon Gebrauch machen: Ein nackter Mann und neben ihm eine Frau, die sich beklagt.«

Aber, widersprechen wir jetzt doch, jammern tun doch nicht nur Frauen.

»Ja eben!« triumphiert der Exzentriker. »Die ganze Welt jammert inzwischen wie blöd durch die Gegend. Arbeiter und Unternehmer, Polizisten und Gefängnisinsassen, Steuerzahler und Steuerbeamte, junge Leute, alte Leute, Transsexuelle, Mediziner, Paramediziner, Journalisten, Straßenbahner. Man schlägt die Zeitung auf, man macht den Fernseher an, und was sieht man? Einen pausenlosen Jammerchor. Wir leben in einer Gesellschaft, die sich nur noch durch das Medium des Gejammers mitteilt und kommuniziert, das ist nämlich das wahre Massenmedium unserer Zeit. Die Feministinnen haben völlig recht: Die Welt ist bereits voll feminisiert, warum sollten die Frauen sie nicht auch regieren, diese unerreichten Meisterinnen des Gejammers? Die Alternative wäre, man untersucht das Phänomen in aller Gründlichkeit: Hat es soziale oder kulturelle, also heilbare Ursachen, oder gibt es zufällig ein Hormon, ein Enzym, eine Drüse für Gejammer, Nörgelei und Unzufriedenheit, wie ich behaupte. Denken Sie bloß an den Mythos von diesen drei Idiotinnen, die alles hatten und trotzdem nicht zufrieden waren. Deshalb lassen sie dann Paris, irgendeinen Trottel, ein Urteil fällen, und der Trojanische Krieg ist die Folge. Nein, ich fürchte, das Gejammer gehört wirklich zum weiblichen Erbgut.«

Das afrikanische Mädchen kommt mitsamt ihrem Lächeln und dem Teetablett herein. Diese Freunde hier, erklärt ihr der Exzentriker, während sie uns Tee einschenkt, kommen aus Turin. Das Lächeln wird strahlend. Ah, Turin! Die Consolata! Die Missionare von Maria Consolata! Sie waren in ihrem Dorf, in ihrer kleinen Kirche hat sie gesungen und Fotos von der Wallfahrtskirche gesehen. Wie gern würde sie die mal besichtigen, und es ist auch gar nicht so weit weg vom Lago Maggiore. Plötzlich erstirbt das Lächeln.

»Aber mit ihm ist da ja nichts zu machen«, sagt sie in perfektem Italienisch und zuckt die Schultern, »er fährt ja nirgends mit mir hin.«

Phantastische Theologie |

Nehmen wir mal an, wir sitzen vor einem Café auf der, sagen wir, Piazza San Marco in Turin und beobachten, wie eine kleine Spinne, die zwischen den Zweigen eines Zierstrauchs im Topf an ihrem Faden hängt, ihr Netz verfertigt.

Und nehmen wir weiter an, jemand am Nebentisch grüßt uns und bedeutet uns, statt uns, wie es so häufig passiert, zu fragen, wie wir zu zweit schreiben können, daß die kleine Spinne in Wahrheit Gott ist. Was würden wir antworten? Müßten wir ihn zwangsläufig für einen Schwachkopf, einen Narren halten?

Noch ist ja nicht klar, ob man ihn aus anderen Gründen dafür halten müßte. Außerdem erklärt er uns ohne die geringste Überspanntheit, sondern in heiterer Gelassenheit, wie er – weil er auf dem Turinberg lebt und oft den Sternenhimmel beobachtet – eines Nachts die Offenbarung der folgenden einfachen, wunderbaren Wahrheit erfahren hat: »Die Welt ist ein unendliches Netz, geknüpft mit unendlicher Geduld von einer Ur-Arachne, die *ab aeterno* existiert.«

Diese Arachne, so fügt er hinzu, manifestiert sich, obwohl sie ihre Unsichtbarkeit und Transzendenz als Schöpferin des Universums bewahrt, andererseits doch nicht selten in der Erscheinung einer ihrer gewöhnlichsten, niedrigsten Kreaturen: als *tegenaria domestica*.

»Und das wäre«, fragen wir, »diese kleine Spinne da?«

»Ganz recht«, bestätigt unser Informant; dann steht er

auf, sagt uns auf Wiedersehen und verabschiedet sich mit einer leichten Verbeugung auch von der *tegenaria*.

Wir betrachten noch lange verblüfft das kleine Tier, das emsig weiter wirkt. Wie sollen wir glauben, was uns der unbekannte Mann erzählt hat?

Andererseits: Warum sollen wir es nicht glauben?

Das Dilemma betrifft die Wahrheiten jeglicher Religion, ob sie nun offenbart worden sind oder nicht, und wir sehen uns außerstande, es mit der schönen Sicherheit von militanten Atheisten oder »Freidenkern« zu lösen. Die nämlich verstehen laut Valéry von solchen Dingen »soviel wie gewöhnliche Kritiker von Literatur verstehen«.

Nun kann man wiederum nicht an alles glauben. Man kann allerdings, in aller Vernunft und Leidenschaftslosigkeit, nichts ausschließen wollen: vom eventuellen Arachne-Gott der Piazza San Marco bis zu sämtlichen dreißigtausend Göttern, die nach den Berechnungen des gebildeten Varro im antiken Latium angebetet wurden. Wir behaupten jedoch nicht, daß eine solche Großzügigkeit weit führt auf dem Weg zum Glauben.

Viele Gläubige oder »in Versuchung zu glauben« Geratene (um den Titel einer Untersuchung zu zitieren, die kürzlich bei Rizzoli erschienen ist) sind da der entgegengesetzten Ansicht. »Das Bewußtsein des Mysteriums, das uns umgibt«, sagt einer von ihnen, »ist bereits die Gegenwart der Gottheit in uns.« Und ein anderer urteilt: »Weil ich religiös bin, glaube ich an keinen bestimmten Gott.«

So ein zerknirschter, vager Theismus lockt uns nicht. Er erscheint uns im Gegenteil als die düsterste, desolateste und *vergeblichste* Form von Religiosität, die man sich vorstellen kann. Auf jeden Fall hat er nichts mit unserem Verhalten gegenüber der Spinne zu tun, die, als wir aufstanden und gehen wollten, die ersten Fäden ihres Werks bereits gewirkt hatte. Gesetzt, sie oder ihre transzendente Ahnin ist tatsächlich der okkulte Weber des Universums. Und zugestanden, daß dies der Schlüssel zum Mysterium ist, das uns umgibt. Aber von da bis zur religiösen Verehrung des Schlüssels ist es ein weiter Weg.

Das bestätigt uns indirekt zwei Schritte weiter ein Poster an der Kirche Santa Caterina, auf dem steht: »Die Vernunft führt uns zu Gott als zur höchsten Quelle des Seins.«

Abgesehen davon, daß uns die Vernunft zu nichts dergleichen führt, zumindest unsere nicht, und abgesehen auch davon, daß uns, wenn überhaupt irgend etwas, dann unser begrenztes Vertrauen in rationale Erklärungen der Welt davon abhält, andere Erklärungen auszuschließen – warum und aufgrund welcher rationalen oder irrationalen Vernunft sollten wir besondere Liebe, Hingabe und Verehrung für die »Quelle des Seins« verspüren?

Hier beginnt die Religiosität oder Nichtreligiosität von jedermann. Agnostizismus oder sein Gegenteil haben damit nichts zu tun. Aristoteles hat eingeräumt, daß die physische Welt, obwohl sie seit je für sich existiert, eines Gottes bedurfte, um in Bewegung zu kommen, und daß sie seiner auch bedarf, um sich weiter zu drehen; aber er verspürte keinerlei religiöses Gefühl für diesen bratspießartigen Gott (wie er genannt wurde). Leibniz, der seine Hingabe an einen auf das reine logisch-mathematische Prinzip reduzierten Schöpfer bekannt hat, geriet einsichtigerweise in den Verdacht, eigentlich ein »Glaubnichts« zu sein. Ganz zu schweigen von Schopenhauer, der die Welt als Frucht eines blinden und verantwortungslosen Willens sah.

Was uns persönlich betrifft, wir haben den Eindruck, daß unser Gefühl, unser Respekt, unsere Ehrfurcht – falls auch uns die Vernunft zu einem Gott, der eine »Quelle des Seins«

ist, führen sollte – vor allem geographisch, ja fast touristisch motiviert wären, wenn auch edeltouristisch. Es wäre ein bißchen, als besuchten wir die Quellen des Clitumno oder stießen endlich zu den lange Zeit unentdeckten, mysteriösen Quellen des Weißen Nils vor.

Das zweite Mysterium, das in den erwähnten beiden Untersuchungen ausführlich erörtert wird, ist das des Todes. Auch hier gilt, wo die Gläubigen die Sünde auffälligsten Wunschdenkens (»Ich glaube, weil ich hoffe.«) begehen, sind die Ansichten ihrer »laizistischen« Kontrahenten (»Wenn du tot bist, bist du tot.«) offensichtlich eher anmaßend als durchdacht. Denn, kurz gefragt, was wissen sie denn darüber? Waren sie etwa schon mal höchstpersönlich tot? Was den Tod wirklich mysteriös macht, ist doch die Tatsache, daß niemand aus direkter Erfahrung über ihn sprechen kann noch je können wird (die »vom klinischen Tod Auferstandenen«, die dann Statements abgeben, sind eine Modeerscheinung und bleiben hier unbeachtet). »Wir werden es erleben«, ist alles, was wir uns hinsichtlich dieses einzigartigen Phänomens sagen können. Es sei denn, man versteigt sich zu irgendwelchen Hypothesen, von denen keine a priori beweisbar und nicht einmal zurückzuweisen ist.

Fest steht, daß sich nicht wenige Gläubige – und die Mehrheit der »Glaubensversuchten« – bei der Vorstellung einer Beziehung zwischen der Existenz Gottes und dem Überleben des eigenen Ichs als viel eher an letzterem als an ersterem interessiert bezeichnen würden.

Aristoteles' Bratspieß-Gott findet sich hier umfunktioniert zum Rettungsring-Gott wieder: als eine Art Bademeister für die Seele, also das individuelle Ich, das andernfalls im großen Meer des Nicht-Seins unterginge. Was den neutestamentarischen Gott angeht – er bewahrt seine Funktion als Retter, aber nicht die Funktion, kraft des eigenen unanfechtbaren Urteils zu verdammen oder freizusprechen. Von da ab sind alle gerettet. Und alle befördert.

Von außen betrachtet ist das alles menschlich verständlich. Höchst merkwürdig dagegen nimmt es sich von innen aus, daß man, wenn man in das Alter kommt, in dem man normalerweise anfängt, an den Tod zu denken, sich konkret mit dem auseinandersetzt, was wir unser Ich nennen. Da ist es. Mit ihm – diesem zufälligen und im Grunde fremden, heterogenen Gemisch aus mittelmäßigen Tugenden und armseligsten Lastern, die, seit wir uns erinnern können, immer ekelhaft gleich geblieben sind – haben wir all diese Jahre gelebt.

Kann es wirklich sein, daß wir es immer noch nicht satt haben? Kann es sein, daß wir es so sehr lieben und verehren, daß wir hoffen, es möge unsterblich sein?

Der Kult, der, unabhängig von jeder Vorstellung eines »Jenseits«, dem Ende (mehr denn je dem Ende, ja sogar) dem Bild dieses Ichs gewidmet ist, scheint uns der berauschendste und verblüffendste von allen vorstellbaren Kulten. Die phantastischste Theologie von allen.

Das Neue nach Schopenhauer

Zwei Dinge vor allem bleiben für uns stets mit dem Zauber des Quai des Orfèvres verbunden. Das eine, auf der Seite des Justizpalastes, sind die Büros der Kriminalpolizei, aus deren Fenstern Kommissar Maigret, Pfeife zwischen den Zähnen, noch jahrhundertelang auf die Seine und den Verkehr auf dem Pont-Saint-Michel hinunterblicken wird. Das andere, zum Pont-Neuf hin, auf Nummer 68, hinter einer schmalen Tür und einem noch schmaleren Schaufenster, ist der tiefe, labyrinthische, schlecht beleuchtete Laden von Martin Flinker: die älteste deutsche Buchhandlung von Paris.

Flinker, der ihn in den vierziger Jahren eröffnete und der mit den größten deutschsprachigen Schriftstellern seiner Zeit befreundet war, ist nicht mehr da. Und sein Laden wird jetzt leider modernisiert, was wohl die Aufhebung der antiquarischen Abteilung bedeuten dürfte. Wir aber sehen ihn immer noch – einen kleinen Alten, etwas gebeugt, doch sehr behende, im tadellosen dunklen Anzug und mit der Rosette der Ehrenlegion im Knopfloch – durch die Gänge seiner Höhle huschen und unsichere Leitern emporklettern, um schließlich fast jedesmal das verlangte rare Werk zu finden.

Uns beide – als *latin lovers* von »Effi Briest« und »Madame Chauchat«, von »Lola« (vom anderen Mann), »Therese« (Schnitzler) und der couragierten »Soldatenkersta« (Keyserling) nicht weniger als von »Boule de Suif« und »Madame Bovary« – sah Herr Flinker immer gern. Geradezu in Entzücken aber geriet er, als wir ihn einmal fragten, ob er nicht zufällig etwas von Alexander Lernet-Holenia habe. Von diesem einzigartigen österreichischen, später auch in Italien wiederentdeckten Schriftsteller kannten wir nämlich das köstliche *Ich war Jack Mortimer*, das wir, vom Titel angezogen, an einem Bahnhofskiosk erstanden hatten. Nur war es uns nie gelungen, etwas anderes zu finden. In den Buchhandlungen Münchens und Frankfurts hatten sie sogar seinen Namen vergessen.

»Lernet-Holenia!... Gott sei Dank, es gibt noch jemanden, der sich an ihn erinnert!« rief er verblüfft und glücklich aus. Dann erklomm er eine seiner schwankenden Leitern und kam mit vier Büchern herunter, einem Band Erzählungen und drei Romanen – die er uns unbedingt schenken wollte.

Ein anderes Mal, nachdem einer von uns *Über die vierfache Wurzel des Satzes vom zureichenden Grunde* (jene erste Arbeit Schopenhauers, von der seine Mutter Johanna, eine seinerzeit beliebte Romanschriftstellerin, ironisch wissen wollte, ob sie »etwas für Apotheker« sei) aus dem Gestell genommen hatte und darin blätterte, wollte er uns mit aller Gewalt auch dieses Buch schenken, obwohl es ein sehr alter, kostbarer Band aus der Frauenstädtschen Gesamtausgabe war.

Wonach wir jedesmal, wenn wir bei ihm vorbeikamen, und auch weil unsere anachronistischen Ansuchen stets seine begeisterte Zustimmung fanden, harte Kämpfe mit ihm ausfechten mußten, um die Bücher bezahlen zu können, die wir mitnahmen. Es kam so weit, daß wir ihn schließlich nach preisgekrönten, mit viel Reklame bedachten Neuerscheinungen fragten, die uns überhaupt nicht lockten, nur um seinen Enthusiasmus zu dämpfen.

Als jedoch gegen Ende der siebziger Jahre der Diogenes-Verlag in seinen Taschenbüchern die eigene »Zürcher Ausgabe« der Werke Schopenhauers in zehn Bänden veröffentlichte, zu einem bescheidenen Preis, samt einer in der Kassette mitenthaltenen kostbaren Sammlung von Aufsätzen und Würdigungen über den Autor, da gelang es uns ganz und gar nicht, diese nicht geschenkt zu bekommen.

»Nehmt sie mit den Empfehlungen des Herausgebers oder des Autors«, sagte er. »Und mir«, fügte er augenzwinkernd hinzu und deutete auf den Tisch mit den »Neuheiten«, »mir tut bloß den Gefallen und fragt nie wieder nach diesem Zeug da.«

Dann setzte er die Brille auf und las uns, sich entzückt die Hände reibend, die beiden Zitate aus *Parerga und Paralipomena* vor, die der Verleger genialerweise als Epigraph auf die Kassette gesetzt hat:

> Weil die Leute, statt des Besten aller Zeiten,
> immer nur das Neueste lesen, verschlammt
> das Zeitalter immer tiefer in seinem eigenen Dreck.

> Das Neue ist selten das Gute:
> weil das Gute nur kurze Zeit das Neue ist.

Seither sind mehr als zehn Jahre vergangen. Und vielleicht ist es kein Zufall, daß gerade in diesen Jahren im europäischen Verlagswesen der Boom des »Besten aller Zeiten« ausgebrochen ist: der Klassiker also. Vielleicht haben die Leute endlich gemerkt, daß das Neue nicht nur selten, sondern *je länger, je seltener* gut ist. Und die Verleger, die ihrerseits draufgekommen sind, daß das Gute immer kürzere Zeit neu bleibt, haben angefangen, weniger auf die Neuheit und mehr auf das Bleibende zu setzen. Was für sie natürlich vor allem und zu Recht das im Katalog Bleibende bedeutet; aber das ist es ja auch, warum die Klassiker eben Klassiker sind.

Es ist, als hätte es der alte Schopenhauer schließlich doch noch geschafft, die Nachwelt zu warnen vor dem »verschmitzten und schlimmen, aber erecklichen Streich«, den »Autoren, Verleger und Rezensenten ... Literaten, Brotschreiber und Vielschreiber« schon seinen Zeitgenossen gespielt hatten, indem sie sie dazu abrichteten, »*a tempo* zu lesen, nämlich Alle stets das Selbe, nämlich das Neueste, um einen Stoff zur Konversation daran zu haben« (*Parerga,* §295).

Es ist im übrigen nicht ausgeschlossen, daß es sich tatsächlich so verhält. Einen Beweis dafür erhielten wir selber vor zwei Jahren in Frankfurt, wohin man uns eingeladen hatte, um anläßlich der Buchmesse eine Rede zu halten.

»Was machen wir?« hatten wir uns schon in Turin gefragt und fragten wir uns dort erneut, während eine liebenswürdige Privatdozentin uns dem Publikum vorstellte. »Reden wir von Xerxes oder nicht?«

Es erschien uns nämlich furchtbar gewagt, ausgerechnet an diesem Ort Schopenhauers Fabel über »Xerxes und die Buchmesse« auszugraben, obwohl zu jener Zeit die Buchmesse in Leipzig und nicht in Frankfurt durchgeführt worden war.

Im letzten Moment entschlossen wir uns doch. Und nachdem wir uns für die Spielverderberei entschuldigt und auf die Informationspflicht berufen hatten, fingen wir genau damit an: mit jener bitterbösen, vergessenen Fabel.

»Xerxes« – zitierten wir wörtlich und tapfer – »hat, nach Herodot, beim Anblick seines unübersehbaren Heeres geweint, indem er bedachte, daß von diesen allen, nach hundert Jahren, keiner am Leben sein würde. Wer möchte da nicht weinen, beim Anblick des dicken Meßkatalogs, wenn er bedenkt, daß von allen diesen Büchern, schon nach zehn Jahren, keines mehr am Leben sein wird?«

Es folgte ein so langes Schweigen, daß wir glaubten, es wäre wohl das beste, uns gleich zu verabschieden. Dann brach der ganze Saal, einschließlich der hauptsächlich von Verlegern und Buchhändlern besetzten vordersten Reihen, in den herzlichsten, freudigsten, tosendsten Beifall aus, der uns je widerfahren ist.

Und genau dann – in einem übernatürlichen Zufall – begannen vom nahen Dom die Glocken feierlich zu läuten, was die Begeisterung und die Freude aller auf den Gipfelpunkt brachte. Das Lachen und Klatschen wollte kein Ende nehmen. Es war, als hätte sich die Eröffnung der Messe unvermittelt in ein großes Fest der Befreiung aus der Sklaverei des Neuen und Allerneuesten verwandelt.

Wie Schauspieler, die am Schluß einer Aufführung den Applaus entgegennehmen, hätten wir gewollt, daß der Autor auf die Bühne käme, um ihn mit uns zu teilen. Doch auch das Übersinnliche hat seine Grenzen. Weshalb wir uns damit bescheiden, dem lieben Schopenhauer (ohne den lieben Flinker zu vergessen) an dieser Stelle zu applaudieren und zu danken.

Inhalt

Der Artikel »Das Neue nach Schopenhauer« wurde erstmals am 12. 4. 1990 in der Züricher *Weltwoche* (Nr. 15) veröffentlicht. Die Übersetzung besorgte Rosemarie Winterberg.

Die Borges-Zitate sind von Karl August Horst, Curt Meyer-Clason und Gisbert Haefs für die neue Borges-Gesamtausgabe (München und Frankfurt/Main, 1992) übersetzt beziehungsweise überarbeitet worden.

Die Zitate aus *Herr Teste* von Paul Valéry wurden von Max Rychner übersetzt (Frankfurt/Main, 1981).

Das Beckett-Zitat in »Und sie bewegt uns doch...« stammt aus *Das letzte Band* und wurde von Erika und Elmar Tophoven übersetzt (Frankfurt/Main, 1959).

Die Ceronetti-Zitate in »Diogenes in Italien« wurden von Pieke Biermann übersetzt; die deutsche Übersetzung von Ceronettis *Viaggio in Italia* von Barbara Krohn und Viktoria von Schirach ist in Vorbereitung.

Die Cioran-Zitate stammen aus *Gevierteilt* und wurden von Bernd Mattheus übersetzt (Frankfurt/Main, 1982).

Die Übersetzerin möchte an dieser Stelle Gisbert Haefs, dem Herausgeber der Borges-Neuausgabe, in Bonn und Rosetta Froncillo in Berlin sehr herzlich für ihre Hilfe danken.

Carlo Fruttero & Franco Lucentini

Der Liebhaber ohne festen Wohnsitz

Roman. Aus dem Italienischen von Dora Winkler. 319 Seiten. Geb.
(Auch in der Serie Piper 1173 lieferbar)

»Ich erinnere mich nicht, in den letzten Jahren eine ähnlich eingängige Liebesgeschichte gelesen zu haben, die, verspielt und elegisch, zugleich so gut unterhalten und so viel Einsicht vermittelt hätte.«
Frankfurter Allgemeine Zeitung

Der Palio der toten Reiter

Roman. Aus dem Italienischen von Burkhart Kroeber.
200 Seiten. Serie Piper 1029

»›Der Palio der toten Reiter‹ ist der aufregendste Spannungsroman, den F & L bislang geschrieben hat.« Panorama

Die Sonntagsfrau

Roman. Aus dem Italienischen von Herbert Schlüter.
527 Seiten. Serie Piper 5501

»So schön wie zwei Wochen Ferien in Italien.« Publishers Weekly

Wie weit ist die Nacht

Roman. Aus dem Italienischen von Herbert Schlüter
und Inez De Florio-Hansen. 571 Seiten. Serie Piper 5565

»Die italienische Literatur hat bis jetzt noch keinen Dupin, keinen Poirot oder Maigret gehabt: Nun hat sie Santamaria. Fruttero und Lucentini sind Meister in der Kunst des Kriminalromans.« The Times Literary Supplement

Du bist so blaß

Eine Sommergeschichte. Aus dem Italienischen von Dora Winkler.
68 Seiten. Serie Piper 694

Die Farbe des Schicksals

Eine Erzählung. Aus dem Italienischen von Burkhart Kroeber. 111 Seiten.
Serie Piper 1496

Piper

Carlo Fruttero & Franco Lucentini
Charles Dickens

Die Wahrheit über den Fall D.

Roman. Aus dem Englischen und Italienischen
von Burkhart Kroeber. 544 Seiten. Leinen

Die Meisterdetektive der Kriminalliteratur sind in Rom versammelt, um einen spektakulären Fall zu lösen, an dem sich schon Generationen von Detektiven, Schriftstellern und Wissenschaftlern die Zähne ausgebissen haben: Das »Geheimnis des Edwin Drood«, das rätselhafte Ende des letzten Romans von Charles Dickens, dem sein plötzlicher Tod 1870 die Feder aus der Hand gerissen hat. In diesem spannenden, quirligen Stück Kriminalsatire gelingt es den Detektiven, und damit Fruttero/Lucentini, Edwin Droods Geheimnis und Dickens' jähes Ende überzeugend aufzuklären.

»Wie das literarische Doppel und seine gewieften Helfer ›Die Wahrheit über den Fall D.‹ herausfinden, wie sie den verführerisch farbigen, filmreifen Dickensschen Roman – komplett-unkomplett abgedruckt – Kapitel für Kapitel auseinandernehmen und auch absurdesten Eingebungen nachgehen, Telepathie inklusive – das ist ein brillantes Kabinettstück voller Ironien und grotesker Einfälle. Und so nebenbei auch noch eine subtile Parodie auf den internationalen Kongreßjargon. 550 Seiten raffiniert-spannende Unterhaltung für anspruchsvolle Krimi-Fans. Und ein intellektueller Riesenspaß für mitdenkende Hobby-Schnüffler(innen).«

Cosmopolitan

Piper